国家出版基金项目
NATIONAL PUBLICATION FOUNDATION

当代高

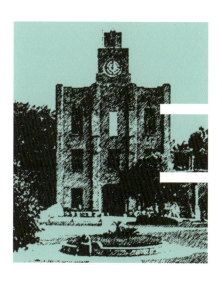

On The Modern University Institution
and University Governance

大学制度与大学治理

张应强　著

南京师范大学出版社

图书在版编目(CIP)数据

大学制度与大学治理 / 张应强著. —南京：南京
师范大学出版社，2022.12
（当代高等教育研究新视野丛书）
ISBN 978 - 7 - 5651 - 5674 - 8

Ⅰ. ①大…　Ⅱ. ①张…　Ⅲ. ①高等学校－学校管理－
研究　Ⅳ. ①G647

中国国家版本馆 CIP 数据核字(2023)第 006445 号

丛 书 名	当代高等教育研究新视野丛书
书　　名	大学制度与大学治理
作　　者	张应强
丛书策划	王　涛
责任编辑	张丽琼
出版发行	南京师范大学出版社
地　　址	江苏省南京市玄武区后宰门西村 9 号(邮编:210016)
电　　话	(025)83598919(总编办)　83598412(营销部)　83373872(邮购部)
网　　址	http://press.njnu.edu.cn
电子信箱	nspzbb@njnu.edu.cn
照　　排	南京开卷文化传媒有限公司
印　　刷	江苏扬中印刷有限公司
开　　本	710 毫米×1000 毫米　1/16
印　　张	20
字　　数	276 千
版　　次	2022 年 12 月第 1 版
印　　次	2022 年 12 月第 1 次印刷
书　　号	ISBN 978 - 7 - 5651 - 5674 - 8
定　　价	78.00 元
出 版 人	张　鹏

总　序

　　自潘懋元先生等老一辈学者创会以来,中国高等教育学会高等教育学专业委员会始终坚守学术立会传统,把深化与拓展高等教育理论研究作为办会的基本宗旨。中国高等教育学学科设置从无到有,高等教育研究队伍从零散到蔚为大观,一代又一代优秀学者的成长,都与高等教育学专业委员会在各培养单位与会员单位之间发挥的纽带作用不无关联。目前,对高等教育学的定位和属性无论存在多少争议,不容否认,它已经成为我国高等教育研究者心有所向、身有所归的学术共同体。

　　高等教育学专业委员会历来倡导立足国际视野与本土关怀,开展学理取向探究与问题取向的理论研究。对于中国高等教育理论研究之于国家政策、高校管理以及人才培养的贡献如何评价,人们的站位不同,自然会有不同理解。回顾改革开放四十多年以来中国高等教育改革与发展历程,我们不难发现:几乎中国高等教育领域每一次重大事件的发生,人们关注的重大议题、问题以及政策概念的提出,我国高等教育研究者在理论上大都有先行研究。譬如,关于高等学校职能与高等教育功能、高等教育现代化、高等教育质量评价与保障、高等教育大众化和普及化、世界一流大学建设、高等学校自主权、现代大学制度、大学治理结构、大学收费制度、学分制、招生制度改革、学科与专业建设、通识教育、高校人事制度改革与学术职业变迁、有效性教学与教学学术、高等教育国际化与信息化等等。这些既有国际视野又有本土关怀,既有历史考察又有现实观照,纵横交错,覆盖宏观、中观与微观各个层面的研究,无论其聚焦的是"冰点"还是"热点"问题,是否有显示度,它们都为现实中的高等教育体制性变革与日常实践,拓展了视野,提供了理论支撑。

理论研究的基本宗旨在于透过现象看本质,揭示高等教育活动的一般规律。无论其初始动机是源于个人好奇心、兴趣、经历和境遇,抑或是源于现实关怀或政策意图,它从来不存在有用与无用之说。自然科学如此,作为社会科学的高等教育学科也不例外。因为有用无用不过是一种价值判断,它与评价者的个人身份、地位、处境和特定需求存在或明或暗的勾连,是一种立场在先的自我主观判断和推断;或者说理论之有用和无用,更在于它的情境性。如果总是把特定情境需求作为理论研究的取向与偏好,那么,其悖论恰恰在于:这种情境性需求恐怕永远滞后于形势变化与环境变迁,局限于特定情境需求的理论或应用研究反而因为一般性与多样化研究积累不足而难以适用,更无法对现实的走向以及可能发生的问题进行预测,也难以对现实中存在的价值扭曲提出预警和防范。

其实,真正的高等教育理论研究从来不会绝缘于现实关怀,很多理论研究选题的生成乃至观点创新,恰恰源于人们对现实的感悟与启发。通常而言,任何理论成果都不可能直接成为政策工具,它充其量可以为现实问题的解决提供某些索引,或者为决策者提供相关参考依据,为行动者提供可选择的装备。理论研究与决策以及行动实践之间,天然地存在一种若即若离的关系,虽然也存在若隐若现的互动,但两者既无法相互取代,更难以完全融合。否则,理论不过就是如变色龙般的策略与技巧,缺乏理论所必备的去情境化超越品质,实践也不过是理论贫乏的个人经验直观甚至行动的妄为。不容否认,由于始终缺乏一种自然演化的稳定态,在被频繁的政策事件扰动的情境中,中国高等教育与经济领域情形相似,在宏观的体制运行与中观的组织治理层面都有其特殊性。但这并不意味着我们的高等教育可以超越于一般性的活动规律或者说本质特征,如知识创新以及人才成长规律等。因此,植根于中国特殊土壤的理论研究,在跨域性的理论丛林中,犹如一片被移植而来的红枫林,既有源自共同基因的相对稳定性状,又有其与环境相适应的某些特殊表现形态,如生长状态、凝红流金的景致可能存在差异。不过,这种表现形态更多反映为生态系统与群落层次上的差别,而非物种意义上的例外。也正因为理论研究所具有的这种品质,它才构成了我们与国际同行沟通与对话的基础,也是为国际高等教育贡献知识与智慧的凭依。

作为一个建制化的学科,高等教育学历史短暂。因此,长期以来,高等教育理论研究,无论在理论溯源、视角选择方面,还是知识框架上,受基础教育领域的理论思潮与研究取向影响至深。但回顾历史就会发现,体制化的基础教育晚于大学的兴起,如今基础教育领域众多教学形式与方法的探索和实践也往往始于大学,如论辩、讨论、实验和观摩等。即使是基础教育领域的各种理论思潮与技术潮流,也往往最先发端于大学。相对于基础教育,高等教育活动更具有个体探索、行动在先和自下而上的特征,虽然它也难免带有外控与人为设计的特征,但它更具组织与行动者自我设计取向,大学的历史基因更为久远也相对更为顽固,每一次突变都没有彻底颠覆它的基本性状。这些特征无疑为我们寻求其相对稳定的客观属性与变易的受动属性提供了先天的优势。譬如,如何理解不同学科与专业生成与演变的轨迹,以及教与学活动的规律,如何理解组织特有属性及其运行逻辑,如何解释它与外部环境与文化以及各种社会力量之间带有顺应而又抗拒的关系,如何理解学人成长与职业发展轨迹,等等。高等教育学有待确证的基础性问题实在太多,需要探索的不确定性问题更多,它给我们提供了无限的空间与可能。而所有这些问题的探究,不仅难以从基础教育理论中获得启发,而且也远超出了基础教育的学科逻辑体系与框架。因此,高等教育学无疑具有特殊性。如何跳出一般教育学科的既有樊篱,建构一个包容性更强的多学科高等教育学知识逻辑和体系,需要我们做更多基础性、专业性且具有开拓性的思考与探索。

总之,倡导基础理论研究与带有学理性探究的现实问题研究,是高等教育学专业委员会的使命所在,唯有通过理论取向的学术探究与人才培育,我们才能立足扎实的理论基础与学术素养去回应现实高等教育发展中应接不暇的问题。理论固然需要服务于实践,但更需要我们以独立的精神、专业的态度、严谨的学风、开放的视野和谦逊的风格去观察和参与实践,理性地面对实践中可能存在的躁动。既不做旁观清谈者,也不做随波逐流者,努力以有深度有价值、有科学精神有人文情怀、有现实关注有未来视域的研究,为中国高等教育改革与发展贡献智慧。

正是出自上述初衷,中国高等教育学会高等教育学专业委员会与南京师范大学出版社,联合推出了"当代高等教育研究新视野丛书"学术专著出版计划。该丛书面向国内高等教育专业研究者,不拘泥于特定选题,尊重每位学者的兴趣和专长,期待以众说荟萃、集体亮相的形式,呈现当下我国高等教育理论研究的整体状貌。该出版计划将始终保持开放性,不断吸纳国内资深和新锐学者的最新研究成果,希望它不仅能成为一览高等教育学理论景致的窗口,为该学科的持续探赜索隐、钩深致远提供些许幽微之光,而且也能够从中感受到中国高等教育研究始终与时代变革气息相通的脉动。其中有热切的呼应,也有冷静的慎思,有面向未来远景的思索探问,也有洞鉴古今史海的爬梳钩沉。不同主题纷呈,个性风格迥异,从而构成一个多姿多彩、供读者各取所需的学术专著系列。

最后,高等教育学专业委员会特别感谢南京师范大学出版社所给予的慷慨支持与悉心指导,出版社在丛书的策划、编辑、出版和发行等方面投入了巨大的精力,也为编委会的组建、著者的遴选、成员之间的沟通等各项工作的有序展开提供了便利条件。

"当代高等教育研究新视野丛书"编委会
中国高等教育学会高等教育学专业委员会
二〇二二年十二月

序　言

一

本书是笔者 20 多年来系统研究现代大学制度与大学治理的成果集成和思想概括。全书包括现代大学制度及其理论问题、中国特色现代大学制度的探索与发展、现代大学制度与世界一流大学建设、高等教育国际化与现代大学制度建设、现代大学制度与高等教育治理、现代大学制度与大学治理现代化等六个章节内容。这些内容所涉及的问题，既是我国高等教育研究的理论前沿问题，也是最近 20 多年来我国高等教育改革发展面临的重大现实问题。

笔者自涉足高等教育研究以来，一直致力于高等教育理论研究。笔者认为，我国的高等教育研究，从研究性质上看，主要是由理论研究、应用研究、政策研究和实践研究等部分组成的；从研究队伍来看，全国高等教育研究者共同组成了一个分工合作的学术共同体。学者的学术研究要扬长避短、体现特色，必须通过理论研究来与应用研究、政策研究和实践研究等相区别。但理论研究不能空谈理论，不能玩概念游戏；理论研究必须体现现实观照，必须具有现实价值（应用价值、政策价值、实践价值等）。这就要求我们必须研究我国高等教育改革发展可能面临和实际蕴含的重要理论问题。可能面临的重要理论问题，往往是一些具有某种前瞻性的问题；而实际蕴含的重要理论问题，一般是具有较强现实针对性的问题。

值得注意的是，与西方国家不同，我国高等教育改革发展具有鲜明的政策驱动特点。这就要求我们必须善于在党和国家不同时期的高等教育政策文件中寻找理论研究问题，既要研究政策具体内容的演变，也要研究政策背后的理念和思想演变。笔者也高度重视高等教育政策研究，但主要是研究高等教育政策中的理论问题和学术问题，注重研究高等教育具体政策出台的社会背景和其中起支配作用的思想。笔者认为，只有做这样的政策研究，才能发挥学者的优势，才能用理论研究来服务政策研究和政策制定，才能使理论研究发挥服务高等教育改革发展的作用。当然，理论研究服务于政策研究和政策制定，并不是要求我们去做政策的解释和阐释性研究，而是要为科学制定政策提供理论视野、理论思维、理论支持和理论依据。事实上，如果没有参与过政策制定过程，学者往往很难做好政策的解释性研究。这就是说，关于政策的解释和阐释性研究，还是应让有参与政策制定过程经历的人去做，我们不能越俎代庖。

本书就是在上述思想观点支配下写作而成的。为了将之做成一部注重理论性和学术性的专著，笔者始终坚持两条基本原则：一是坚持理论研究与应用研究并重的原则。本书力求对现代大学制度和大学治理涉及的基本理论问题做出系统性回答，试图建立关于现代大学制度和大学治理研究的基本理论体系和研究范式。在基本理论研究基础上开展应用研究，促进基本理论在现代大学制度建设和大学治理变革中的应用。二是坚持理论研究与政策研究和改革实践交互的原则。本书力求将现代大学制度与大学治理的理论研究，与最近20多年来我国高等教育改革发展的重要政策文件和重大改革实践紧密结合。一方面从重要政策和重大改革中凝练、概括和研究理论问题，另一方面力求体现和发挥理论研究对重要政策与重大改革的参考作用，实现理论研究与政策研究和实践研究的深度交互。

二

在坚持上述两条基本原则的基础上,本书力求对所涉及的六个方面的问题,都提出自己的思想和观点。

1. 关于现代大学制度及其理论问题

本书从现代大学制度的概念和定义出发,着重研究了四个方面的理论问题,并提出了明确的思想和观点。一是研究了现代大学制度的概念界定及其方法论问题,提出现代大学制度是以现代大学理念为基础,在 20 世纪 50 年代大学进入社会中心并产生众多利益相关者后,在保持大学传统、应对环境变化、响应社会需要的过程中形成的关于大学的制度安排以及指向未来的趋势。在此基础上,本书概括了“两个层面”“四种关系”的现代大学制度内部结构。二是研究了现代大学制度的普适性与多样性及其关系问题,提出现代大学制度是普适性和多样性的有机统一,高等教育国际化强化了现代大学制度的普适性;现代大学制度的普适性主要源于大学的学术组织共性和教化使命共性,而现代大学制度的多样性则主要源于现代大学制度的国家建构和文化制约。三是研究和概括了现代大学制度的两种基本类型——大学自然演进型与国家主动建构型。所谓大学自然演进型,是指早发现代化国家的现代大学制度,主要是以大学为主体,在长期发展中遵循知识和学术逻辑自然演变形成的;而所谓国家主动建构型,是指后发现代化国家的现代大学制度,主要是以国家和政府为主体,在国家和政府的主动规划和设计下形成的。在此基础上,本书着重研究了西方国家“大学自然演进型”现代大学制度的基本特点。四是对中国特色现代大学制度及其理论问题进行了系统研究。本书在中国特色社会主义理论的方法论指导下,着重阐释了中国特色现代大学制度的内在规定性,研究了现代大学制度“中国特色”的表现及其来源,为正确理解中国特色现代大学制度的科学内涵确立了方法论基础,为处理好坚持现代

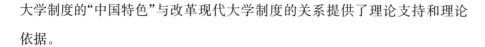

大学制度的"中国特色"与改革现代大学制度的关系提供了理论支持和理论依据。

2. 关于中国特色现代大学制度的探索与发展

本书提出,新中国现代大学制度的探索和发展,主要建立在三种大学制度模式的基础之上。一是民国时期引入的欧美国家的大学制度;二是"全面学苏"时期引入的高等教育"苏联模式";三是由中国共产党人根据自己的社会理想和教育理想,在长期的革命战争环境下探索出的"延安模式"。这三种大学制度模式既影响了新中国现代大学制度的选择和实践,也成为当前改革和完善中国特色现代大学制度的现实基础。作为后发外生型现代化国家,我国的现代大学制度建设走过了一条极为曲折和复杂的探索道路。当前建设中国特色现代大学制度,需要着力解决现代大学制度建设的方法论问题和具体层面的问题,需要以法治思维来着力解决大学的独立法人地位、大学与政府的法律关系等深层次问题,需要着力解决现代大学制度改革中的"改革悖论"。

3. 关于现代大学制度与世界一流大学建设

本书提出,西方国家世界一流大学兴起与发展的历史,说明了世界一流大学是一种制度文明的产物,这种制度文明包括外部制度环境与现代大学制度等两个方面。因此,我国建设世界一流大学,首先需要建设有利于现代大学制度发育的制度环境,同时要解决好大学的定性与定位问题。创业型大学作为西方国家,特别是美国世界一流大学的新形态,既是西方国家现代大学制度的产物,又极大突破了现代大学制度,发挥了引领现代大学制度创新的作用。我国建设世界一流大学,需要关注和重视创业型大学建设,需要创新现代大学制度,培育中国大学的创业型精神气质。党的十八大以来,我国进入中国特色社会主义新时代,中国特色世界一流大学建设面临新的时代背景,担负着新的时代使命。这就首先需要实现世界一流大学建设方法论的重大转变,需要根据新时代中国特色世界一流大学担负的时代使命和责任,通过大学制度创新不断完善中国特色现代大学制度,充分发挥中国特色现代大学制度的制度优势,探索并创造中国特色世界一流大学的发展道路和发展模式。

4. 关于高等教育国际化与现代大学制度建设

本书认为,20 世纪中叶以来是高等教育国际化高歌猛进的黄金时期,也是高等教育国际化矛盾和冲突最为激烈的时期。世界各国大学理念和大学制度的相互影响,是高等教育国际化的重要表现。高等教育国际化对世界各国现代大学制度建设产生的重要影响之一,表现在强化了现代大学制度的普适性和各国大学制度改革的共同性趋势。但由于高等教育国际化是建立在一种不公正、不平衡的世界高等教育秩序基础上的,发达国家因此成为大学制度的输出者,而发展中国家则沦为西方国家大学制度的接受者,这就将发展中国家的现代大学制度建设置于左右为难的境地。造成这种状况的主要原因,在于高等教育国际化理念的偏颇。因此,本书分析了作为国际主流的简·奈特的高等教育国际化研究方法论,认为其存在重大理论缺陷。在此基础上,本书对 20 世纪 50 年代以来的高等教育国际化理念进行了深刻反思,揭示了学术国际化与国际化目的国家化之间的深刻矛盾。立足全球化和人类命运共同体建设,本书提出要从基于地理疆域的国际化理念,向基于全球化和全球时空思维的国际化理念转变。中国特色现代大学制度建设,需要在把握高等教育国际化和全球化趋势的基础上,着力解决政府宏观管理、社会广泛参与、市场深度介入、大学自主办学等四大核心问题。

5. 关于现代大学制度与高等教育治理

本书认为,现代大学制度是高等教育治理体系和治理结构的制度基础,有什么类型的大学制度,就会有什么样的高等教育治理体系。高等教育治理体系是一个包括高等教育治理理念、现代大学制度和治理实施机构的有机系统。关于高等教育治理研究,最近这些年来,笔者提出了"类市场化治理模式"和"准市场化治理模式"这对范畴,以之为基础,尝试构建了一个研究高等教育治理模式的分析框架,并运用这一分析框架,对中国高等教育治理模式进行分析。本书认为,自 1992 年以来,我国高等教育改革发展逐步引入和建立市场竞争机制,由此形成了高等教育双重体制机制和"类市场化治理"模式。为了实现高等教育治理体系和治理能力现代化,我国高等教育治理模式需要实现从"类市场化治理模式"向"准市场化治理模式"转变。这主要体现在要让市场竞争机制在高等教育资源配置和体制机制改革中发挥决定性作用,要建立政府、社会、大学等多元主体基于信任的高等教育合作治理机制,并切实推进和实现高等教育治理法治化。

6. 关于现代大学制度与大学治理现代化

现代大学制度是大学治理体系基本框架的基础。从现代大学制度的结构来看,大学治理既包括宏观层面的大学治理,也包括微观层面的大学内部治理。本书认为,现代大学是一种不同于政府和企业的学术组织,兼具学术组织和教育组织双重特性,大学内部治理必须以大学的组织特殊性和使命特殊性为基础。现代大学的双重组织特性和学术生产的内在规律,决定了大学治理必须由学术权力和学术共同体主导。学术权力与行政权力之间的平等对话、双向沟通、良性互动是大学内部治理变革的重要基础。权力主体之间应当构建和形成治理共同体,并建立一种基于契约的新型信任文化。目前,我国的大学治理主要是基于单位制度的学术单位体治理,实现大学治理现代化,需要实现从学术单位体治理向学术共同体治理转变。

对上述六个方面问题的探讨,只是笔者 20 余年从事现代大学制度和大学治理研究的一点心得,权当向学术同人汇报和交流。若有不当和偏颇之处,敬请大家批评指教。

张雁强

2022 年 8 月 28 日于浙江大学

目　录

总　序 ……………………………………………………………… 001

序　言 ……………………………………………………………… 001

第一章　现代大学制度及其理论问题 …………………………… 001

第一节　什么是现代大学制度 …………………………………… 001

第二节　现代大学制度的普适性与多样性 ……………………… 013

第三节　西方国家现代大学制度的基本特点 …………………… 030

第四节　中国特色现代大学制度的内在规定性 ………………… 043

第二章　中国特色现代大学制度的探索与发展 ………………… 057

第一节　新中国现代大学制度建设的艰难探索 ………………… 057

第二节　我国现代大学制度建设面临的基本问题 ……………… 077

第三节　中国特色现代大学制度建设任重道远 ………………… 092

第三章　现代大学制度与世界一流大学建设 ················ 104

第一节　制度创新与我国建设世界一流大学 ············· 104

第二节　创业型大学兴起与现代大学制度建设 ··········· 112

第三节　中国特色世界一流大学的发展道路和发展模式 ········· 138

第四章　高等教育国际化与现代大学制度建设 ··········· 157

第一节　高等教育国际化及其理念的重新审视 ··········· 158

第二节　高等教育全球化与我国现代大学制度建设 ·········· 180

第五章　现代大学制度与高等教育治理 ················ 200

第一节　高等教育治理的两种模式 ················· 201

第二节　我国高等教育的类市场化治理模式 ············· 207

第三节　走向准市场化治理:我国高等教育治理变革的方向 ······· 220

第六章　现代大学制度与大学治理现代化 ·············· 239

第一节　大学治理的特殊性与大学治理现代化 ··········· 240

第二节　从学术单位体治理走向学术共同体治理 ·········· 254

第三节　评价作为治理工具:我国高校教师评价的反思与改革 ······ 278

参考文献 ····································· 294

后　记 ····································· 306

第一章　现代大学制度及其理论问题[①]

"现代大学制度"主要是我国高等教育学者在20世纪90年代提出的一个概念,虽然它是一个中国化概念,但涉及世界高等教育领域的共同性问题。这一概念主要蕴含了四个基本理论问题:一是现代大学制度的概念界定及其方法论问题;二是现代大学制度的普适性和多样性及其关系问题;三是现代大学制度的基本类型问题;四是中国特色现代大学制度的内在规定性问题。

第一节　什么是现代大学制度

现代大学制度是一个与大学制度相关的概念。我国清末的有关文献中就有使用"大学制度"概念的情况。"大学制度"一词,源于日本明治维新时期的高等教育典章,大久保利谦在其书《日本的大学》中曾多次使用"大学制度"一词。按照日本文献的习惯,大学制度实际上指整个高等学校制度,甚至有

---

① 本章系在《关于中国特色现代大学制度的理论认识》(与蒋华林合作,发表在《教育研究》2013年第11期)一文所确立的基本思想和观点的基础上重新写作而成。

时将大学制度与高等教育制度视为同义语。① 但大学制度、高等学校制度、高等教育制度三个概念，既有联系，也有区别。其最大区别，在于各自表述的制度主体不同。主体不同，制度所反映的内容与要求也就不同。大学制度是以大学为主体的制度。② 无论东方国家，还是西方国家，自大学产生之后，就有了相应的大学制度。但大学制度与现代大学制度具有不同的内涵。

一、现代大学制度概念的提出

1. 现代大学制度概念提出的背景

对中国高等教育改革发展来说，20 世纪 90 年代是一个具有重大转折意义和里程碑意义的年代。"现代大学制度"就是我国高等教育学者立足 20 世纪 90 年代我国的社会变革大背景和高等教育发展背景提出的一个概念。从社会大背景来看，1992 年初，邓小平同志发表了著名的"南方谈话"，这标志着我国实现了自真理标准问题大讨论以来的又一次思想解放。1992 年召开的党的十四大，确定了我国经济体制改革的目标是建立社会主义市场经济体制，发展社会主义市场经济。由此，全国各条战线按照党的十四大部署，开展了以建立社会主义市场经济体制机制为核心的重大改革。

从高等教育发展背景来看，1993 年 2 月 13 日，中共中央、国务院发布了《中国教育改革和发展纲要》(以下简称《纲要》)。《纲要》提出了 20 世纪末中国教育发展的总目标——形成具有中国特色的面向 21 世纪的社会主义教育体系的基本框架。再经过几十年的努力，建立起比较成熟和完善的社会主义教育体系，实现教育的现代化。关于教育体制改革，《纲要》提出要采取综合配套、分步推进的方针，加快步伐，改革包得过多、统得过死的体制，初步建立

---

① 大久保利谦.日本的大学[Z].杭州大学高等教育研究室编，1984:8.
② 张俊宗.现代大学制度:高等教育改革与发展的时代回应[M].北京:中国社会科学出版社，2004:48-49.

起与社会主义市场经济体制和政治体制、科技体制改革相适应的教育新体制。关于改革办学体制,《纲要》提出要改变政府包揽办学的格局,逐步建立以政府办学为主体、社会各界共同办学的体制。高等教育要逐步形成以中央、省(自治区、直辖市)两级政府办学为主、社会各界参与办学的新格局。

《纲要》还专门对深化高等教育体制改革做出了明确规定,提出进行高等教育体制改革,主要是解决政府与高等学校、中央与地方、国家教委与中央各业务部门之间的关系,逐步建立政府宏观管理、学校面向社会自主办学的体制。第一,在政府与高等学校的关系上,要按照政事分开的原则,通过立法,明确高等学校的权利和义务,使高等学校真正成为面向社会自主办学的法人实体。要进一步扩大高等学校的办学自主权。学校要善于行使自己的权力,承担应负的责任,建立起主动适应经济建设和社会发展需要的自我发展、自我约束的运行机制。政府要转变职能,由对学校的直接行政管理,转变为运用立法、拨款、规划、信息服务、政策指导和必要的行政手段,进行宏观管理。第二,在中央与地方的关系上,要求进一步确立中央与省(自治区、直辖市)分级管理、分级负责的教育管理体制。第三,在国家教委与中央各业务部门的关系上,国家教委负责统筹规划、政策指导、组织协调、监督检查、提供服务。

《纲要》描绘了 20 世纪 90 年代和 21 世纪初我国教育改革和发展的蓝图,是建设中国特色社会主义教育体系的纲领性文件。《纲要》发布不久,国务院即发布了《关于〈中国教育改革和发展纲要〉的实施意见》。我国高等教育界按照党的十四大和《纲要》精神,开始思考"把一个什么样的高等教育带入 21 世纪"这一重要问题。在启动实施"211 工程"后不久,1998 年 5 月,我国又启动了世界一流大学建设计划,即"985 工程",江泽民同志在庆祝北京大学百年校庆大会上庄严宣布:为了实现现代化,我国要有若干所世界先进水平的一流大学。建设世界一流大学,是实现我国经济社会可持续发展的需要,是建设国家创新体系和建设创新型国家的需要,也是把我国由高等教育大国建设成为高等教育强国的需要。

2. 现代大学制度是一个中国化概念

现代大学制度概念的产生,与我国启动世界一流大学建设计划具有高度关联性。当时我国学者对世界一流大学的研究,主要集中在两个方面:一是关于什么是世界一流大学的研究,即关于世界一流大学外部特征的描述性研究;二是对西方国家世界一流大学产生原因的研究,即从理论上回答为什么西方国家产生了那么多的世界一流大学。

关于什么是世界一流大学,我国学者初期主要对西方国家世界一流大学的外部特征进行描述,如世界一流大学具有先进的大学理念、培养了一流人才、拥有大师级学者、产出了一流的学术成果等。随着研究的深入,有学者开始研究世界一流大学外部特征的内在本质问题,认为世界一流大学之所以具有这些外部特征,其本质在于大学精神。如丁学良教授提出了世界一流大学的精神气质问题,认为世界一流大学具有一种普遍主义精神气质。[①] 加之我国是在北京大学百年校庆大会上正式提出建设世界一流大学的,因此,北京大学百年校庆期间引发的"什么是北大精神? 什么是北大传统?"的严肃学术讨论,演变为对我国建设世界一流大学需要什么样的大学精神的讨论。这既表明了北京大学在中国百年高等教育史上的象征性意义,以及北京大学在我国建设世界一流大学中的"领头羊"地位,也反映出人们试图通过北京大学来表达对中国大学精神的理想期待。更为特别的是,北京大学在蔡元培先生担任校长期间,坚守"兼容并包,思想自由"原则,进行思想启蒙和文化批判,烛照全民族的思想航程,竖立了中国大学史上大学精神和大学理念的一座丰碑。[②] 面对这座历史丰碑,人们认为我国建设世界一流大学,根本在于塑造大学精神。

在研究大学精神的同时,我国高等教育学界对西方世界一流大学产生原

---

① 丁学良.什么是世界一流大学[J].高等教育研究,2001(3):4-9.
② 张应强.现代大学精神的批判与重建[J].高等教育研究,2006(7):11-26.

因的研究,则直接催生了现代大学制度这一概念以及相关研究。大学制度与大学精神是高度相关的,是互为表里的。现在来考证是谁最早提出现代大学制度这一概念,并没有什么实际意义。这里仅就现代大学制度概念由学术概念向政策概念转变,做一简要梳理。

就学术概念而言,就笔者目力所及,1995 年,丛长福在《现代大学制度的办学原则和管理模式》一文中,提出:建设有中国特色的现代大学制度是十分重要的迫在眉睫、利在当代、受益千秋的大事。① 1998 年 4 月 17 日,杨东平教授在《南方周末》上发表了题为《创新大学制度》的文章,主要谈了"推进高等教育宏观管理体制改革"和"促进'软件'创新,建立现代学校制度"两个问题。文章提出了"一个不能面向社会自主办学、没有确立学术自由的原则、学者不掌握学术权力的大学,在精神本质上是与现代大学无缘的"鲜明观点。我们可以看出,杨东平教授当时还是将"大学制度"等同于"现代学校制度",并保持了大学制度与大学精神的关联性。2000 年,时任北京师范大学校长袁贵仁指出:在进入新千年之际,我们提出建设现代大学制度的改革目标,形成适应社会主义市场经济要求和高等教育全面持续发展需要的大学管理体制和运行机制,应当是高等教育改革和发展的最关键内容之一。建立现代大学制度,是新时期高等教育改革的方向,发展的必然要求。② 王冀生教授则在 2000 年明确提出了建设有中国特色的现代大学制度问题。③ 2001 年,《现代大学教育》第 1 期专门发表了一组关于现代大学制度研究的笔谈文章,潘懋元先生、邬大光教授分别以《走向社会中心的大学需要建设现代制度》④和《现代大学制度的根基》⑤参与了讨论。笔者曾在《制度创新与我国建设世界一流大学》

① 丛长福.现代大学制度的办学原则和管理模式[J].中国高教研究,1995(2):42-43.
② 袁贵仁.建立现代大学制度,推进高教改革和发展[J].中国高等教育,2000(3):21-23.
③ 王冀生.建立有中国特色的现代大学制度——攻坚阶段我国高等教育体制改革的重点[J].高教探索,2000(1):11-15.
④ 潘懋元.走向社会中心的大学需要建设现代制度[J].现代大学教育,2001(1):29-30.
⑤ 邬大光.现代大学制度的根基[J].现代大学教育,2001(1):30-32.

一文中提出,西方国家一流大学兴起与形成的历史说明:世界一流大学是一种制度文明的产物,这种制度文明包括制度环境和现代大学制度两个方面。现代大学制度对世界一流大学的形成具有重要作用。我国建设世界一流大学,需要在保证投入的前提下,加大制度创新和体制创新的步伐。① 笔者在2002年获批国家社科基金教育学国家一般项目"高等教育办学理念与我国建立现代大学制度研究"之后,曾在《高等教育创新与我国现代大学制度建设》一文中提出:教育创新的重点应该通过创设有利于大学发展的外部制度环境、调整大学系统以及大学的内部结构,建立现代大学制度,解决长期制约与影响大学发展的制度性障碍。② 在《体制创新与建设高水平民办大学》一文中,笔者明确提出"民办高校要利用自身优势建立现代大学制度"的观点。③

就学术概念向政策概念过渡而言,时任教育部部长周济2006年7月在第三届中外大学校长论坛上的演讲中指出,要深化高校内部管理体制改革,建立和完善中国特色的现代大学制度。他指出,经过长期的历史积累,世界著名大学都形成了比较健全的现代大学制度。现代大学制度的基本特征是,重视大学自我发展与自我约束机制的有机统一,强调大学办学自主与社会职责的相辅相成,追求大学学术权力和行政权力的平衡和谐,鼓励大学人才培养和科学研究的密切结合。这些制度特征具有比较普遍的意义,是今天我们思考中国现代大学制度所必须加以充分重视的。周济部长直接谈到建立和完善中国特色的现代大学制度,对现代大学制度从学术性概念确定为政策性概念具有标志性意义。2010年7月发布的《国家中长期教育改革和发展规划纲要(2010—2020年)》(以下简称《教育规划纲要》),正式提出了现代大学制度建设问题,并且将实施现代大学制度改革试点作为教育领域十大改革试点之一。

---

① 张应强.制度创新与我国建设世界一流大学[J].现代大学教育,2001(4):3-6.
② 张应强.高等教育创新与我国现代大学制度建设[J].深圳职业技术学院学报,2002(3):67-72.
③ 张应强.体制创新与建设高水平民办大学[J].高等教育研究,2002(4):28-31,37.

　　"现代大学制度"概念的具体表述,可能受到了"现代企业制度"概念的启发。1992 年以后,我国建立了社会主义市场经济体制,开展了以国企改革为核心的企业制度改革,建设现代企业制度成为重要目标。有学者认为,我国企业改革的道路最终转向建立现代企业制度,这一转向"意味着企业将最终摆脱传统的计划经济体制的束缚,真正成为在竞争中求生存、求发展的独立的法人财产主体和市场主体"①。时任重庆大学校长吴中福教授认为,"市场经济需要建立现代企业制度,同样需要建立现代大学制度"②。更为关键的是,经济和企业制度研究中出现的新制度经济学理论,受到了中国学者的追捧,中国经济学者将之引入中国后,使得制度研究不仅深入经济和企业研究领域,而且直接影响了我国学者关于现代大学制度的研究。如著名新制度经济学家道格拉斯认为:西方世界兴起的根本原因在于有效率的组织在西欧的发展,经济增长的原因并不是规模经济、教育、资本积累所致,制度才是经济增长的关键因素。③ 这种突出制度作用的思想,深刻地影响了中国学者关于现代企业制度和现代大学制度的研究。同时,现代企业制度的有关研究内容,对现代大学制度的研究内容也可能具有启发作用。如经济学家魏杰认为,在政府与企业的关系上,"明确政府和企业都是建立在法律基础上的两大活动主体""两项权力平等,地位对等,政府是社会管理的主体,企业是经营主体""它们之间不存在谁领导谁的问题"④。当然,最根本的还是从计划经济体制机制向社会主义市场经济体制机制的转变,导致我国大学生存和发展的背景与条件发生了急剧变化,使得大学与政府、大学与社会、大学与市场的关系面临重新定位和建构。

---

① 丁任重.论我国国有企业改革方式的转变[J].社会科学研究,1996(2):10-14.
② 吕慎.用现代大学制度实现高校社会职能——访重庆大学校长吴中福教授[N].光明日报,2001-11-15.
③ 道格拉斯·诺斯,罗伯斯·托马斯.西方世界的兴起[M].厉以平,蔡磊,译.北京:华夏出版社,1999:5-7.
④ 魏杰.企业制度安排:企业存亡诊断书[M].北京:中国发展出版社,2002:73.

二、现代大学制度的内涵和结构

1. 关于现代大学制度内涵的描述性研究

我国学者在提出现代大学制度概念的同时,也开展了现代大学制度内涵和定义的研究。诸多研究首先是从描述性定义开始的,而描述性定义主要从现代大学制度的内涵描述开始。时任北京师范大学校长袁贵仁,以大学校长和哲学学者的双重身份,就现代大学制度的内涵首先做了描述性定义。他认为,制度是协调和维护人们的权责关系、要求成员共同遵守的办事规范或行为规则。现代大学制度的核心是在政府的宏观调控下,大学面向社会依法自主办学,实行民主管理。建立现代大学制度,就是要全面理解和把握大学作为法人实体和办学主体所应具有的权力和责任,主要表现为处理好三种关系:大学和政府、社会的关系;大学和教师、学生的关系;大学和大学的关系。①从三种关系来描述现代大学制度的基本内涵,成为后续研究的基础。邬大光教授认为:"大学制度一般可以从宏观和微观两个层面进行界定。宏观的大学制度是指一个国家或地区的高等教育系统,包括大学的管理体制、投资体制和办学体制等;微观的大学制度是指一所大学内部的组织结构和运行机制,包括组织结构的分层、内部权力体系的构成等。"②笔者在研究过程中提出,世界一流大学是一种制度文明的产物,这种制度文明包括制度环境和现代大学制度两个方面。我国要"通过创设有利于大学发展的外部环境、调整大学系统以及大学的内部结构,建立现代大学制度,解决长期制约与影响大学发展的制度性障碍","高等教育创新要建设有利于现代大学制度发育的制度环境,当前的制度环境建设集中体现为调整大学与政府,大学与社会的关

---

① 袁贵仁.建立现代大学制度,推进高教改革和发展[J].中国高等教育,2000(3):21-23.
② 邬大光.现代大学制度的根基[J].现代大学教育,2001(1):30-32.

系"①。"从建立现代大学制度来说,就是要保证大学的学术价值追求,克服行政权力对学术权力的干预和大学学术权力的行政化倾向,建立'两种权力'的有效平衡"②。笔者的这些观点,一是将现代大学制度与外部制度环境关联起来,强调现代大学制度与外部制度环境(国家政治制度、行政管理体系等)之间的关系;二是试图从宏观和微观层面来描述现代大学制度,并且联系大学内部治理,直接提出了微观层面的学术权力与行政权力的关系问题。2006年,笔者明确提出,"现代大学制度包括两个基本层面:国家层面的关于大学的制度安排,涉及大学与政府的关系、大学与社会的关系、大学与大学的关系等;大学自身层面的内部制度设计,主要表现为大学的内部治理结构"③。至此,关于现代大学制度基本内涵的描述性定义基本形成。

2. 关于现代大学制度定义的研究

虽然学术界已基本形成了现代大学基本内涵的描述性定义,但这种描述性定义内容过于复杂,因此学术界需要有一个关于现代大学制度概念简明的学术性定义,以便高等教育学术界更好地把握现代大学制度。同时,高等教育政策界也需要一个简明的便于把握的现代大学制度定义。基于这种需要,我国学者开始了关于现代大学制度学术定义的研究。但在研究过程中,出现了需要把握好的几个基本问题:一是对现代大学制度中的"现代"的理解,特别是"现代"应该从什么时候开始;二是到底是"现代"大学制度,还是"现代大学"制度;三是由于现代大学制度是中国学者基于中国高等教育实际和学术话语提出的一个概念,如何将之拓展到世界范围,特别是拓展到对西方国家现代大学制度的研究。应该说,学术界初期的研究是比较混乱的,主要出现了以下几种情况:第一,倾向于西方大学史研究的主流观点认为,德国柏林大学是现代大学之始,现代大学制度应该从柏林大学的制度开始,应该从柏林

---

① 张应强.高等教育创新与我国现代大学制度建设[J].深圳职业技术学院学报,2002(3):67-72.
② 张应强.制度创新与我国建设世界一流大学[J].现代大学教育,2001(4):3-6.
③ 张应强.把大学作为学术组织来建设和管理[J].中国高等教育,2006(19):16-18.

大学的制度出发来定义现代大学制度。显然,这种观点对现代大学制度的理解,是"现代大学"的制度,而不是"现代"大学制度。第二,现代大学制度主要是指西方国家的大学制度,尤其是指美国的大学制度。这种观点突出了美国的大学在世界大学体系中的重要影响和地位,认为美国的世界一流大学最多,也最强,所以,美国的大学制度就是现代大学制度。第三,部分学者由于只是局限在时间层面来理解"现代",因此认为现代大学制度自柏林大学始就形成并成熟和定型了,从而忽视西方国家在现代大学制度具体层面出现的改革和变化。

针对学术界比较混乱的研究状况,笔者从辨析上述三个方面的认识入手,开展了现代大学制度定义的研究。

第一,关于对现代大学制度中"现代"的理解。笔者认为,现代大学制度中的"现代"(modern)一词,既具有时间意义,又具有价值意义。就单纯的时间概念而言,中西方对"现代"一词的理解是不同的。中国把自鸦片战争以来的历史称为近现代史,西方国家(欧洲国家)则把自文艺复兴运动以来的历史称为现代史。其实,历史分期并不只是一个单纯的时间节点的确定。中西方对"现代"起点的不同确定,以及以重要的历史和文化事件作为标志,本身就说明"现代"一词是兼具时间性和价值性的。正如"传统"不是单纯的时间概念一样,"现代"也不是单纯的时间概念,它们都具有价值特性,并且与未来直接关联。我们今天称之为"传统"的东西,在过去它就是那个时期的"现代";我们今天称之为"现代"的东西,在未来它就是"传统"。如此看来,单纯从时间意义上来理解现代大学制度没有实质性意义,现代大学制度呈现状态性与过程性兼具的特点。正如"现代化"具有追求发展和进步、表现人类美好追求的价值意义一样,现代大学制度也是一个具有价值特性的概念,具有追求完善、指向未来的理想的大学制度的意义。

第二,关于从时间和区域上来理解现代大学制度的问题。笔者认为,局限在时间和区域意义上来理解和认识现代大学制度是失之偏颇的。因为如果单纯从时间意义上看,现代大学制度就只是"现代大学"的制度,现代的大学都可以被称为"现代大学",所以有可能得出现代大学制度就是当前已有的大学制度的结论。这一结论显然是不成立的。就中国建设现代大学制度来说,如果我国目前的大学制度已经是现代大学制度,何来"建设现代大学制度"之说? 如果单纯从区域意义上来理解,就会因为西方国家高等教育和大学系统比较发达,拥有众多世界一流大学,从而将目前西方发达国家的大学制度看作现代大学制度。这种观点也是不成立的。因为现代大学制度事实上表现出鲜明的国别和文化特色,并不存在一个世界统一的现代大学制度。

第三,关于现代大学制度是否已经完全成熟和定型的问题。笔者认为,目前世界各国的现代大学制度都处于不断调整和变化中。当前现代大学制度正在经历的变化,从外部来讲主要有大学与政府、大学与社会的关系的调整。随着大学社会的作用和重要性不断加强,各国政府都加强了对大学的干预和影响,大学也越来越通过应对和满足多样化社会需求来获得社会资源与财政资源,这就给大学自主、大学自治的理念和制度带来了严峻挑战。与此同时,大学的组织形态和社会角色也在变化,如多元化巨型大学、创业型大学、官产学研联合体、全球高等教育超级联盟、数字化校园甚至数字大学、大学公司或公司大学等新型大学形式的出现,给大学的理念和制度带来强烈冲击。从大学内部管理和治理来讲,随着大学与社会关系的日益广泛和紧密,以及大学社会职能的多样化,特别是社会问责制引入高等教育系统后,过去松散的大学管理模式已不能适应现代大学的发展需要,传统的"教授治校"模式已不能满足大学的发展要求。大学开始调整内部组织构架和管理行为,大学中的行政权力与学术权力迅速分离,行政系统和行政权力逐渐强化,学术组织(学部、院系)与职能部门的关系更加复杂,大学日益表现出行政权力主导的特点,甚至出现了大学职业经理人(管理团队)来管理大学的现象。就大学与大学的关系来看,由于资源的市场化配置,各国大学系统越来越形成适应多元化社会需要的分流、分工、合作和竞争的院校功能体系,不同类型、不同服务面向、不同适应性的多样化院校体系已经形成。

基于上述理论认识,笔者提出了如下观点:(1)大学制度是不同国家关于大学的一种制度安排,不同历史时期有不同的大学制度安排,因而有不同的大学制度。(2)现代大学制度意指"大学制度"的"现代版",其核心概念是"大学制度"而非"现代大学"。因此,现代大学制度并非"现代大学"制度,不是关于"现代大学"的制度,不是当前的"大学制度"。(3)西方发达国家的确探索出了一套比较先进的大学制度,但人类社会的各种文明、各个国家都对现代大学制度的形成和发展做出过自己的贡献。这就是说,现代大学制度并非西方国家的大学制度。(4)现代大学制度具有一种面向未来不断追求完善的理想特性,因此,东西方国家的现代大学制度面对不断变化的外部环境,仍然处于调整和变化中。

综合上述观点,笔者尝试性地给现代大学制度下了一个定义——现代大学制度是以现代大学理念为基础,在 20 世纪 50 年代大学进入社会中心并产生众多利益相关者后,在保持大学传统、应对环境变化、响应社会需要的过程中形成的关于大学的制度安排以及指向未来的趋势。关于这一尝试性定义,这里做以下三点说明。

第一,之所以将现代大学制度中的"现代"确定为 20 世纪 50 年代,是因为二战结束后,不仅西方发达国家,而且绝大多数发展中国家,特别是战后独立或脱离其宗主国的国家,都进入了发展经济、建设现代国家、促进国家现代化的阶段,全球总体形成了一种和平与发展的大格局。这个时期,正是高等教育备受重视的时期,大学成为丹尼尔·贝尔所定义的后工业社会(知识社会)的"轴心机构",拥有了众多的利益相关者。

第二,该定义强调了现代大学理念是现代大学制度的基础。大学制度不是凭空出现的,而是建立在某种大学理念的基础上的。从西方国家大学制度的发展历程来看,自中世纪大学以来,西方国家的大学制度就建立在"大学自治、学术自由、学者治校"的大学理念的基础上。从我国建设现代大学制度的历程来看,清末和民国时期,我国是从引进欧美的大学理念和大学制度开始的。新中国成立以后,我国学习和借鉴"苏联模式",最后在"苏联模式"与"延安模式"的冲突中,结合中国国情和优秀文化教育传统,探索中国特色现代大学制度。这就是说,现代大学制度建设和发展,受到了大学理念和文化传统的制约。[①] 可以说,现代大学理念是现代大学制度中的"内隐制度"。

　　第三,现代大学制度是在保持大学传统、应对环境变化、响应社会需要的过程中形成的。阿什比曾经用"任何时期的大学都是遗传与环境的产物"[②]来概括大学发展变化的规律,他所说的"遗传",就是指大学传统。对现代大学而言,现代大学不仅处于大学传统与外部环境的张力中,而且还有一个对社会需要的响应、主动适应和满足的问题。不同国家的大学面对着不同的使命任务和社会需要。如西方大学从大学的知识使命角度更加强调大学对知识创新、科技革命和产业变革的响应和主动适应,而我国的大学则立足大学的国家使命,更加强调大学对民族复兴和国家强盛做出贡献。

　　由此,我们可以对现代大学制度的结构进行一个基本描述:现代大学理念是现代大学制度的基础,是现代大学制度的"内隐制度"。现代大学制度是对"两个层面"中的"四种关系"做出的制度规定,即对宏观层面的大学与政府的关系、大学与社会的关系、大学与大学的关系的制度规定,以及对微观层面的大学内部治理结构,即学术权力与行政权力的关系的制度规定。

第二节　现代大学制度的普适性与多样性

　　在全球信息化时代,现代大学正在超越地域限制和意识形态壁垒,成为

---

① 张应强,高桂娟.论现代大学制度建设的文化取向[J].高等教育研究,2002(6):28-33.
② 阿什比.科技发达时代的大学教育[M].滕大春,滕大生,译.北京:人民教育出版社,1983:7.

一种具有国际性的组织。现代大学制度作为体现大学本质特点、促进大学健康发展与有效发挥大学社会作用的制度设计和制度规范,是普适性和多样性的有机统一。现代大学制度的普适性主要源于大学的学术组织共性和教化使命共性,现代大学制度的多样性主要源于现代大学制度的国家建构和文化制约。

一、现代大学制度的普适性

现代大学制度的普适性,是指现代大学制度及其理念超越国家、地区、文化、经济、意识形态以及大学管理体制的差异而具有某种普遍适用性,具体表现为世界各国的大学制度具有某种相似性和一致性。尤其是自 20 世纪 50 年代以来,随着高等教育国际化浪潮波及全球,不同国家大学制度的相互借鉴以及不断加强的大学国际化趋势,使世界各国的大学制度更具某种相似性和一致性。为何现代大学制度具有普适性? 世界各国大学制度的相似性和一致性原因何在? 除了二战后的大学国际化原因外,现代大学制度的普适性主要源于大学的学术组织共性和大学的教化使命共性。

1. 大学的学术组织共性

相对于政府、企业等组织而言,世界范围内的大学是一个更具共同性质和"世界性性格"的组织——知识和学术组织。伯顿·R.克拉克认为,大学组织之所以不同于企业组织、政府组织和许多非营利组织,是因为知识作为特殊的操作材料决定的,正是由于以知识为材料才使大学组织与其他组织区别开来,"知识材料,尤其是高深的知识材料,处于任何高等教育系统的目的和实质的核心。不仅历史上如此,不同的社会也同样如此"[①]。虽然欧洲和中国

---

① 伯顿·R.克拉克.高等教育系统——学术组织的跨国研究[M].王承绪,徐辉,殷企平,等译.杭州:杭州大学出版社,1994:12 - 13.

属于两种不同的文明类型,但西欧的中世纪大学与几乎同时代产生的中国古代著名书院,在组织特性、活动方式和价值追求上有着诸多相似之处。在现代社会,尽管各国政治制度、经济发展水平、文化传统等存在重大差异,各国也建立了不尽相同的高等教育体系和大学管理制度,但各国大学在基本性质和使命责任上具有某种一致性,如将大学定位在学术和文化领域——大学是社会的学术和文化组织,是传承和保存人类优秀文化的机构,是知识生产和文化创新机构,是教育和人才培养机构。世界各国大学都担负着传承文化、发展学术、培养人才、教化社会、服务人类的使命和责任。大学之所以能超越文明类型差异而被称为"大学",是因为其具有共同的价值追求——促进知识发展和学术进步。知识和学术是不分国界的,是具有"世界性"和普遍性的,是人类的共同财富。"大学是现代社会中真正的国际性机构。大学所创造的、所保存的和所传授的知识在许多领域具有普遍性,就是说,在本质上是非国家性的……科学家常常具有世界主义的价值观念。"[①]"不仅大学中的知识和学术具有世界主义特性——知识和学术是人类共创、共有、共享的文明成果,而且大学的理想和抱负也具有某种世界主义特性——大学具有人类终极关怀精神,是人类公器,通过科技和价值观教育来实现人类美好生活。"[②]正是因为大学以生产普遍性知识为目的,所以大学才成为一种具有某种普遍性的组织。

古今中外的大学都以知识作为活动对象,都以传承知识、发展知识、创造知识为目的,发挥着传承、生产、创造、鉴别与批判知识的功能,探究知识与学问、追求真理是大学本真的价值取向。伯顿·R.克拉克指出:"高等教育的任务是以知识为中心的。正因为那令人眼花缭乱的高深学科及其自体生殖和自治的倾向,高等教育才变得独一无二——不从它本身的规律去探索就无法

---

① 乌利希·泰希勒.欧洲化 国际化 全球化——高等学校何处去?[J].陈洪捷,译.北京大学教育评论,2003(1):40-47.
② 张应强.全球化背景下高等教育国际化理念的重新审视[J].教育发展研究,2021(23):1-11.

了解它。"①知识之所以能得以传承、发展和创造,主要是因为教育的作用。英国动物遗传学家 C.H.沃丁顿指出:"人已经发展了一种社会遗传的或心理社会的进化机构……这样一种机构依靠教与学的方法而对知识进行社会遗传的传递。"②这种机构,就是教育机构,就是大学。大学合法性存在的根本依据,在于大学是满足人类对知识发展和学术进步的渴望和追求的关键机构,甚至是唯一机构。因此,曾任哈佛大学校长的普西教授指出:"每一个较大规模的现代社会,无论它的政治、经济或宗教制度是什么类型的,都需要建立一个机构来传递深奥的知识,分析、批判现存的知识,并探索新的学问领域。换言之,凡是需要人们进行理智分析、鉴别、阐述或关注的地方,那里就会有大学。"③

大学是知识分子的聚集地。知识分子是知识和学术生产的主体,是促进知识发展和学术进步的关键力量。现代意义的知识分子是指那些以独立身份,借助知识和精神的力量,对社会表现出强烈的公共关怀,体现出一种公共良知,有强烈参与意识和批判精神的文化人。④ 知识分子是知识的传播者、研究者、生产者,也是知识的批判者。他们通过知识生产和学术研究来促进知识发展和学术进步,通过知识鉴别和知识批判来追求真理。德国哲学家雅斯贝尔斯曾说:"大学是研究和传授科学的殿堂,是教育新人成长的世界,是个体之间富有生命的交往,是学术勃发的世界。"⑤"大学是个公开追求真理的场所,所有的研究机会都要为真理服务,在大学里追求真理是人们精神的基本要求,因此,它给大学带来勃勃生机,是大学进步的条件。"⑥

① 伯顿·R.克拉克.高等教育系统——学术组织的跨国研究[M].王承绪,徐辉,殷企平,等译.杭州:杭州大学出版社,1994:313.
② 人道主义、人性论研究资料(第五辑)[M].北京:商务印书馆,1964:243.
③ 约翰·S.布鲁贝克.高等教育哲学[M].王承绪,郑继伟,张维平,等译.杭州:浙江教育出版社,2002:13.
④ 张应强.大学的文化精神与使命[M].合肥:安徽教育出版社,2008:125.
⑤ 雅斯贝尔斯.什么是教育[M].邹进,译.北京:生活·读书·新知三联书店,1991:150.
⑥ 雅斯贝尔斯.什么是教育[M].邹进,译.北京:生活·读书·新知三联书店,1991:169.

　　无论是从大学的知识和学术组织性质来看，还是从大学的普遍性知识理想追求来看，抑或是从大学中知识分子的基本特性来看，都需要建立一种能切合和适应大学组织特性和使命追求的大学制度——以知识和学术为中心的大学制度。在现代社会，世界各国建立大学制度的目的，都在于给予大学的知识生产以制度保障，从而促进知识生产和学术进步。或者说，在于保障大学以知识和学术的方式，服务于国家发展和社会进步。西欧中世纪大学在教会与王权的"权力真空"中诞生后，通过与教会和王权的博弈，确立了大学自治、学术自由、学者治校的大学理念，并经过学者行会内部的制度化过程，建立了西方现代大学制度的雏形。自中世纪大学以来，西方国家的大学一直坚守大学自治、学术自由、学者治校的基本信念和价值准则，在适应时代发展和大学外部环境变革中，对大学自治、学术自由、学者治校的大学制度进行调适和完善。

　　由于政治制度和文化传统的差异，我国的大学制度虽然还没有形成像西方国家那种基于大学自治、学术自由、学者治校的大学制度，但我国在建设现代大学制度的过程中，也用扩大和落实大学自主权、学术自由与学术责任的有机统一、学术权力与行政权力的协商平衡等具有中国特色的概念和话语体系，来表达与西方大学制度相同的信念和追求。加拿大学者许美德发现，虽然大学的自治权和学术自由的含义发生了改变，但它一直延续了下来。"有意思的是，它们在社会主义和资本主义两种体系中都持续存在。"[①]这就是说，尽管中西方对学术自由的理解是不一样的，但中西方的大学都追求学术自由；虽然中西方的大学治理体制机制有比较大的差异，但中西方的大学都追求大学自治；尽管中西方的大学内部治理结构不同，但中西方的大学内部治理都力求发挥学术权力的作用。可以说，古今中外的大学都反对来自教会的、王权的、政府的、市场的力量的干预，都表现出一种超越外部力量控制的

① 许美德.中国大学1895—1995：一个文化冲突的世纪[M].许洁英,主译.北京：教育科学出版社,2000：25.

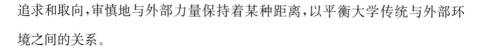

追求和取向,审慎地与外部力量保持着某种距离,以平衡大学传统与外部环境之间的关系。

2. 大学的教化使命共性

西欧中世纪大学首先是作为学术组织出现的,其作为教育机构,承担人才培养职能,那是文艺复兴运动以后的事情。有学者认为,中世纪大学是历代所积累的知识的贮放中心,那里培养学者纯粹是为了传播学问。① 中世纪大学作为一种学者行会,是把研究高深学问和传播高深知识放在第一位的,尽管其中也有教学活动,但它本质上还不是一种教学机构和专事人才培养的机构。教学活动和人才培养,只是它的一种副产品。文艺复兴运动之后,大学的职能有了质的变化,培养人才才开始在大学社会职能中占据主导地位,并且成为大学自身追求的一种目的。② 中西方大学作为教育机构,承担人才培养职能,都强调教育的教化作用。只不过我国教育注重人文教化,而西方教育则强调信仰教化。中西方大学教育虽存在重大差异,但也有很多共同性因素,如都强调教育要致力于人的完善和对完美人格的追求。中国的儒家教育主要是道德教育,以培养君子理想人格为目的,强调“大学之道,在明明德,在亲民,在止于至善”。亚里士多德曾对“教育”与“训练”做过辨析,他认为,训练不是教育,它只是使人获得一种养家糊口的技能,而教育则使人获得自由心性、完美德性和良好的风度举止。

即使到了科技发达时代,中西方大学虽然统一于科学和技术教育,但对人文教育、通识教育、博雅教育等都有共同的追求,对科技发达时代的大学教育的缺陷,都予以深刻批评和警醒。如1987年美国卡耐基教学促进基金会对美国大学教学状况的调查表明,“教育目标上的混乱,是美国大学面临的重要问题之一”“为了招揽学生,同时受劳动力市场需求状况的驱使,许多本科院

---

① 许美德.西方大学的形成及其社会根源[J].俞理明,译.教育研究,1981(12):81-87.
② 张应强.高等教育现代化的反思与建构[M].哈尔滨:黑龙江教育出版社,2000:68.

校丧失了使命感,对其应负的使命认识不清""眼光短浅的强调职业教育的主张以其注重技能训练而支配着学校""对于那些赋予存在以意义,并帮助学生正确对待生活中重大而超越的问题,他们一直漠然置之"。① 联合国教科文组织国际教育发展委员会也指出:"为了训练的目的,一个人的理智认识方面已经被分割得支离破碎,而其他的方面不是被遗忘,就是被忽视……为了科学研究和专门化的需要,对许多青年人原来应该进行的充分而全面的培养被弄得残缺不全。"②曾任芝加哥大学校长的著名高等教育家赫钦斯,面对美国大学教育的偏狭大声疾呼:"教育应是主体为人的教育,教育的目的唯在发挥人性,使人达到完善的境界","其目的是人性不是人力,教育不应成为可悲的经济工具"。③ 曾任哈佛大学哈佛学院院长的哈瑞·刘易斯,以《失去灵魂的卓越——哈佛是如何忘记教育宗旨的》为书名,批评美国的顶尖研究性大学为追求卓越地位,在争夺优质师资和生源的过程中忘记了本科教育的根本目的——把年轻人培养成具有社会责任感的成人。进入 20 世纪 90 年代之后,我国针对大学教育中的"四过现象"(过弱的文化陶冶,过窄的专业教育,过重的功利导向,过强的共性制约)④,在全国高校开展了影响深远的大学文化素质教育,目的也在于通过实施人文素质教育,实现科学教育与人文教育的整合。在中国特色社会主义新时代,党的十九大报告明确强调要"发展素质教育",教育部也提出要着力构建全面发展素质教育新格局。由此可见,古今中外的大学在教育理想和人才培养上,有着共同性内涵和理想追求。这是导致现代大学制度具有普适性的又一重要原因。

---

① 欧内斯特·博耶.美国大学教育——现状·经验·问题及对策[M].复旦大学高等教育研究所,译.上海:复旦大学出版社,1988:18.

② 联合国教科文组织国际教育发展委员会.学会生存——教育世界的今天和明天[M].华东师范大学比较教育研究所,译.北京:教育科学出版社,1996:193.

③ 台湾师范大学教育研究所.西洋教育思想[M].台北:伟文图书出版有限公司,1979:908.

④ 文辅相.我国本科教育目标应当作战略性调整——"高等教育培养目标系统和规格的研究"课题研究报告摘要[J].高等教育研究,1996(6):12-16.

3. 高等教育国际化强化了现代大学制度的普适性

在世界大学发展史上，大学制度、大学模式、大学理念相互借鉴和影响的例子屡见不鲜。约翰·霍普金斯大学在美国大学史上具有里程碑意义——开启了美国研究型大学新时代，导致美国研究型大学群体迅速崛起。有美国学者甚至认为，1876年以前的美国没有大学，只是在约翰·霍普金斯大学创立以后，美国才有现代意义上的大学，才标志着美国大学时代的开始。① 但约翰·霍普金斯大学的创办，在相当程度上借鉴了德国的大学理念和大学制度。而美国研究型大学群体的崛起，又使得研究型大学的理念和制度回流到德国，影响了包括德国在内的欧洲国家甚至世界各国的研究型大学建设。特别是美国结合本土实际创造的"威斯康星思想"和"社会服务型"大学制度，成为世界各国模仿和学习的对象，深刻影响了世界各国高等教育发展和现代大学制度建设。

在日本高等教育发展史上，先后发生了三次大规模的学习外国先进的教育思想和教育制度的运动。日本在"大化改新"时期，模仿中国创办"庠序"、派遣留学生、在中央设置大学寮等；近代以欧洲国家特别是德国的大学模式为蓝本，确立了近代高等教育体制和大学制度，如模仿德国大学的讲座制，建立起大学的内部治理结构；二战以后，吸取美国的高等教育思想和经验，对高等教育进行改造。通过三次学习外国高等教育和大学制度的运动，日本基本上确立了现代高等教育框架和大学制度体系。② 我国近现代大学制度的建立，主要得益于留学生引入了欧美国家的大学理念和大学制度，如蔡元培和郭秉文分别将德国和美国的大学制度和大学理念移植到北京大学和东南大学。1921年，蔡元培先生在加州伯克利大学中国学生会演讲时曾阐述过一种"大学理想"——将中国传统的孔墨精神加上英国之人格教育、德法之高深研

---

① 陈学飞.美国高等教育发展史[M].成都:四川大学出版社,1989:71.
② 张应强.文化视野中的高等教育[M].南京:南京师范大学出版社,1999:138.

究、美之服务社会。新中国的大学制度建设就受到了苏联高等教育模式的深刻影响,以致我们今天仍然可以在我国当前的大学制度和模式中看到苏联模式的影子。①

二战以后,先后独立和脱离其宗主国的国家,普遍开展了国家现代化建设,将恢复经济、国家重建、开展工业化作为国家现代化建设的重要课题,发展高等教育、建设现代大学、培养经济建设人才由此成为"重中之重"。② 与此同时,高等教育国际化和大学国际化成为一种世界潮流。以美国为代表的西方国家借助高等教育国际化,将西方国家的现代大学制度推向发展中国家;而发展中国家则希望通过高等教育国际化来学习西方国家的现代大学制度,建设本国的现代大学制度,发展本国高等教育。在高等教育国际化和大学国际化影响下,不同国家大学的相互借鉴和影响,不断强化了各国大学制度的相似性和国际性。在高等教育全球化和全球信息化时代,随着全球化程度越来越高,世界各国高等教育联结的纽带越来越宽,渠道越来越多,各国高等教育相互渗透、相互影响日益加剧,这就使得现代大学理念和现代大学制度能够超越地域限制和意识形态壁垒,出现了一种与时代相适应的现代大学模式与现代大学制度的全球流动和全球扩展现象。世界各国的大学制度因此表现出某种全球一致性,大学制度的相似度越来越高,共同性元素也越来越多。

二、现代大学制度的多样性

现代大学制度是各国对高等教育体系和大学系统所做的一种制度安排,这种制度安排的目的,在于在尊重大学的学术组织特性的基础上,善待大学、用好大学,充分发挥大学的社会作用,使大学以自身特点和优势,来为国家和

---

① 张应强.新中国大学制度建设的艰难选择[J].清华大学教育研究,2012(6):25-35.
② 张应强.高等教育现代化的反思与建构[M].哈尔滨:黑龙江教育出版社,2000:121.

社会服务。现代大学制度又是沟通大学内外部关系的枢纽,是各国政治经济制度和文化传统在大学制度层面的反映。各国政治经济制度和文化传统的多样性,决定了现代大学制度的多样性。

1. 现代大学制度的国家建构

中世纪大学的大学制度主要是以学者行会为主导,在学者行会与教会和王权的博弈中建立起来的,是一种行会型大学制度。这种行会型大学制度,对外主要调节和平衡大学与教会、大学与王权的关系;对内主要调节和平衡大学内部的学者与学者、学者与学生的关系。所谓"教师的大学"和"学生的大学",其实就是大学内部治理结构的不同表现形式。但这种行会型大学制度,还不是现代大学制度。中世纪大学在走向现代大学的过程中,还经历了另一个制度化过程,这个制度化过程较之学者行会内部的制度化过程,有一个重大区别,那就是国家和现代政府的介入。即在国家体制和现代政府框架下来建立大学的制度性规范,将大学制度安排纳入国家的制度体系。随着大学的发展和社会需要的强化,大学的社会作用不断凸显,大学因此进入社会的中心,成为一个有着众多利益相关者的组织,成为在以知识为基础、以科技为方向的技术型后工业社会中起关键作用的机构,成为人类社会的动力站。[①]各国政府因此由过去觉得大学可有可无而对大学不闻不问,到对大学进行全面介入和干预,如对传统大学进行改造、由政府主导建设新大学、出台相关政策对大学进行引导等,以使大学服务于国家目的。政府对大学的全面介入和干预,使大学制度在经历了第二次制度化过程后,成为国家制度的重要组成部分。因此,大学制度不可避免地受到国家的政治制度、行政体制、经济制度、文化传统的深刻影响,世界各国的大学制度因此表现出鲜明的国别特色而具有多样性。

---

① 伯顿·克拉克.高等教育新论——多学科的研究[M].王承绪,徐辉,郑继伟,等译.杭州:浙江教育出版社,1988:22.

　　值得特别强调的是,现代大学制度在所经历的两种制度化过程中,面临着两种制度化过程的关系问题,即大学内部的制度化过程与大学外部的制度化过程的关系问题。这两种制度化力量的关系及其协调,对现代大学制度的形成和类型具有重要影响。其中,大学内部制度化的成熟度非常关键。当大学内部制度化比较成熟时,大学才有能力与外部力量进行制度博弈;当大学内部制度化成熟度不高时,大学内部的制度化容易为外部力量所控制。现代大学制度形成过程中的两种制度化力量的关系及其协调,其实质是保持大学制度建构过程中学术知识逻辑与社会需要逻辑之间的张力。西方国家的大学制度在走向现代大学制度的过程中,大学内部的制度化力量非常强大,这就使得大学能够坚持大学自治、学术自由、学者治校理念,能够抵抗和平衡外部力量按照外部逻辑来设计和建构大学制度。如柏林大学坚守大学的理性主义精神和理性教育理想,拒绝开展职业技能教育等实用主义教育,使得德国政府不得不绕过柏林大学来建设工科大学和多种专门学院;又如英国的大学在走向现代大学的过程中,曾持续了200多年对新科学的排斥和反对;哈佛大学在发展过程中,出现了哈佛学院与商学院、肯尼迪政府管理学院等专业学院的相持关系等。

　　我国的现代大学制度建设与西方国家的现代大学制度建设有着重大区别。我国近现代大学并不是我国古代大学的自然延续,而是在西方现代化浪潮冲击下,通过国家和政府的规划和设计产生的一种"应激性"机构。因此,我国近现代大学的内部制度化过程发育晚、不成熟、力量小。从某种意义上说,我国的现代大学制度是在大学的内部制度化还没有完成的情况下,就开始了外部制度化过程,即由国家和政府来设计和建构大学制度,并同时对大学制度的内部制度化与外部制度化做出制度安排。这就使得我国的大学制度在大学与政府的关系、大学与社会的关系、大学与大学的关系,以及大学内部学术权力与行政权力的关系上带有强烈的政府主导和行政权力主导的特点,从而使政府掌控着大学的所有办学资源,使大学面向政府办学成为一种常态,出现了大学的行政化运行、社会适应性差,大学发展的活力不够、动力不足等诸多问题。以政府为主导来建设现代大学制度,既是我国现代大学制度的特色,也是导致我国现代大学制度存在缺陷和弊端的重要原因。如何协调和平衡大学内外部两种制度化的关系,是我国现代大学制度建设面临的重要问题。

2. 现代大学制度的文化制约

世界各国文化传统的多样性,决定了现代大学制度的多样性。如果说国家政治经济制度对现代大学制度的影响是显性和强制性的话,那么,文化传统对现代大学制度的影响则是隐性和柔性的。文化传统是一种具有相对独立性的影响因素,其对现代大学制度的影响,除了影响方式不同之外,其与国家政治经济制度对现代大学制度的影响并非同步。从某种意义上说,美英两国与欧洲大陆国家现代大学制度的差异,主要是因文化传统的差异造成的;东亚各国现代大学制度的相似性和差异性,也是因文化传统的相似性和差异性所致。这就是说,文化传统是导致现代大学制度多样性的一种"深沉"力量。

以德国柏林大学为例。柏林大学不仅在德国现代大学制度史上具有开创性意义,而且在世界现代大学制度史上也具有里程碑意义,它不仅影响了英国、法国这些有着悠久大学教育传统的国家的高等教育,而且为西欧、美国、日本等国家提供了一种大学模式。[①] 德国是具有强烈理性主义文化和理性精神的国家,不仅产生了诸多影响人类思想史的哲学家、思想家,而且一度成为世界的科学中心。德国的大学植根于理性主义文化土壤之中,形成了理性主义大学传统。在德国的第一次大学革命中,建立在托马修斯和沃尔夫的理性主义哲学基础上的哈莱大学和哥廷根大学,就表现出对理性精神的强烈追求,"哈莱大学中的研究工作是以'自由研究原则',代替十七世纪以前大学中的'权威的解释原则'……对于传统的教条,以怀疑的态度,根据理性加以

---

① 菲利普·G.阿特巴赫.比较高等教育[M].符娟明,陈树清,译.北京:文化教育出版社,1985:28-33.

研究,并重新估价;甚至要以批评历史的态度去研究圣经"。哥廷根大学研究的主要对象不是神学,而是政治理论和法律哲学等现代学科,其基本精神就是"讲学自由"。① 柏林大学是德国新人文主义运动的产物,康德哲学与费希特的道德理想主义思想成为柏林大学创设和发展的思想基础,其在教育理念上拓展和深化了哈莱大学和哥廷根大学所体现的现代性思想,开启了德国历史上的第二次大学革命。德国大学史上的两次大学革命,其实质就是大学坚持理性主义立场,用理性反对神学,用理性来解放神学对人的思想禁锢,从而发展人的理性精神、怀疑精神和批判精神。

正是因为坚持理性主义立场,柏林大学才能在世界大学史上第一次正式开展科学教育,并创造性地确立了"教学与科学研究相结合"的基本原则。但柏林大学所看重的,是科学教育对培养人的心智和理性的作用,而不是科学的实用价值。即通过纯粹科学的教育,来进行最高形式的理性训练,促使学生养成对既有知识体系的批判态度和对真理的不懈追求精神,使之以科学的理性方法去发现新的知识。这种独特的大学教育理念,反映在大学内部制度设计上,就是确立了哲学院在四个学院(哲学院、神学院、法学院、医学院)中的核心地位。在西方传统大学中,哲学院被当作神、法、医三个学院的预备阶段,而这三个学院的实用性都很强,这在无形之中就把"纯粹学术研究"置于"实用性研究"之下。柏林大学改变了这种状况——不是将哲学院作为预备阶段而是作为大学的中心,从而将神、法、医三个实用性学院联系起来,形成了一个有机"完形",实现了"专门研究"与"一般陶冶"的有机结合。② 可以说,柏林大学在现代大学制度上所做的创造性探索,是由德国的理性主义文化传统决定的。

文化传统对现代大学制度的影响,在美国的现代大学制度创新中也得到了全面而深刻的体现。这里仅以美国"社会服务型"大学制度的产生为例,来

---

① 田培林.教育与文化[M].台北:五南图书出版公司,1988:545.
② 张应强.高等教育现代化的反思与建构[M].哈尔滨:黑龙江教育出版社,2000:98-102.

说明实用主义文化传统对美国现代大学制度的影响。实用主义是美国社会的文化传统,它不仅是在美国发扬光大的一种哲学理论体系和哲学流派,而且是美国社会的一种大众哲学和文化心理,一种看待世界的方式,一种价值观和处事原则。① 在价值判断上,它以在实际生活中是否有用,是否具有实利价值作为判断标准。实用主义文化传统对美国高等教育的影响:一是确立了实用主义的知识观和课程观。这种知识观和课程观认为,知识是行动的工具,知识与行动必须结合起来,凡是具有实际价值并能改变现状的知识,都是值得在大学中开设和学习的知识。二是确立了大学的普通社会机构地位。美国的实用主义文化传统将大学定位为一种普通的社会机构,而不是像欧洲人那样,将大学看作高高在上的象牙塔。因此,大学成为为公众生活和社会利益服务的机构,社会需要什么,大学就提供什么。

《莫雷尔法案》的颁布,既是实用主义文化传统影响美国高等教育的必然结果,也是美国形成"社会服务型"大学制度的重要标志。《莫雷尔法案》的基本思想,与乔纳森·B.特纳密切相关。特纳是马萨诸塞州一位农民的儿子,他引种桑橙成功后,深深感到农民需要一种新型的"高等教育"。1851 年,特纳正式宣布了"为产业阶级开办州立大学"的主张,他宣称:新式大学应该教农业、制造工艺、簿记,应该拥有试验农场、果园、牧群;应该对'一定年龄以上的所有各阶级的学生开放,教学期可以长短不一'。开学典礼上不应该有拉丁语演说,而应该举办年度产品展览会……这种新式大学的开办会和早期任何一次宗教改革所产生的影响一样巨大。② 《莫雷尔法案》颁布后,"威斯康星思想"应运而生。"威斯康星思想"是大学直接为社会服务的一种大学理念,把实用性知识传授给广大民众,解决本地经济、生产和社会生活方面的实际问题是其核心。这种大学理念成为美国开创"社会服务型"大学制度的理念基础。

---

① 张应强.文化视野中的高等教育[M].南京:南京师范大学出版社,1999:110-111.

② 丹尼尔·布尔斯廷.美国人 民主历程[M].中国对外翻译出版公司,译.北京:生活·读书·新知三联书店,1993:545-548.

三、现代大学制度是普适性与多样性的有机统一

正确认识现代大学制度的普适性与多样性的关系,是建设中国特色现代大学制度面临的关键性理论问题,因为它涉及到底有没有一个"中国特色"的现代大学制度这一前提性问题,进而会影响我国现代大学制度建设的价值取向和实践策略。

在现代大学制度的研究和实践过程中,中外高等教育学术界一直将西方国家的大学制度作为现代大学制度的典范,作为普适性的现代大学制度。西方学者立足西方大学的大学自治、学术自由和学者治校传统,从大学作为普遍性学术组织、大学的知识生产特性,以及大学与政府之间的平等关系出发,将西方国家的现代大学制度作为普适性现代大学制度,忽视甚至否认现代大学制度的多样性,排斥现代大学制度的国别特点,并采用"国际惯例""与国际接轨""制度流动"等概念,将西方国家的现代大学制度及其理念推向全球。我国学者也自觉不自觉地认为,西方国家的大学制度是先进的大学制度,是"现代"大学制度,是普适性大学制度;我国建设现代大学制度,必须学习西方的现代大学制度。在实践层面,有些高校通过引入西方国家大学的教师聘任制度、学术评价制度等,来进行大学内部治理改革。如实行大学教师预聘—准聘—长聘制度,"不发表即出局"等,造成了严重的水土不服,与我国的单位制度形成重大冲突。这就迫切需要我们正确认识和准确把握现代大学制度的普适性与多样性的关系。

从现代大学制度的形成和发展过程来看,现代大学制度的普适性实际上是现代大学制度时代特征的反映,现代大学制度的多样性实际上是现代大学民族特征的反映。世界各国的现代大学制度都是时代性和民族性的统一。一方面,现代大学制度的多样性,是建立在现代大学制度普适性基础上的多样性。如果我们一味地强调现代大学制度的国别特色而忽视现代大学制度的普适性,或者

用国别特色来排斥现代大学制度的普适性,那么,我们所建立的大学制度就丧失了时代性,就不是"现代"大学制度。另一方面,如果我们忽视甚至否认现代大学制度的国别特色,追求一个超越国家政治制度和文化传统的普适性大学制度,那么,我们所建立的大学制度就会失去存在的根基,成为一朵"不结果的花"。

自大学产生以来,大学制度既是时代的产物,又是民族国家的产物。作为学者行会的西欧中世纪大学,形成了大学自治、学者自由、学者治校的理念,成为建立大学制度的理念基础。这种理念因知识和学术的普遍性而具有某种普遍性。直到今天,世界各国大学,特别是西方大学仍然继承了这种普遍性的大学理念。但大学从来都不是一种超越民族国家和文化传统的组织,它受到了民族国家的政治制度、国家体制和文化传统的深刻影响。中世纪大学在欧洲分裂和民族国家产生之后,出现了大学的民族国家化和大学职能的根本性转向。各民族国家纷纷创立和管理自己疆域内的大学。同时,大学的职能也由学术研究转向人才培养和学术研究兼顾。在大学的两大社会职能中,虽然欧洲各国大学的学术研究职能保持着共同性内涵,但大学的人才培养目标表现出较大的差异性。中世纪大学向现代大学转变的重要标志之一,是将培养世俗人才作为大学的根本职能。在大学的人才培养活动中,人才培养目标居于核心地位。如西方文艺复兴运动中的大学,提出了培养世俗人才和培养"新人"的目标,进而提出要用古希腊、古罗马的文学艺术来培养新人。在现代高等教育中,人才培养目标主要涵盖知识、能力、素质等方面的内容。一般来说,世界各国大学的人才培养,在知识目标和能力目标上具有相似性甚至共同性内涵,但在素质目标上却具有鲜明的民族文化和民族国家特色。其根本原因在于人才培养目标是受教育目的支配的,而教育目的既要体现时代特征,又要受到民族文化和教育传统的深刻影响,因而教育目的具有鲜明的民族文化和民族国家特征。这就是说,世界各国大学的人才培养目标,都是兼具时代性内涵和民族性内涵的,不可能存在一种超越民族国家文化的人才培养目标。因此,现代大学的学术研究和人才培养都是处于具体的民族国家情境和环境之中的。这就使得世界各国的大学虽然仍然以生产和传播超越国界的普遍知识作为使命,但它不得不立足民族国家和民族文化来生产知识、传播知识和培养人才。因此,世界各国的大学制度既具有共同的时代性内涵,又具有鲜明的民族国家特征,是普适性与多样性的有机统一。

如前所述,世界各国的现代大学制度仍然处于不断调整之中。面对不断变化的外部环境,即使是西方国家的大学制度和大学理念也在进行前瞻性和适应性调整。当前现代大学制度正在经历的变化,从外部来讲主要有大学与政府、大学与社会的关系的调整。即使是长期秉持大学自治、学术自由理念的西方国家,也都加强了对大学的干预和影响,大学也越来越通过应对和满足多样化社会需求来获得社会资源和财政资源。从大学内部治理来说,随着大学与社会关系的日益广泛和紧密,以及大学社会职能的多样化,特别是在外部问责制引入高等教育系统后,传统的"教授治校"模式已不能满足大学发展的要求,大学因此开始调整内部组织构架和管理行为。就大学与大学的关系来看,各国大学系统正在形成适应多元化社会需要的分流、分工、合作和竞争的院校功能体系,不同类型、不同服务面向、不同适应性的多样化院校体系已经形成。另外,新一轮科技革命和产业变革正在全方位深刻影响人类的社会生活和精神世界,现代信息技术的飞速发展和全方位渗透,对现代大学制度的变革和发展提供了全新机遇,形成了严峻挑战。可以预见的是,世界各国的大学制度将会在新的时代背景下做出前瞻性变革和适应性调整。

需要说明的是,在适应时代变革的过程中,各国的大学制度可能会表现出一定程度的趋同性,但这种趋同性的实质,是各国大学制度力求体现时代特征的反映,并且这种趋同性只具有相对意义。各国大学制度改革不可能脱离其原有基础,因为各国的大学制度改革,既受到文化传统的深刻影响,又受到路径依赖的影响。这就是说,虽然大学国际化和全球化对现代大学制度的影响不断加剧,但这并不会导致世界各国大学制度的一体化,或者是趋向美国的市场化大学制度。

第三节　西方国家现代大学制度的基本特点

从世界范围内来考察，现代大学制度因起源和形成方式不同导致了两种基本类型——大学自然演进型与国家主动建构型。所谓大学自然演进型，是指早发现代化国家的现代大学制度，是大学在长期发展中遵循知识和学术逻辑自然演变形成的；所谓国家主动建构型，是指后发现代化国家的现代大学制度，是在国家和政府的主动规划和设计下形成的。不同类型的现代大学制度，其基本特点具有重要差异。西方国家现代大学制度的形成主要经历了三个重要时期，相应出现了三种形式的大学制度。一是西欧中世纪大学时期形成的以大学自治、学术自由、学者治校为特征的"行会型"大学制度；二是由德国大学所创造的学术研究与教学相结合的"学术社团型"大学制度；三是由美国大学创造的面向市场和社会需要的"社会服务型"大学制度。这三个时期的大学制度的形成，在时间上是连续的，是以大学为主体，通过平衡大学传统与适应外部环境变化的关系而自然演变形成的。

要概括西方国家现代大学制度的基本特点是非常困难的，因为西方各国的大学制度存在很大差异，尤其是英美两国与欧洲大陆国家的大学制度存在很大差异。范德拉格夫等在《学术权力——七国高等教育管理体制比较》一书中曾具体研究和比较了这种差异。[①] 即使在同一个国家，如美国，由于美国高等教育和大学治理以多样性著称，各大学的内部治理制度差异性也较为明显。另外，西方各国的现代大学制度也在适应社会和时代变革中不断做出适应性调整，表现出明显的阶段性特征。面对这种差异性和变动性兼具的西方

---

① 约翰·范德拉格夫，等.学术权力——七国高等教育管理体制比较[M].王承绪，张维平，徐辉，等译.杭州:浙江教育出版社，2001:162-184.

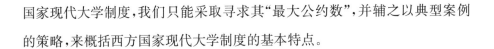

国家现代大学制度，我们只能采取寻求其"最大公约数"，并辅之以典型案例的策略，来概括西方国家现代大学制度的基本特点。

一、大学自治和学术自由：西方现代大学制度的理念基础

大学自治和学术自由是源于中世纪大学的一种大学理念，是西方现代大学制度的理念基础和大学制度建构的基本准则，贯穿于西方国家现代大学制度建构的全过程。中世纪大学的最初形态，是由学者模仿商人和手工业者行会自发结成的学者行会。行会是西欧中世纪时期的一种极具普遍性的生产和经济活动组织，其中，以商人和手工业者行会居多，其基本特点主要有：(1) 自愿性——行会是自愿加入的，没有强制性；(2) 松散性——行会是松散的同业者联盟，行会内部没有权力中心；(3) 利益性——行会是一种利益联盟，是对外争取和保障行会成员共同利益的；(4) 契约性——行会通过誓约和契约(行规)来规范行会成员的行为。行会的上述基本特点，对中世纪大学的大学理念和大学制度形成具有基因性影响。学者行会就是学者在承诺遵守共同誓约的前提下，通过自愿加入而结成的松散联盟，目的在于以群体力量向城市当局争取学者的"法团权利"，以保障学者在城市生活，以及与各色人等打交道的过程中的权利和利益。

中世纪大学得以出现，其原因有很多，但主要原因在于中世纪的西欧教会与王权势均力敌，没有产生一个具有绝对权力的权力主体。同时，中世纪西欧尚文之风取代尚武之风，使得教会与王权都青睐与尊重知识和知识阶层。中世纪大学因此而恃文自重，获得了相对自由的空间，得以在权力夹缝中生存和发展。这里的"权力夹缝"具有隐喻意义——大学的产生、成长需要自由空间，需要自治权利。当然，在中世纪大学的发展过程中，大学与教会、大学与王权之间的激烈冲突也是屡见不鲜的。如教会组织曾以违背教义的名义，在 1600 年对乔尔丹诺·布鲁诺施以火刑；巴黎大学也曾于 16 世纪初在

专制君主的压力下垮台。这种冲突和博弈主要是围绕大学自治和学术自由展开的,最终形成了一种平衡关系——大学自治和学术自由一方面逐步发展成为一种大学理想和大学理念,另一方面也逐步得到了教会和世俗王权的某种确认和尊重。

大学自治和学术自由是西方国家大学制度的两大基石。在现代社会,大学自治和学术自由对于保证大学充分发挥其特殊作用至关重要。这并非大学和学者的某种特权,而是大学完成其使命和履行国家责任不可或缺的条件。大学自治与学术自由的关系非常密切,中外学术界甚至有"学术自治""大学自由"的说法。尽管如此,大学自治与学术自由各自的针对性是有所侧重和不同的。

大学自治主要是针对大学治理权而言的,即大学由谁来治理,所表达的是围绕大学自治权而形成的大学与外部力量之间的关系。影响大学自治权的外部力量,在中世纪时期主要是教会和王权,在现代社会则主要是政府和各类市场主体。中世纪大学为了争取自治权,曾经常使用"迁徙"办法,即通过大学迁徙来与教会和王权博弈,争取大学自治权。大学的存在对促进领地的经济发展具有重要作用,也是领地文化繁荣的象征。如果大学迁徙他地,对教会和王权来说,都是一种损失。为了避免损失,教会与王权通常会做出某种让步,在一定程度上满足大学的自治权诉求。大学自治的合法理由是,大学是"学者的王国",不应受外部力量的干预和控制。对现代大学而言,正如哈罗德·珀金教授所说,现代大学已经从中世纪的宗教和世俗的知识团体,演变成今日在以知识为基础、以科学为方向的技术型后工业社会中起关键作用的机构。① 更重要的是,现代大学对于国家而言的重要性,已远非中世纪大学可以比肩。因此,政府对大学的干预不仅不可避免,而且获得了合法性和合理性。在现代社会理解和认识大学自治这一基本原则,需要把握好两

---

① 伯顿·克拉克.高等教育新论——多学科的研究[M].王承绪,徐辉,郑继伟,等译.杭州:浙江教育出版社,1988:22.

个基本点：一是要把握好大学自治的主体性，即无论外部力量来自何方，有多强大，都应坚持以大学为大学自治权的主体，大学不能丧失作为大学自治权的主体地位，必须由大学自己做出主体性选择和判断；二是要把握好大学自治与政府干预的"度"，确保二者之间形成某种平衡。这就是说，现代大学要逃避外部力量特别是政府的干预和影响是不现实的，必须以务实态度，处理好与政府的关系。同时，大学主动适应外部环境的变化，选择性地吸取社会资源，对于大学来说，也是一种极其重要的生存法则。

学术自由主要是针对大学学术研究的目的而言的。大学的学术目的在于追求真理，雅斯贝尔斯认为"大学是个公开追求真理的场所，所有的研究机会都要为真理服务，在大学里追求真理是人们精神的基本要求"[1]。学术自由是"不受妨碍地追求真理的权利。这一权利既适用于高等教育机构，也适用于这些机构里从事学术工作的人员"[2]。因此，凡是妨碍大学追求真理的权利的力量，都应该革除。这些力量，既可能来自大学外部，也可能存在于大学内部。正如洪堡所说，"知识自由不仅会受到政府的威胁，还会受到学术组织本身的威胁，这些组织一开始有一种特定的观点，然后就倾向于压制其他观点的兴起"[3]。对中世纪大学而言，来自大学外部的可能的威胁力量，既可能是教会，也可能是王权。而存在于大学内部的可能威胁力量，可能来自那些名气大、声望高的学者。对现代大学而言，来自大学外部的可能的威胁力量，既可能来自政治意识形态，也可能来自现代政府和各种市场主体，如公司和企业出于自身利益和目的而捐赠与支持大学的学术研究。因此，西方大学往往要对这种捐赠是否妨碍学术自由进行审查。而存在于大学内部的可能威胁力量，可能来自学术共同体内部的权威学者和学阀。因此，学术自由既要求外部力量不得干预大学学术自由的权利，又要求学者尊重其他学者的学术自

---

① 雅斯贝尔斯.什么是教育[M].邹进，译.北京：生活·读书·新知三联书店，1991：169.
② 李维.国际教育百科全书（第一卷)[M].贵阳：贵州教育出版社，1990：13.
③ 21世纪的大学——北京大学百年校庆召开的高等教育论坛论文集[C].北京：北京大学出版社，1999：103.

由权利,无论其声望和影响力如何,一切以服从真理为标准。亦即学术自由不仅是大学应该享有的大学权利,而且是社会应该保障的大学权利,也是大学成员应该坚守的基本信念,其目的在于保障大学对真理的追求和"真理面前人人平等"。

二、大学与政府的关系:大学自治基础上的政府有限干预

就西方国家的大学制度而言,大学与政府的关系也是一个起源于中世纪大学的问题。只不过当时主要以大学与教会的关系、大学与王权的关系表现出来。如前所述,中世纪大学与教会和王权的博弈,形成了西方现代大学与政府关系的根基——大学自治。大学自治是中世纪大学留给西方现代大学制度的重要遗产,在此之后的西方现代大学制度探索,都是在继承和坚守这一遗产的基础上所做的适应性调整。进入现代社会以后,政府干预与大学自治之间形成了一种悖论,这种悖论自19世纪开始就一直困扰着大学和政府。如何解决这种悖论,平衡政府与大学的关系,成为西方现代大学制度建设必须解决而又难以解决的问题。正如德里克·博克所说,"就大学要求对教育事务拥有学校自治权和政府有义务维护公众利益而言,该采用什么样的指导原则才能调和这两者之间的关系呢? 这显然是一项艰巨的任务"[1]。

随着大学对国家经济发展和社会公共利益的重要性与日俱增,政府作为国家经济发展的组织者和公共事务的管理者,不可避免地要高度重视发挥大学的社会作用和强化对大学的干预。"高等教育越卷入社会的事务中就越有必要用政治的观点来看待它。就像战争意义太重大,不能完全交给将军们决定一样,高等教育也相当重要,不能完全留给教授们决定。"[2]这在客观上凸显

---

① 德里克·博克.走出象牙塔——现代大学的社会责任[M].徐小洲,陈军,译.杭州:浙江教育出版社,2001:58.

② 约翰·S.布鲁贝克.高等教育哲学[M].王承绪,郑继伟,张维平,等译.杭州:浙江教育出版社,2002:32.

了政府干预大学的合理性和合法性。同时,政府又是现代大学的最大支持者和合作者。现代大学的开办和运营是一项花费高昂的事业,如果没有政府的资金支持和政策支持,现代大学是难以有效运转的。另外,现代大学的科学研究和人才培养,也要符合国家需要和要求,需要得到政府的引导和支持。事实上,政府对大学的重视和支持,是西方现代大学得到迅速发展的重要原因之一,它不仅提高了大学的地位,而且也使大学获得了比较多的经费。

但大学在获得政府重视和支持的同时,也面临着来自政府的各种干预,大学自治原则面临着挑战和冲击。如美国学术资本主义形成的原因,在于美国高校通过寻求财政独立来避免政府的干预,从而捍卫大学自治原则。[①] 大学自治作为中世纪大学以来的一种传统,其合法性不容置疑。但政府干预也具有合理性和合法性。对政府而言,如果不能充分发挥大学的社会作用,政府就难以在促进国家经济发展和管理社会公共事务中有所作为;如果不干预大学,大学就会自由散漫,难以为国家和政府目标服务。大学自治和政府干预都具有合理性和合法性,如何有效平衡和协调二者的关系,成为西方大学制度建设面临的重要问题。总体上来说,经过长期协调和磨合,西方国家形成了一种以大学自治为基础的政府有限干预模式,其基本特点有四点:一是将尊重大学自治传统、尊重大学的自治权主体地位作为"以大学自治为基础"的本质性内涵。二是政府对大学的有限干预,即确定政府干预的有限范围和有限程度。而判断政府干预是否是"有限干预",在于以不违背大学自治为基本原则和以不伤害大学自主权为标准。三是体现了目的优先思想,即以保证大学的健康发展和社会作用充分发挥为目的。四是以目的优先来分别审视大学自治和政府干预的作用。即对现代大学来说,政府干预不一定都对大学自治不利,而大学自治也不一定就能保证现代大学的健康发展。

当然,西方各国大学与政府的关系差异性是比较大的。如美国和英国的

---

① 唐宇聪,张应强.从政治性协调到市场化协调:美国学术资本主义的形成逻辑[J].清华大学教育研究,2021(6):36-43.

大学是在较弱的政府控制、健全的中介组织和评估制度环境下运行的,两国大学都有比较强势的董事会(理事会),政府主要是通过立法、拨款、市场、中介组织等途径来影响大学,而不是直接插手大学内部事务。即便如此,美英两国的大学在市场参与程度上也是有明显差异的。美国大学的市场导向性较强,而英国的大学"是在政府操纵下的准市场,并非真正的市场"①。

三、大学与社会的关系:大学与社会的动态交互适应

中世纪大学曾被称为"象牙塔"。象牙塔对中世纪大学来说具有隐喻意义——既表明了中世纪大学受到了中世纪修道院精神的影响,也表明了中世纪大学与社会之间的相互隔绝和封闭关系。文艺复兴和宗教改革之后,中世纪大学出现了明显的世俗化过程。在某种意义上,这种世俗化过程可以看作西方现代大学与社会关系的开端。以此为开端,在不同阶段关键力量的驱动下,西方大学与社会的关系呈现为一种明显的动态交互适应关系。

1. 现代科学成为西方大学与社会封闭关系的突破性力量

关于大学与科学的关系,科学史家 J.D.贝尔纳认为,尽管科学在大学外部迅速发展,但英国的传统大学持续了 200 多年对新科学的反对,直到 19 世纪中叶才开始崩溃②;在 19 世纪中叶以前,科学并没有真正被列入教育课程,并没有在较老的大学中生根。③ 甚至在 20 世纪初,牛津和剑桥都未能对科学革命做出迅速反应。④ 科学得以进入大学,从而影响和改变大学,得益于科学教育的先驱者对古典人文教育的猛烈批判和对科学教育的大力提倡。赫伯特·斯宾塞被称为"近代实科教育的奠基人",他认为古典人文教育对人的生

① 詹鑫.八九十年代英国高等教育的市场化与大众化改革[J].外国教育研究,2000(4):59-64.
② J.D.贝尔纳.历史上的科学[M].伍况甫,等译.北京:科学出版社,1983:319.
③ J.D.贝尔纳.科学的社会功能[M].陈体芳,译.北京:商务印书馆,1982:120.
④ 黄福涛.欧洲高等教育近代化——法、英、德近代高等教育制度的形成[M].厦门:厦门大学出版社,1998:59.

活没有直接用处,只是一些没有价值的"花哨摆设"和"虚文华饰"。文科应放在课程中的最低等级,而科学学科应该居于所有课程之首。他在发出"什么知识最有价值"有力发问的同时,用"一致的答案就是科学"做出了回答。①托·亨·赫胥黎也是最著名的科学教育倡导者。他与斯宾塞一样,对传统的古典教育进行了猛烈批判,认为大学应该坚决排除与学生将来从事的实际职业相去甚远的学科。他对德国大学的科学教育极为欣赏,认为德国的大学才是真正的大学。他力求为科学教育进入大学做出合法性和合理性辩护,认为自由教育既是自由的,又是实用的。"科学与文学不是两个东西,而是一个东西的两个方面。"②科学教育思潮的广泛兴起和巨大影响,促使西方大学开始接纳科学,并通过大学课程改革和新大学建设等具体方式,逐步使科学教育成为现代大学的基本特征。如艾略特校长通过实施"平行课程计划"和"自由选课制",为哈佛大学开设科学课程扫清了制度性障碍。牛津和剑桥这两所古典大学在政府干预和推动下,通过一系列立法变革,在 19 世纪 70 年代引入了科技教育,并分别建立了克莱伦顿实验室和卡迪文什实验室。更为重要的是,西方现代大学对现代科学的接纳,在德国结下了世界大学史上具有里程碑意义的果实——柏林大学的科学教育理念。

　　2. 工业革命成为大学与社会新型关系的形塑力量

　　最先爆发在英国的工业革命,不仅促进了工业化社会到来,而且使世界高等教育和现代大学进入了新阶段。工业革命不仅将大学抛入工业化社会之中,而且对大学的理念和制度产生了全面而深刻的影响,成为形塑大学与社会新型关系的决定性力量。工业革命对英国大学与社会关系的影响,以 19 世纪中叶产生的"新大学运动"最为典型。"新大学运动"又被称为"城市学院运动",新大学之"新",主要体现在大学是根据城市工业发展需要建立起来

①　赵荣昌.外国教育论著选[M].南京:江苏教育出版社,1990:295 - 323.
②　托·亨·赫胥黎.科学与教育[M].单中惠,平波,译.北京:人民教育出版社,1990:20.

的,是为城市的工业发展服务的。如利兹学院直截了当地宣称,学院的目的"是准备提供急需和普遍的需要,即一种可以适应于工业发展的科学教育"。因此,"新大学"既根据城市工业特点建立相应的研究中心,又通过实用性课程来培养工业部门需要的实用性人才。如利兹学院是研究纺织业的中心,谢菲尔德学院是研究钢铁工业的中心,伯明翰学院是研究酿酒业的中心,利物浦学院和纽卡斯尔学院是研究海运业的中心,伦敦学院是研究电机工程的中心,等等。① 工业革命对现代大学的影响,除了表现为英国的"城市学院运动"外,还表现在实现了对现代大学的"工业化改造"——确立面向工业化社会的大学理念和大学制度,并促使这种大学理念和大学制度向全球流动和扩展。

工业革命对大学与社会新型关系的塑造,以美国的"社会服务型"大学制度最具代表性。P.G.阿特巴赫认为,在现代工业社会里,美国高等教育已经成为其他国家高等教育的范例,各国的高等教育无不受其影响。② 19 世纪中叶,美国开始向工业化社会迈进,工农业发展急需大量实用型专门人才。1861 年美国国会通过了《莫里尔法案》,并于次年生效。该法案的核心,是联邦政府通过赠地方式,在各州建立开展农业和机械工艺教育的学院。法案实施后,美国不仅掀起了一场"赠地学院运动",而且产生了在世界高等教育史上具有深远意义的"威斯康星思想"。"威斯康星思想"的核心,是大学坚持"服务应该成为大学的唯一理想",把知识和技术优势推向社会,直接为社会服务,实现大学与社区、大学与社会的一体化。美国建立的这种"社会服务型"大学制度,确立了大学与社会的新型关系。但这种新型关系的形成,本质上是工业革命和工业化社会影响的必然结果。

3. 教育民主化思潮成为深化西方大学与社会全面关系的观念力量

二战以后,西方大学与社会的关系不仅受到科技革命和产业变革的影

① 黄福涛.欧洲高等教育近代化——法、英、德近代高等教育制度的形成[M].厦门:厦门大学出版社,1998:113-114.
② 菲利普·G.阿特巴赫.比较高等教育[M].符娟明,陈树清,译.北京:文化教育出版社,1985:34-36.

响,而且受到教育民主化思潮的影响。高等教育大众化就是教育民主化思潮在西方各国高等教育中的直接体现。满足多样化高等教育需求,不仅是现代大学的社会责任,也是现代大学获得广泛社会资源的重要渠道,更是现代大学在"教育消费者时代"的生存之道。

高等教育大众化首先在美国高等教育系统中产生。二战结束之后美国出现的退伍军人潮,成为美国高等教育大众化的直接动因。1944 年,美国出台了《退伍军人权利法案》,该法案鼓励退伍军人重新入学,并规定退伍军人接受高等教育所产生的花费,将由政府以教育津贴形式对高校进行贴补。退伍军人的多样化求学目的、多样化成分和多样化教育背景等,客观上决定了高等教育大众化的多样化特点。因此,马丁·特罗指出,多样化既是大众化的基础,也是大众化的必然结果。正是不断涌现和变化的高等教育多样化需求,促使美国高等教育实现了从大学理念到大学制度的全面变革。马丁·特罗基于对二战后到 20 世纪 70 年代美国高等教育变革和发展的考察,提出了高等教育发展的"三阶段论"。"三阶段论"描述了精英教育阶段、大众化阶段、普及化阶段高等教育"质"的具体变化,如在高等教育机会、大学入学条件、高等教育目的观、高等教育主要功能、学生入学样式、高等教育机构特点、高等教育机构规模、社会与大学的界限、决定权所在与决策主体、入学选拔原则、大学内部运营形态等方面的变化。[①] 这些方面的变化或转变,实质上是大学与社会关系的变化在高等教育不同阶段上的具体体现,也是高等教育对大学与社会关系变化的一种响应和适应。如"入学选拔原则"从精英教育阶段的"依据高中成绩或入学考试进行选拔(能力主义)",向大众化阶段的"能力主义+个体的教育机会平等原则"转变,再向普及化阶段的"为大众提供教育保障+集团的教育机会平等"转变,就体现了不同阶段高等教育公平理念的变化。而"社会与大学的界限"由精英教育阶段的"界限分明,封闭的大学",

---

① 胡建华.高等教育普及化的中国特点[J].高等教育研究,2021(5):27-34.

向大众化阶段的"界限模糊,开放的大学"转变,再向普及化阶段的"界限消失,大学与社会一体化"转变,则直接说明了不同阶段大学与社会关系的具体样态及其变化,揭示了高等教育多样化是导致大学与社会一体化关系的根本原因。

尽管西方各国高等教育大众化在大众化的理念、进程、速度、程度等方面都存在比较大的差异,如英国高等教育大众化就因受文化传统影响而与美国高等教育大众化表现出重大差异①,但高等教育大众化作为教育民主化思潮在高等教育领域的具体反映,都体现了二战后西方各国大学与社会关系的全方位调整和重构。

在教育民主化思潮深刻影响和重塑西方大学与社会关系的同时,西方国家出现了一个"教育消费者时代",这个"教育消费者时代"对西方大学与社会的关系同样产生了重大影响。所谓"教育消费者时代",实际上是教育消费者主导大学办学的时代。从20世纪70年代开始,环太平洋地区国家的崛起使老牌工业化国家丧失了在环太平洋地区的市场份额。为确保在全球市场竞争中保持优势,西方发达国家大幅度削减公共开支,将更多资源用于建立和发展企业的全球竞争力。撒切尔夫人和里根总统分别执政英国和美国之后,不约而同地实行了对包括大学在内的公共部门的大规模财政削减政策,导致大学办学面临严重财政危机。为了应对财政危机,大学只能通过走进市场和更加贴近高等教育消费者来寻求办学资金。就大学学术研究走进市场而言,美国的大学产生了"学术资本主义"理念和建设"创业型大学"行动②;就更加贴近高等教育消费者而言,美国大学出现了"教育消费者第一"的课程论,高等教育成为一种商品,大学根据消费者需要开设课程,通过提供多样化高等教育来方便各类学生就读。其目的在于吸引和招收更多学

---

① 张应强.文化视野中的高等教育[M].南京:南京师范大学出版社,1999:107-110.
② 唐宇聪,张应强.从政治性协调到市场化协调:美国学术资本主义的形成逻辑[J].清华大学教育研究,2021(6):36-43.

生,获得更多学费收入。大学走进市场和更加贴近高等教育消费者,一方面改变了大学对政府财政的依赖,从而维护了大学自治和学术自由;另一方面极大地拓展了大学与社会关系的领域和范围,进一步强化了大学与社会关系的紧密程度。

四、大学与大学的关系:错位竞争形成大学体系的"自生秩序"

大学体系的"自生秩序"是相对于"建构秩序"而言的。所谓自生秩序,是指大学系统遵循大学发展演化的内在逻辑所产生的一种"自然秩序"和形成的一种"自然生态"。按照阿什比的观点,大学体系发展演化的内在逻辑实际上是一种生物学逻辑和生态逻辑。即大学之间的生存和发展竞争,使得各大学处于大学体系中的不同"生态位"。各大学都有各不相同的存在合法性和理由,具有自己独特的服务面向,发挥着不同的作用,满足着不同的社会需求,从而使大学体系成为一个由具有不同"生态位"的大学所构成的"生态系统"。我国学者通常用高校的"办学定位"这一概念来表达。只不过在我国,高校的办学定位实际上是大学体系的"建构秩序"的反映。"建构秩序"与"自生秩序"除了"人为建构"与"自然生成"的区别之外,其最大区别在于"秩序"的形成机制不同——"建构秩序"缺乏竞争,而"自生秩序"则是由充分和完全的竞争机制形成的。

从总体上来讲,西方国家大学与大学的关系,是基于错位竞争而形成的一种"自生秩序"。在西方国家的大学体系中,美国大学体系的"自生秩序"具有一定意义上的典型性。高等教育多样化和大学竞争,是美国高等教育最典型的特征。美国不少高等教育家,如马丁·特罗、德里克·博克等在谈到这些特征时充满了自豪。特罗指出,"美国高等教育伟大的、独特的特征就是它的多样性,多样性既是美国高等教育系统非凡发展的结果,又使得高等教育的非凡发展成为可能"①。美国高等教育之所以表现出鲜明的多样化特征,关键在于美国高等教育领域存在着广泛而充分的大学竞争。博克认为,多样化既是竞争的基础,又是竞争的结果,它使得美国高等教育能灵活地、迅速地对社会的不同需要做出反应。② 为了保护和发展大学竞争,美国否定了包括华盛顿在内的六位总统试图支持创建一所"国家大学"的动议。美国许多高等教育家对此感到庆幸,把它看作美国高等教育机构能够排除"约束性的中央力量",进而"引入市场思考和市场机制"的具有决定性意义的事件。特罗认为:"国家大学"会有意无意地提供"国家标准",它会直接或间接地对全国的每一所学院产生巨大影响,这样在此后的 170 年间,数百所小型、软弱、半饥饿状态的教派学院就不可能出现了,美国的高等教育就会像欧洲那样固守高的学术标准而牺牲高等教育的多样化特征。③ 市场竞争使美国各级各类高校在高等教育系统和社会大系统中找到了自己的位置,确立了各自不同的角色。尽管竞争普遍存在,但竞争的目标具有多样性,是一种错位竞争。对于那些求生存的学院来说,竞争的目标是通过提供合适的教育来防止关门,而对于那些主要的研究型大学来说,竞争的目标就是获得更多的名誉和更高的声望。这种普遍的但又分层次、分目标的竞争,促使美国大学表现出多样性,并能对不断变化的社会需要做出最快的反应和最大的适应。④

虽然英美两国的大学体系同属"自生秩序",但在大学竞争方面,英国的大学与美国的大学存在重大差异。主要原因在于,牛津和剑桥这两所古典大学,不仅历史悠久,而且长期处于英国大学体系的顶端,形成了其无法撼动的历史地位。而英国社会的等级制文化传统转化为一种现实的观念力量,进一

---

① 马丁·特罗.美国高等教育——过去、现在与未来[J].陈学飞,译.高等教育论坛,1989(1):82-93.

② 德里克·博克.美国高等教育[M].乔佳义,编译.北京:北京师范学院出版社,1991:3-24.

③ 马丁·特罗.美国高等教育——过去、现在与未来[J].陈学飞,译.高等教育论坛,1989(1):82-93.

④ 张应强.文化视野中的高等教育[M].南京:南京师范大学出版社,1999:130.

步加剧并巩固了"牛桥"在人们心中的绝对优势地位。因此,范德拉格夫在描述英国大学的制度环境时,曾讲到"英国大学的理想和学术管理结构在很大程度上决定于牛津和剑桥大学的古老传统"①。"牛桥"在英国大学体系中的绝对优势地位,是导致英国大学之间竞争不足的主要原因。不仅如此,它还导致了英国大学发展和大学体系形成的过程中的"离异与回归现象"②——按照不同于"牛桥"的理念和模式发展起来的新大学,在其发展过程中出现了向"牛桥"看齐和靠拢的现象。

第四节　中国特色现代大学制度的内在规定性

建设中国特色现代大学制度,首先必须正确理解中国特色现代大学制度的科学内涵和内在规定性,特别是对现代大学制度的"中国特色"要有正确的理解和认识;其次要准确把握现代大学制度中国特色的来源。只有这样,才能在建设中国特色现代大学制度的过程中处理好坚持"中国特色"与改革和完善现代大学制度的关系。

一、中国特色现代大学制度的理论内涵

目前对于现代大学制度"中国特色"的理解主要有三种倾向:一是将"中国特色"作为"标签"使用,导致现代大学制度的"中国特色"无实质性内容;二是将现代大学制度的"中国特色"作为排斥大学制度改革的理由,认为"中国

---

① 约翰·范德拉格夫,等.学术权力——七国高等教育管理体制比较[M].王承绪,张维平,徐辉,等译.杭州:浙江教育出版社,2001:88.

② 张应强.文化视野中的高等教育[M].南京:南京师范大学出版社,1999:96-100.

特色"是不可改变的;三是把我国大学制度的缺陷、不足或"过渡性安排"标注为"中国特色",将"中国特色"作为"落后"的代名词。这三种倾向都妨碍了我们对现代大学制度中国特色的正确认识和理解。因此,我们首先需要以中国特色社会主义理论的思想方法论为指导,来理解中国特色现代大学制度。

1. 中国特色社会主义理论的思想方法论

改革开放后,"中国特色"成为一个政治术语、学术术语甚至日常口语,在各个领域广泛使用,但它首先是作为政治术语使用的。改革开放初期,邓小平同志说,"我们的现代化建设,必须从中国的实际出发。……照搬照抄别国经验、别国模式,从来不能得到成功。这方面我们有过不少教训。把马克思主义的普遍真理同我国的具体实际结合起来,走自己的路,建设有中国特色的社会主义,这就是我们总结长期历史经验得出的基本结论"。"我们搞的现代化,是中国式的现代化。我们建设的社会主义,是有中国特色的社会主义"。从此开始,"有中国特色的社会主义"成为固定提法,一直到 2002 年党的十六大才开始使用"中国特色社会主义"的提法。这一提法的变化,表面上看只是文字具体表述上的细微变化,但实质上反映了我们党在建设中国特色社会主义方法论上的重大变化。它表明"中国特色社会主义"是一个整体,"中国特色"与"社会主义"之间不是修饰关系和限定关系,其深意在于说明世界上并不存在一个普遍适用的固定的社会主义模板和模式。习近平总书记在纪念马克思诞辰 200 周年大会上的重要讲话中指出:"当代中国的伟大社会变革,不是简单延续我国历史文化的母版,不是简单套用马克思主义经典作家设想的模板,不是其他国家社会主义实践的再版,也不是国外现代化发展的翻版。社会主义并没有定于一尊、一成不变的套路,只有把科学社会主义基本原则同本国具体实际、历史文化传统、时代要求紧密结合起来,在实践中不断探索总结,才能把蓝图变为美好现实。"

这表明中国特色社会主义理论具有丰富的思想内涵,具有思想方法论意义。(1)"中国特色社会主义"既是一种事实判断,也是一种现实选择。作为一种事实判断,它表明我国目前建设和发展的就是中国特色社会主义,建设和发展中国特色社会主义是当代中国最大的、最鲜明的国情。作为一种现实选择,中国特色社会主义实践的经验教训说明,对建设什么样的社会主义、怎样建设社会主义这两个基本问题的回答,答案只能是中国特色社会主义,只有走中国特色社会主义道路,才能建设中国特色社会主义。即中国特色社会主义是历史规律性与主体选择性的有机统一。(2)"中国特色社会主义"是一种价值选择和理想追求。中国特色社会主义不仅应当符合中国特色社会主义发展规律,而且应当符合中国特色社会主义发展目的,即有助于中国特色社会主义发展,有助于增强中国特色社会主义制度竞争力,有助于增强中国特色社会主义"四个自信"。中国特色社会主义作为一种理想追求,表明建设和发展中国特色社会主义既是目标与过程的统一体,也是值得追求的伟大理想。(3)"中国特色社会主义"是一种理论纲领和创新思维。中国特色社会主义是坚持实事求是思想路线的必然产物,它以思想解放和创新思维回答了"建设什么样的社会主义"和"怎样建设社会主义"的问题,是把马克思主义普遍原理同中国具体实际和中华优秀传统文化相结合产生的重大理论创新成果,具有方法论创新的重大意义。中国特色社会主义既是现实选择也是理想追求,既有具体内涵也是方法论创新。

2. 中国特色现代大学制度的基本性质

以中国特色社会主义理论思想方法论为指导,在科学理解现代大学制度中国特色的基础上,我们可以对中国特色现代大学制度下一个描述性定义——中国特色现代大学制度是体现现代大学制度的普适性和共同趋势,体现现代大学的本质特性和理想追求,有利于我国大学健康发展和充分发挥大学的社会作用,与我国的政治制度、经济制度和文化传统主动适应和协调的大学制度。中国特色现代大学制度具有内在规定性。

第一,中国特色现代大学制度首先必须是现代大学制度,必须体现现代大学制度的共同特点和发展趋势。我们不能因为强调现代大学制度的"中国特色"而偏离现代大学制度的共同特征和共同要求,"中国特色"绝不意味着与现代大学制度的普适性内容相冲突。如果过分强调国情因素而排斥现代大学制度的普遍规则,"中国特色"就会成为不改革不发展的"挡箭牌",我们建设的大学制度就不是现代大学制度,也不是具有现代意义和价值指向的大学制度,而是"落后的"大学制度。"中国特色"与"现代大学制度"具有相融性和共生性,我们不能把"中国特色"和"现代大学制度"对立起来,否则,强调现代大学制度的"中国特色"就没有任何意义。

第二,中国特色现代大学制度必须有利于中国大学的健康发展和大学社会作用的充分发挥。我国建设现代大学制度的目的,是通过建立和完善中国特色现代大学制度,促进我国大学的健康发展,有效发挥大学的社会作用。因此,那些落后的、阻碍大学健康发展和社会作用发挥的体制机制等因素,不能是"中国特色"的内容。比如,"文化大革命"时期实行的以教育极端政治化为特征的"革命化"大学制度,虽然发生在当时的中国,但它不是现代大学制度的中国特色;大学缺乏自主权和大学的行政化运行也不是"中国特色"现代大学制度的内容,因为就世界范围来看,大学自产生以来就是独立的学术与文化机构,必须有高度的自主权,必须按照学术生产的逻辑运行。"大学官本位"也不是"中国特色"现代大学制度的内容,因为"官本位"文化不仅是我国的一种封建文化糟粕,而且也与现代民主政治和服务型政府的理念严重不符。

第三,中国特色现代大学制度是与我国的政治制度、经济制度和文化传统及其改革发展趋势主动适应和协调的大学制度,是主动选择与适应中国社会政治、经济、文化特点和改革发展趋势的大学制度。所谓主动选择和适应,就是完整体现大学的本质特性,在充分发挥大学自身价值判断基础上的主动选择和前瞻性适应,而不是不加选择和判断的被动适应和滞后适应。主动选择和适应,既指对我国社会政治、经济、文化现实特点的主动选择和适应,也包括对我国社会政治、经济、文化改革发展趋势的主动适应。而且对我国社会政治、经济、文化改革发展趋势的适应,是一种更高水平的积极适应。在某种意义上,主动选择和适应也意味着超越和批判。大学是有独立价值追求和价值标准的,特别是在教育和文化价值方面,大学存在的意义,不仅在于适应现实文化,更在于超越现实文化,批判现实文化,引领社会文化发展。

二、现代大学制度中国特色的表现及其来源

新中国成立以来,在中国共产党领导下,我国立足我国社会主义国家性质,着力实现马克思主义教育理论中国化和时代化,根据中国具体国情和高等教育实际,吸收中华优秀文化教育传统精华,建立了中国特色社会主义高等教育制度。中国特色现代大学制度,是中国特色社会主义高等教育制度的重要组成部分;中国特色社会主义高等教育制度,是现代大学制度中国特色的根本来源。概括来说,现代大学制度的中国特色具体体现在党的全面领导、国家举办大学、政府管理大学、社会广泛参与等方面。

1. 党的全面领导

新中国成立不久,我们党就提出"教育工作必须由党来领导"。党的十八大以来,以习近平同志为核心的党中央,以战略思维和系统思维统筹中华民族伟大复兴战略全局和世界百年未有之大变局,将教育上升到"国之大计,党之大计"的战略高度,要求教育"为党育人,为国育才";将建设教育强国作为实现中华民族伟大复兴的基础性工程,要求坚持把服务中华民族伟大复兴作为教育的使命。习近平总书记指出:中国最大的国情就是中国共产党的领导,什么是中国特色? 这就是中国特色;中国特色社会主义的本质特征是中国共产党领导,中国特色社会主义制度的最大优势是中国共产党领导;党政军民学,东西南北中,党是领导一切的;必须坚持党的领导,坚持和完善民主集中制,坚持党领导各项工作的体制机制,确保党对一切工作的领导,确保党总揽全局、协调各方。关于加强党对高校的领导,习近平总书记指出:"加强党对高校的领导,加强和改进高校党的建设,是办好中国特色社会主义大学

的根本保证。"习近平总书记关于高校党的建设的系列重要讲话,深刻回答了事关高校党的建设的方向性、根本性问题。在全国教育大会上,习近平总书记系统阐述了教育的"九个坚持",其中,坚持党对教育事业的全面领导居于首位。在新时代办好中国特色社会主义大学,必须坚持和加强党对高校的全面领导,坚决维护党中央权威和集中统一领导,不折不扣地全面贯彻落实党的教育方针,确保党的教育政策和党中央决策部署在高校有效贯彻落实。

习近平总书记多次强调,我国是中国共产党领导的社会主义国家,这就决定了我们的教育必须把培养社会主义建设者和接班人作为根本任务,培养一代又一代拥护中国共产党领导和我国社会主义制度、立志为中国特色社会主义奋斗终身的有用人才。坚持党对高校的全面领导,是做好高等教育工作的根本保证。必须牢牢掌握党对高等教育工作的领导权,坚持马克思主义的指导地位,坚持社会主义办学方向,落实立德树人根本任务,把思想政治工作贯穿学校教育管理全过程。必须在事关办学方向的问题上站稳立场,坚持教育为人民服务,为中国共产党治国理政服务,为巩固和发展中国特色社会主义制度服务,为改革开放和社会主义现代化建设服务。

高校实行党委领导下的校长负责制,是党的全面领导在大学内部治理结构上的具体体现。新中国成立以来,我国高校内部领导和管理体制经过了数次调整,每一次调整都是围绕如何加强党的领导以及如何处理好"委员会制"与"首长制"的关系问题,最后确立了党委领导下的校长负责制。《中国共产党普通高等学校基层组织工作条例》第三条规定:"高校实行党委领导下的校长负责制。高等学校党的委员会(以下简称高校党委)统一领导学校工作,支持校长按照《中华人民共和国高等教育法》(以下简称《高等教育法》)的规定积极主动、独立负责地开展工作,保证教学、科研、行政管理等各项任务的完成。"《高等教育法》第三十九条规定:"国家举办的高等学校实行中国共产党高等学校基层委员会领导下的校长负责制。中国共产党高等学校基层委员会按照中国共产党章程和有关规定,统一领导学校工作,支持校长独立负责地行使职权。"第四十条规定:"高等学校的校长、副校长按照国家有关规定任免。"《中华人民共和国民办教育促进法》第九条规定:"民办学校中的中国共产党基层组织,按照中国共产党章程的规定开展党的活动,加强党的建设。"

党委领导下的校长负责制,是我国高校内部治理基本框架的基础。这一基础是我国基本政治制度在高校内部治理结构中的反映,是必须始终坚持和坚决维护的。《高等教育法》还规定了高校党委的领导职责:"执行中国共产党的路线、方针、政策,坚持社会主义办学方向,领导学校的思想政治工作和德育工作,讨论决定学校内部组织机构的设置和内部组织机构负责人的人选,讨论决定学校的改革、发展和基本管理制度等重大事项,保证以培养人才为中心的各项任务的完成。"《中国共产党普通高等学校基层组织工作条例》第三条规定:"高等学校党的委员会实行民主集中制,健全集体领导和个人分工负责相结合的制度。凡属重大问题都要按照集体领导、民主集中、个别酝酿、会议决定的原则,由党的委员会集体讨论,做出决定;委员会成员要根据集体的决定和分工,切实履行自己的职责。"党委领导下的校长负责制的实质,是在坚持社会主义办学方向和科学办学治校前提下的集体领导、科学决策和民主管理,对涉及学校改革发展的重大事项和学校规章,实行少数服从多数的常委会会议议决制,形成建立健全党委统一领导、党政分工合作、协调运行的工作机制。坚持党委领导下的校长负责制,必须在坚持党对高校全面领导的基础上不断完善党委领导下的校长负责制,保证高校始终坚持社会主义办学方向,落实立德树人根本任务,培养造就德智体美劳全面发展的社会主义建设者和接班人。

2. 国家举办大学

我国宪法第十九条规定:"国家发展社会主义的教育事业,提高全国人民的科学文化水平。国家举办各种学校,普及初等义务教育,发展中等教育、职业教育和高等教育,并且发展学前教育。"《高等教育法》第三条规定,国家"遵循宪法确定的基本原则,发展社会主义的高等教育事业"。这就是说,我国高等教育是社会主义高等教育,是社会主义国家事业的重要组成部分,高等学校是由国家举办的。这与西方国家的大学举办体制以及对高等教育的性质界定,存在着根本区别。这就决定了我国大学制度的基本性质,也是我国大学制度鲜明特色的来源。我国由国家举办大学,并且将高等教育作为社会主义国家事业的重要组成部分,除了保证高等教育的社会主义性质和政治方向之外,也有利于将高等教育纳入社会主义现代化建设范围统筹规划,并与其他社会发展领域协调改革和发展。改革开放后,我国实施科教兴国和人才强国战略,坚持以人为本、统筹兼顾、协调发展的科学发展观,动员国家和全社会的力量,集中全社会的资源和智慧,加大对高等教育的资金投入和政策支持力度,极大促进了高等教育的整体改革和快速发展,充分体现了将高等教育作为社会主义国家事业所带来的优越性。党的十八大以来,我国实施创新驱动发展战略,统筹推进"双一流"建设,高度重视世界一流大学建设和创新人才培养。习近平总书记在科学家座谈会上的讲话指出,国家科技创新力的根本源泉在于人,人才是第一资源。要加强创新人才教育培养,要把教育摆在更加重要的位置,全面提高教育质量,注重培养学生的创新意识和创新能力。他在《加快建设科技强国 实现高水平科技自立自强》一文中要求研究型大学建设要同国家战略目标、战略任务对接,加强基础前沿探索和关键技术突破,为培养更多杰出人才做出贡献。习近平总书记关于建设中国特色、世界一流大学的重要讲话,为提高人才培养质量,建设世界一流大学,提高我国高等教育国际竞争力提供了根本遵循和科学指引。

3. 政府管理大学

宪法第八十九条第七款规定,国务院"领导和管理教育、科学、文化、卫生、体育和计划生育工作"。《高等教育法》第十三条规定,"国务院统一领导和管理全国高等教育事业。省、自治区、直辖市人民政府统筹协调本行政区域内的高等教育事业,管理主要为地方培养人才和国务院授权管理的高等学校";第十四条规定,"国务院教育行政部门主管全国高等教育工作,管理由国务院确定的主要为全国培养人才的高等学校。国务院其他有关部门在国务院规定的职责范围内,负责有关的高等教育工作"。宪法和法律明确规定国家举办大学、中央政府是全国高等教育事业和高等学校的管理者,也规定了各级政府的高等教育管理权利和义务。不仅如此,我国始终强调中央政府对高等教育发展的全国统筹。《高等教育法》第六条规定,"国家根据经济建设和社会发展的需要,制定高等教育发展规划"。第二十四条规定,"设立高等学校,应当符合国家高等教育发展规划,符合国家利益和社会公共利益"。《国家中长期教育改革和发展规划纲要(2010—2020年)》(以下简称《教育规划纲要》)明确指出,中央政府统一领导和管理国家教育事业,制定发展规划、方针政策和基本标准,优化学科专业、类型、层次结构和区域布局。整体部署教育改革试验,统筹区域协调发展。地方政府负责落实国家方针政策,开展教育改革试验,根据职责分工负责区域内教育改革、发展和稳定。

在高等教育改革发展过程中,我国一直注重通过国家工程和国家计划(如"211工程""985工程""2011计划"等)来实施高等教育重点建设。这些规划、计划、工程的共同特点,是强调建立和完善中国特色社会主义现代高等教育体系,对不同时期全国高等教育事业进行总体谋划,提出重要改革领域和重大改革举措。为保证这一体系的形成,我国特别强调高等教育资源的全国布局,强调高等教育区域均衡和协调发展。虽然其他国家(地区)也会对高等教育发展做出某些规划,但它们很少能"举全国之力"对高等教育资源进行整体规划、布局和调整,更少有中央政府主导的高等教育对口支援、促进中西部等欠发达区域高等教育发展、面向农村地区的特殊招生计划等政策和行动。高等教育发展的全国统筹,对于我们这样一个区域经济和高等教育发展严重不平衡的国家,实现高等教育公平和社会公平,体现高等教育的后发优势,建立和完善现代高等教育体系,增强高等教育国际竞争力,充分发挥高等教育对经济建设和社会发展的引擎作用,具有重要的意义。

4. 社会广泛参与

所谓社会广泛参与，一是指高等教育参与主体的多样性和广泛性，即多种多样的社会力量和社会主体参与高等教育；二是指参与形式的多样性和广泛性。如通过举办高等学校、参与人才培养、发挥中介作用、投资捐赠、合作开发、信息服务、管理咨询、监督评价等多种形式参与高等教育。《教育规划纲要》从建立现代学校制度的角度明确了社会参与在其中的地位和作用，指出要适应中国国情和时代要求，建设依法办学、自主管理、民主监督、社会参与的现代学校制度，构建政府、学校、社会之间的新型关系。总体来说，在我国高等教育领域，社会广泛参与高等教育主要表现在如下方面。

一是基本形成了多元主体参与的高校办学体制。改革开放以来，我国逐步确立了以政府办学为主体、社会各界参与的高校办学体制，高校办学体制多元化基本形成。1985 年 5 月发布的《中共中央关于教育体制改革的决定》指出，鼓励各民主党派、人民团体、社会组织、离休退休干部和知识分子、集体经济单位和个人，遵照党和政府的方针政策，采取多种形式和办法，积极地自愿地为发展教育贡献力量。1993 年 2 月发布的《中国教育改革和发展纲要》指出，国家对社会团体和公民个人依法办学，采取积极鼓励、大力支持、正确引导、加强管理的方针。《高等教育法》第六条规定，"国家鼓励企业事业组织、社会团体及其他社会组织和公民等社会力量依法举办高等学校，参与和支持高等教育事业的改革和发展"。2020 年 7 月发布的《教育规划纲要》指出，要深化办学体制改革。坚持教育公益性原则，健全政府主导、社会参与、办学主体多元、办学形式多样、充满生机活力的办学体制，形成以政府办学为主体、全社会积极参与、公办教育和民办教育共同发展的格局。

我国高度重视将社会投入作为教育投入的重要组成部分，并将之作为社会参与高等教育的重要形式。《高等教育法》第六十条规定，"国家鼓励企业事业组织、社会团体及其他社会组织和个人向高等教育投入"。

《教育规划纲要》指出，要调动全社会参与的积极性，进一步激发教育活力，满足人民群众多层次、多样化的教育需求。要深化公办学校办学体制改革，积极鼓励行业、企业等社会力量参与公办学校办学。要充分调动全社会办教育积极性，扩大社会资源进入教育途径，多渠道增加教育投入。要完善财政、税收、金融和土地等优惠政策，鼓励和引导社会力量捐资、出资办学。2015 年发布的《统筹推进世界一流大学和一流学科建设总体方案》指出，要加快建立资源募集机制，在争取社会资源、扩大办学力量、拓展资金渠道方面取得实质进展。改革开放 40 多年来，在党的领导和政府积极作为，以及社会各界的积极响应下，我国基本形成了多元主体参与的高校办学体制，成为中国特色现代大学制度的重要组成部分。

二是大力推进社会中介组织参与高等教育。社会中介组织在现代大学制度中具有重要地位和作用，许多国家都将社会中介组织纳入大学制度建设范畴，社会中介组织参与成为现代大学制度的重要组成部分。从国内外的情况来看，高等教育领域社会中介组织的作用主要表现在如下方面：一是沟通政府、高校与社会的关系，在三者之间发挥桥梁作用；二是协调政府、高校以及其他利益相关者的关系，充当政府与高校之间关系的"缓冲器"，减少它们之间的直接冲突和矛盾；三是为政府、高校以及其他利益相关者提供直接和间接服务。国内外高等教育系统中的社会中介组织主要有以下几种类型：(1) 行业权益保护组织和自律性组织。如一些国家建立的大学校长联合会、区域性高校联合会、质量基准组织等，它们一方面代表本行业利益来协调与各方面的关系，另一方面对本行业进行自我管理。(2) 评价性社会中介组织。评价性中介组织主要开展各种类型的高等教育评价活动，通过评估指标数据反映高校发展水平和发展现状，为高校办学和社会人员选择适宜的高等教育提供参考。(3) 服务性社会中介组织。服务性社会中介组织主要从不同角度为高校提供各种类型的咨询和服务，推动资金、信息、资源、人力等方面的共享和合理流动。①

1992 年以后,随着我国社会主义市场经济体制的建立,我国高等教育领域的社会中介组织从小到大,得到了较大发展,在促进高等教育发展和高等教育治理变革,完善大学内部治理结构等方面发挥的作用越来越大。有关政策文件对发展高等教育中介组织,成分发挥社会中介组织在高等教育治理和大学治理中的作用,做出了明确规定。如《教育规划纲要》明确指出,要完善教育中介组织的准入、资助、监管和行业自律制度。积极发挥行业协会、专业学会、基金会等各类社会组织在教育公共治理中的作用。要鼓励专门机构和社会中介机构对高等学校学科、专业、课程等水平和质量进行评估。《"双一流"建设总体方案》明确要求要构建社会参与机制。要坚持面向社会依法自主办学,加快建立健全社会支持和监督学校发展的长效机制。建立健全理事会制度,制定理事会章程,着力增强理事会的代表性和权威性,健全与理事会成员之间的协商、合作机制,充分发挥理事会对学校改革发展的咨询、协商、审议、监督等功能。加快完善与行业企业密切合作的模式,推进与科研院所、社会团体等资源共享,形成协调合作的有效机制。积极引入专门机构对学校的学科、专业、课程等水平和质量进行评估。社会中介组织在深入推进高等教育"管办评分离"和"放管服改革"方面,发挥着承接部分政府职能、增强政府与高校关系弹性、建立政府与高校的新型关系等重要作用。

三是积极推进和扩大高校与社会的合作。推进和扩大高校与社会合作,是强化社会参与高等教育的重要形式和途径,既是宏观层面现代大学制度建设的必然要求,也是完善高校内部治理结构的重要内容。在我国高等教育改革发展的每一个关键节点,推进和扩大高校与社会的合作都是重要内容。2010 年 7 月发布的《教育规划纲要》指出,要扩大社会合作。探索建立高等学校理事会或董事会,健全社会支持和监督学校发展的长效机制。探索高等

---

① 张俊宗.现代大学制度:高等教育改革与发展的时代回应[M].北京:中国社会科学出版社,2004:279-281.

学校与行业、企业密切合作共建的模式,推进高等学校与科研院所、社会团体的资源共享,形成协调合作的有效机制,提高服务经济建设和社会发展的能力。2012 年 5 月,教育部、财政部联合印发《高等学校创新能力提升计划实施方案的通知》,决定实施"高等学校创新能力提升计划"(以下简称"2011 计划")。在某种意义上说,"2011 计划"是一个深入推进和扩大高校与社会合作的专门计划。"2011 计划"明确了计划的实施范围——面向各类高校开放,以高校为实施主体,积极吸纳科研院所、行业企业、地方政府以及国际创新力量参与;将"大力推进高校与高校、科研院所、行业企业、地方政府以及国外科研机构的深度合作,探索适应于不同需求的协同创新模式,营造有利于协同创新的环境和氛围"作为重点任务。"2011 计划"指出,要发挥行业产业部门的主导作用,利用行业产业部门的资源与优势,引导和支持高校与行业院所、骨干企业围绕行业重大需求开展协同攻关,在关键领域取得实质性突破;要求促进各类创新要素的有机融合,充分汇聚现有资源,积极吸纳社会多方面的支持和投入。针对面向行业产业发展的协同创新中心,"2011 计划"要求发挥行业部门和骨干企业的主导作用,汇聚行业、企业等方面的投入与支持;针对面向区域发展的协同创新中心,"2011 计划"要求发挥地方政府的主导作用,整合优质资源,吸纳社会支持,建立地方投入和支持的长效机制。

建设中国特色世界一流大学,是自 1998 年 5 月以来我国实施的一项关系到我国社会主义现代化建设的重要国家计划和国家行动。2015 年 8 月 18 日,中央深改组第十五次会议审议通过了《统筹推进世界一流大学和一流学科建设总体方案》(以下简称《"双一流"建设总体方案》)。10 月 24 日,国务院印发了该总体方案。《"双一流"建设总体方案》高度重视社会参与和合作在"双一流"建设中的重要地位和作用,明确指出:建设世界一流大学和一流学科是一项长期任务,需要各方共同努力,完善政府、社会、学校相结合的共建机制,形成多元化投入、合力支持的格局。鼓励有关部门和行业企业积极参与一流大学和一流学科建设。围绕培养所需人才、解决重大瓶颈等问题,加强与有关高校合作,通过共建、联合培养、科技合作攻关等方式支持一流大学和一流学科建设。可以说,1992年以来,特别是党的十八大以来,通过党和国家的统筹规划和政策推动,我国在积极推进和不断扩大高校与社会的合作方面取得了重大成就。建立扩大社会参与,深化高校与社会合作的体制机制,成为中国特色现代大学制度的有机组成部分。

第二章　中国特色现代大学 制度的探索与发展

　　如前所述,世界各国的现代大学制度主要有两种基本类型——早发内生型现代化国家的"大学自然演进型"与后发外生型现代化国家的"国家主动建构型"。这种类型差异,在很大程度上受到了现代大学制度起源、形成方式和形成过程的影响。作为后发外生型现代化国家,我国的现代大学制度属于典型的"国家主动建构型"大学制度。新中国成立以后,我国的现代大学制度建设走过了一条极为曲折和复杂的探索道路,既积累了丰富的经验,也有沉痛的教训。当前建设中国特色现代大学制度,需要着力解决现代大学制度建设的方法论问题和具体层面的问题。

第一节　新中国现代大学制度建设的艰难探索[①]

　　新中国成立以来,我国一直在探索中国特色现代大学制度。这种探索是

---

　　①　本节内容在《新中国大学制度建设的艰难选择》(发表在《清华大学教育研究》2012 年第 6 期)一文基础上进行了较大修改。

建立在三种大学制度模式基础之上的。一是由早期回国留学生引进而来的西方国家的大学制度和大学理念,如由时任北京大学校长蔡元培等引进的欧洲国家的大学制度和大学理念,由时任东南大学校长郭秉文等引进的美国的大学制度和大学理念;二是在我国"全面学苏"时期引入的高等教育"苏联模式";三是由中国共产党人在革命战争环境下探索出的符合中国共产党人的社会理想和教育理想的高等教育"延安模式"。在某种意义上,这三种大学(高等教育)制度模式是新中国大学制度探索的历史遗产,影响了新中国大学制度模式的选择和实践。

一、"苏联模式"与新中国大学制度建设

新中国成立之初,我国确定了"以老解放区新教育经验为基础,吸收旧教育某些有用的经验,借助苏联教育的先进经验"①的建设新民主主义教育的基本方针,这一方针指明了新中国教育的三个主要来源——老解放区新教育经验、旧教育中有用的经验和苏联经验。由于不久之后对旧教育的全面彻底否定,"老解放区新教育经验"和"苏联经验"便成为建设新中国高等教育的参照。事实上,从1949年新中国成立到改革开放前的近30年间,我国高等教育思想和制度的选择一直在苏联模式和老解放区教育模式之间振荡。即使在"文化大革命"结束后的高等教育拨乱反正时期,我国也是在摒弃了老解放区教育模式之后,选择性地恢复了苏联高等教育模式。

新中国成立伊始即开始引入苏联模式来建立新中国高等教育体系。中国人民大学和哈尔滨工业大学是最早移植苏联模式的两所试点院校,它们拉开了高等教育领域全面学苏的序幕。耐人寻味的是,中国人民大学是高等教育延安模式的产物和典型代表,此时却作为最早移植苏联模式的两所试点院

---

① 《中国教育年鉴》编辑部.中国教育年鉴(1949—1981)[M].北京:中国大百科全书出版社,1984:684.

校之一。从 1952 年开始,我国进行了声势浩大的"院系调整",与此同时,大批苏联专家来华,他们或担任教育部委顾问,或直接在高校任教。大规模的"院系调整"和大批苏联专家来华表明,新中国的宏观高等教育体制与微观的教学和人才培养环节都是学习苏联模式的产物。

　　新中国高等教育之所以要首先借鉴苏联经验,选择苏联模式,原因很复杂。首要的可能是政治上的原因——特殊时期的中苏关系。但从文化根源来看,主要是由于苏联模式与中国传统文化和马克思主义新文化有着内在精神的高度契合性。有学者认为,"马克思主义从一种西方新思潮的泛泛引入到占据思想意识的主流,无疑为苏联模式的全面植入开辟了文化空间,因为,至少在"大跃进"之前,苏联高等教育被视为实现公有制、计划经济、按劳分配等共产主义理想的有效手段"①。这也是中国高等教育虽然从 20 世纪 60 年代开始逐步摆脱苏联模式,但今天仍然从骨子里面体现出苏联模式特点的深层原因。

　　苏联模式对中国高等教育的影响是巨大的,它在新中国成立之初就塑造了中国高等教育的基本性格,以致在改革开放之后我们学习和借鉴美国高等教育模式虽然达 40 多年之久,但我们仍然可以看到高等教育苏联模式的影子。高等教育的苏联模式或苏联经验,虽然强调高等教育的政治性和意识形态作用,强调国家对高等教育的高度集权领导和管理,强调以计划模式作为高等教育发展的调节机制,但从根本上来看,它是以科学技术教育为主的现代高等教育模式,而不是教育政治化模式或政治教育模式。

　　我国高等教育学习苏联经验,引进苏联模式,建立自己的高等教育制度和大学制度,最突出的表现就是 1952 年至 1953 年实施的"院系调整"。"院系调整"是中央政府的行政行为,确立了"以培养工业建设人才和师资为重点,发展专门学院,整顿和加强综合大学"的方针,调整重点是"整顿与加强综合

---

　　①　茹宁,闫广芬.模式的转换与文化的冲突——对中国大学办学理念现代化进程的思考[J].清华大学教育研究,2012(3):1-6,37.

大学,发展专门学院,首先是工业学院"。在实施过程中,"仿效苏联高等学校的类型调整我国高等教育结构,分为综合大学(设文理学科)和专门学院(按工、农、医、师范、财经、政法、艺术、语言、体育等学科分别设置)两种。为了适应国家对专门人才的急需,保留一些专科学校"①。1953 年的院系调整是在"从无计划到有计划,到按照计划办学,从盲目发展到根据需要与可能条件按照一定比例发展"的计划经济指导原则下进行的。"这次院系调整依然是学习苏联经验,向苏联模式靠拢。"②

"院系调整"的另一个重点是对高等学校内部结构的改造,以及国家对高等学校教学过程的全面管理。为了加强对全国高等教育和高等学校的直接和具体管理,1952 年 11 月 15 日中央人民政府专门成立高等教育部,将"全国高等学校的方针政策、建设计划(包括学校的设立或变更、院系和专业设置、招生任务、基本建设和财务计划等)、重要的规程制度(如财政制度、人事制度等)、教学计划、教学大纲、教材编审、生产实习等事项,进一步地统一掌握起来。凡高等教育部关于上述事项的规定、指示或命令,全国高等学校均应执行"③。对三年来的高等教育改革,时任高等教育部副部长曾昭抡从大学制度方面进行了总结,"高等学校的制度有两点重大的改革:一是高等学校的大门,真正为广大劳动人民打开;二是明确了专业教育的重要地位。规定了高等学校中大学、学院、专科学校的制度,适应了中国建设需要大量科学技术人才的要求"④。

可以说,新中国成立初期,我国通过学习和借鉴苏联高等教育经验,通过对旧中国旧大学的接管与改造,建立了自己的高等教育制度和大学制度。这一制度具有如下特点:一是强调党对高等教育和高等学校的政治领导;二是确立了高等教育为国家建设服务、为工农服务、为劳动人民服务的思想;三是

---

① 郝维谦,龙正中.高等教育史[M].海口:海南出版社,2000:85.
② 郝维谦,龙正中.高等教育史[M].海口:海南出版社,2000:91.
③ 赫维谦,龙正中,张晋峰.中华人民共和国高等教育史[M].北京:新世界出版社,2011:77.
④ 曾昭抡.三年来高等教育的改进[J].人民教育,1953(1):11-16.

确定了国家举办高等教育，中央政府统一直接管理高等教育，以及高等学校的举办和管理体制；四是形成了中央政府统一领导和管理下的部门办学模式；五是建立了有计划按比例发展高等教育的计划调节机制；六是高等学校内部实行职能部门与系的纵向领导（管理）关系，以及校（院）—系—教研室结构。

二、"延安模式"与新中国大学制度建设

延安时期是在中国共产党领导下我国创建新型高等教育的重要时期。这一时期在大学制度探索方面积累了宝贵经验，为新中国大学制度建设奠定了坚实基础。正如有关学者所指出的：中华人民共和国成立以后，党和政府为了建立中国特色现代大学制度，虽然也多次进行高等教育改革，但不论怎样改革，都走不出、也离不开"延安模式"的高等教育经验。延安模式已经为中国特色现代大学制度注入了"红色基因"。[①]

1. 中国共产党办大学

建党初期，中国共产党就开始自主创办教育机构。如 1921 年 8 月，毛泽东、何叔衡等人创办了党的历史上第一所干部学校——湖南自修大学。中央苏区时期，为了培养和吸收干部，党在红军学校的基础上组建了红军大学、创办了苏维埃大学和马克思共产主义大学等高等教育机构。但它们都还不是严格意义上的大学。

党中央在陕北建立了陕甘宁革命根据地之后，将创立和发展高等教育作为革命根据地建设的重要内容。根据当时党的中心工作和革命根据地建设需要，毛泽东做出指示："每个根据地都要尽可能地开办大规模的干部学校，

---

① 郝瑜，周光礼，罗云，等.高等教育的"延安模式"及其当代价值[J].高等教育研究，2017(11)：79 - 85.

越大越多越好。"①按照这一指示精神,各抗日根据地都开办了各种新型高等学校,仅延安地区就先后扩大和新办了 10 余所高等学校。如陕北公学(1937年),鲁迅艺术文学院(1938 年),中国女子大学、华北联合大学、自然科学院(1939 年),八路军医科大学(1940 年),延安大学、民族学院(1941 年),等等。"为了精简机构,以及在延安办一所正规大学,使高等教育正规化,积累高等教育的经验"②,党中央决定成立延安大学。1941 年 8 月 28 日《解放日报》发布消息:"中共中央决定将陕北公学、中国女子大学、泽东(青年)干部学校合并成立延安大学,以吴玉章同志为校长,赵毅敏同志为副校长,校址设在女大原址,限于 8 月底将原有三校结束,并将延大筹备就绪。闻延大学制将延长,使成正规大学,并附设中学部,现正积极进行筹备工作,约于 9 月中旬正式开学之。"③合并后延安大学受中共中央文化委员会领导。1941 年 9 月 22 日,延安大学正式成立并确立正规的学科专业设置。1943 年 3 月 16 日,中共中央西北局决定将鲁迅艺术文学院、自然科学院、新文字干部学校、民族学院并入延安大学。1944 年 4 月 7 日,中共中央西北局又做出决定,将延安大学与行政学院合并作为边区政府设立的大学,培养为边区服务的人才。经过两次合并后的延安大学被吴玉章称作"中国共产党革命教育史上第一所规模较大的综合性大学"④。

2. 形成了中国特色大学制度的雏形

一是开创了新型高等院校的内部领导管理体制,该体制成为新中国高等学校内部领导管理体制的直接源头。如陕北公学首次实行党组(党团)领导下的校长负责制,实现了党的领导与校长负责的有机结合。校长是学校最高行政首长。属于中共中央管理的学校,校长由中共中央政治局任命;属于陕甘宁边区

① 中共中央文献研究室.毛泽东选集(第二卷)[M].北京:人民出版社,1991:766.
② 李维汉.回忆与研究(上)[M].北京:中央党史出版社,2013:323.
③ 陕公、女大、青干三校合并成立延安大学[N].解放日报,1941-08-28.
④ 《延安大学史》编委会.延安大学史[M].北京:人民出版社,2008:79.

政府管理的学校,由边区政府任命。在校长之下还设立了校务委员会,由校长、副校长、各处处长、各院院长、各系主任及教师、学员代表各一人组成。校务委员会是学校最高行政决策机构,决定学校教育方针、教职人员聘任、学科专业设置、学校经费预决算等重大事项。校务委员会设若干办事机构,负责领导学校的各项工作。所设的办事机构有教务处、生活指导委员会(后来叫政治部)、总务处、校务处、党委(党组或党总支)。① 校务委员会通过"行政会议"负责处理日常行政事务,通过"教育会议"研究学术与教学工作。② 这成为 1961 年我国高校开始实行党委领导下的以校长为首的校务委员会负责制的原型。

二是始终坚持党对高等教育的领导。延安时期的高等院校特别强调党的领导。1938 年党中央成立了中央干部教育部,统一制定了各干部学校的教育方针、教育计划与教学方法,适当调整了各学校的教员、教材、课程,有计划地招收新生。1941 年 12 月中共中央政治局通过的《中共中央关于延安干部学校的决定》明确指出,"延大、鲁艺、自然科学院直属中央文委",并且规定"中央宣传部对各校课程、教员、教材及经费,应协同各主管机关进行统一的计划、检查与督促"③。所有学校均设立党组织,在基层均设有党支部。学校党组织受上级党组织领导。④ 延安大学三次建制调整都是在中共中央政治局或中共中央西北局的直接领导和筹划下完成的,从办学方针、培养任务、管理体制到课程设置、教员配备、教材建设、经费筹措等都体现了党的监督保证作用。正如有学者指出的,党中央以及党的基层组织领导和参与延大的教育教学工作,是中国共产党举办现代大学的一项重大举措,一方面可以检查、督促和保证学校教育计划的执行与完成,另一方面通过党的组织工作与思想教育

---

① 栗洪武,霍涌泉.陕甘宁边区高等学校的办学经验及其意义[J].教育研究,2002(5):41 – 45.
② 郝瑜,周光礼,罗云,等.高等教育的"延安模式"及其当代价值[J].高等教育研究,2017(11):79 – 85.
③ 中央档案馆.中共中央文件选集(第 13 册)[M].北京:中共中央党校出版社,1991:103.
④ 郝瑜,周光礼,罗云,等.高等教育的"延安模式"及其当代价值[J].高等教育研究,2017(11):79 – 85.

发挥党员和先进分子的先锋模范作用;同时,党组织与行政部门密切合作,形成合力,能更有效地提升大学管理效率和教育质量。①

三是高校实行民主管理。这主要表现在三个方面:一是高校领导作风民主。边区高等学校的各级领导以"人民公仆"的身份出现,以身作则,埋头实干,倾听各方面的意见,实行民主办学。二是创建民主管理的"会议制度"和"报告制度"。② 延安大学的校、院、系三级行政机关都分别设有"会议制度",实行会议决策、集体领导。同时,还在其他工作中建立了相关的会议制度,以保证学校各方面的管理都做到民主化和制度化。1948 年 10 月之后,延安大学在校内外又建立了"报告制度",即校部、各处、各系、分校及附中在每月月终向校长提交较为详细的书面工作报告。实行"会议制度"和"报告制度",是延安大学落实校院系三级管理的主要举措,也是学校在特殊的历史时期创新民主管理的体现。三是提倡全体教职工和学员参加学校管理,尊重学生组织的独立性,注重发挥学生组织的作用。校务委员会、总务委员会都有师生员工代表,对学校的大政方针进行讨论、制定;学校还大量吸收学生干部参加学校管理工作,经常倾听他们的意见和呼声,吸收学生干部参加学校各种行政会议,对学生组织的活动予以保证。③

三、高等教育制度抉择及"革命教育模式"的极端化

1. 对高等教育苏联模式的批判

从 1956 年起,随着"三大改造"的完成和社会主义建设高潮的出现,我国对苏联模式的批判开始明朗化。毛泽东的《论十大关系》以及据此撰写的中

① 栗洪武,李妍,王青.延安时期现代大学制度的形成及其特征——以延安大学三次建制调整为个案的研究[J].高等教育研究,2018(3):74-79.
② 栗洪武,李妍,王青.延安时期现代大学制度的形成及其特征——以延安大学三次建制调整为个案的研究[J].高等教育研究,2018(3):74-79.
③ 栗洪武,霍涌泉.陕甘宁边区高等学校的办学经验及其意义[J].教育研究,2002(5):41-45.

共八大政治报告,已经表明中国开始以苏为鉴,探索根据中国的情况走自己的路。① 在教育领域,1957 年至 1958 年,毛泽东批判了教育领域的"三脱离"问题(教育与政治脱离,与生产脱离,与工农脱离),提出了要加强党的领导和开展思想政治教育的要求,鼓励厂矿、企业、机关办学,并对教育领域移植苏联模式进行严厉批判。如在 1958 年 3 月 8 日至 26 日召开的成都会议上,毛泽东指出,教条主义多的部门,一个是重工业部门,一个是教育部门。② 在全国宣传工作会议上,他针对教育部门行动迟缓以及严重的教条主义倾向,对教育部进行了严厉批评,甚至质问教育部是苏联的教育部还是中国的教育部。③

苏联模式的高等教育实际上是一种正规教育和追求专才培养的教育体系,人们担心这一高等教育体系会形成一个高度科层化、等级化的系统,在中国形成新的政治精英和经济精英,进而形成一个不平等的社会。迈斯纳认为,这种为经济进步而建构的体系所产生的社会结果与政治结果,与毛泽东对未来的设想是不一致的。④ 也就是说,高等教育的苏联模式可能会复制旧中国高等教育所形成的不平等,将普通工农青年拒之于高等教育大门之外。这与中国共产党人的政治理想和社会理想是严重冲突的。因此,除了中苏两国政治关系的恶化之外,人们对苏联模式高等教育在中国运行所产生的社会后果的担心,是苏联模式受到批判并被放弃的重要原因。

2."两种教育制度"与"五七模式"的激烈冲突

放弃苏联模式,意味着我国必须重新选择一种高等教育制度和大学制度模式。正是在这个选择过程中,"两种教育制度"与"五七模式"的激烈冲突产生了。

---

① 林蕴晖.中共八大与"以苏为鉴"[J].中共党史研究,2006(5):11 - 15,22.

② 何东昌.中华人民共和国重要教育文献(1949—1975)[M].海口:海南出版社,1998:822 - 829.

③ 金一鸣.中国社会主义教育的轨迹[M].上海:华东师范大学出版社,2000:194.

④ 莫里斯·迈斯纳.毛泽东的中国及后毛泽东的中国:人民共和国史[M].杜蒲,李玉玲,译.成都:四川人民出版社,1989:361.

关于对高等教育苏联模式的批判,刘少奇采取了实事求是的、相对温和的态度。他认为,对高等教育苏联模式可能产生的将工农大众拒之门外的问题,可以采取"两种教育制度"并行的模式予以克服。1958 年 5 月 30 日,刘少奇提出了"两种教育制度"的设想:一种是现在的全日制学校教育制度,另一种是半工半读的学校教育制度。两种教育制度同时并存,相辅相成。他认为,这是从中国条件、中国特点提出的,是采取群众路线,多快好省地培养工人阶级和劳动人民知识分子的一种方法。从长远来讲,实行两种劳动制度、两种教育制度可以逐步消灭脑力劳动和体力劳动的差别。① 后来,刘少奇又多次在各种场合宣讲两种劳动制度和两种教育制度问题,认为"半工半读试验的重点是中等专业学校和高等学校",主张每一个省、每一个大中城市都来着手试办这种半工半读或半农半读的学校。1964 年 11 月 17 日,中共中央《关于发展半工(耕)半读教育制度问题的批示》肯定半工半读代表了今后教育发展的方向。

但是,毛泽东对中国教育包括高等教育制度的构想,并不是构建两种教育制度,而是一种教育制度,即所有教育都要走"五七道路",所有学校乃至整个社会都变成亦工亦农、学文学军的"五七公社"。② 因而,他坚决反对高等教育的苏联模式。而刘少奇主张的"两种教育制度",实际上并未放弃苏联模式,更确切地说,是力图造成一种能让人接受的对苏联模式的适应性。③ 教育制度和学校制度上的理念冲突,导致"两种教育制度"受到激烈批判,"两种教育制度"被认为是资本主义"双轨制"的翻版,使劳动人民子女只能享受到有限的、低层次的实用教育。因此,虽然"两种教育制度"得以在一定程度和范围内试行,但最终仍被彻底放弃。

---

① 郝维谦,龙正中.高等教育史[M].海口:海南出版社,2000:243-244.
② 杨东平.艰难的日出:中国现代教育的 20 世纪[M].上海:文汇出版社,2003:174-175.
③ R.麦克法夸尔,费正清.剑桥中华人民共和国史:革命的中国的兴起(1949—1965 年)[M].谢亮生,杨品泉,黄沫,等译.北京:中国社会科学出版社,1990:422.

3. 革命的大学制度模式的确立与破灭

中苏关系破裂,对新中国的政治、经济、教育、社会发展、社会建设的影响是巨大的,它影响了中国 20 世纪 60 年代之后的发展走向。对高等教育而言,它使得中国高等教育从以科学技术教育为主走向了以政治教育为主的时代,使高等教育丧失了相对独立地位而走向政治的"附属地位",使高等教育走上"继续革命模式"。

在放弃苏联模式之后,中国高等教育理念和思想可资借鉴的资源,是中国共产党人在长期的革命战争环境下自己创造的"革命教育模式"。这种"革命教育模式"是苏区教育、抗日根据地教育、解放区教育的集成,是中国共产党人自己探索出来的符合中国实际和中国共产党人教育理念的模式。"历时 20 余年的革命根据地教育既有着不同阶段的各自特点,更有着新民主主义教育的共同性质,它是中国共产党人运用马克思主义基本原理和方法,结合中国当时的国情,对教育所做的中国化的尝试和实践。""延安时期的抗日革命根据地教育已基本形成了新民主主义教育理论,具有明显的中国民族特色,到了解放区教育更是创造出一个符合党的教育方针,适应革命斗争需要的新型教育体制。"[①]而中苏关系破裂之后,独立自主建设和发展高等教育的民族情绪与情感,让中国共产党人更加坚定了选择"革命教育模式"的决心。

"革命教育模式"是中国共产党人的政治理想和社会理想在教育领域的直接表现。概括来说,"革命教育模式"具有以下基本特点:以马克思列宁主义为指导,强调教育为无产阶级政治服务,为革命斗争事业服务;强调教育与生产劳动相结合,知识青年与工农大众相结合;强调面向劳动人民开展大众教育,为工农及其子女争取受教育权,实现教育民主;强调实用教育,活学活用。"革命教育模式"及其所反映的高等教育思想和理念,在 20 世纪 50 年代

---

① 周谷平.马克思主义教育思想的中国化历程——选择·融合·发展[M].杭州:浙江大学出版社,2008:277.

末期之后的中国高等教育中发挥着重要作用,直接影响了后来的历次"教育革命"。"教育革命"的目的,在于试图打破苏联模式所强调的正规化、专门化和制度化传统,尝试建立起一种革命化、劳动化、大众化的教育制度。①

1958年的"教育革命"是我国试图摆脱苏联高等教育模式影响,探索适合本土实际的高等教育制度的开始。该次"教育革命"具体表现在三个方面:一是强调教育为无产阶级政治服务,开展红专大辩论,用当时流行的"插红旗""拔白旗"方式,在批判所谓资产阶级学术思想的同时,组织学生编教材、编讲义;二是强调教育与生产劳动相结合,大搞不同形式的勤工俭学,在"大跃进"高潮中发展到组织师生大炼钢铁,大办各类工厂;三是用群众运动的方式办教育,实现各类教育的"大跃进",特别是不顾条件开办一大批高等院校。②1958年9月19日,中共中央、国务院颁布的《关于教育工作的指示》,提出了改进教育工作的具体任务:(1)党的教育工作方针,是教育为无产阶级的政治服务,教育与生产劳动相结合;为实现这个方针,教育工作必须由党来领导。没有党的领导,社会主义的教育是不能设想的。教育是改造旧社会和建设新社会的强有力的工具之一。一切教育行政机关和一切学校,应该受党委的领导。在一切高等学校中,应该实行学校党委领导下的校务委员会负责制。(2)在一切学校中,必须进行马克思列宁主义的政治教育和思想教育,培养教师和学生的工人阶级的阶级观点,群众观点和集体观点,劳动观点,辩证唯物主义的观点。(3)在一切学校中,必须把生产劳动列为正式课程。今后的方向是学校办工厂和农场,工厂和农业合作社办学校。(4)为了多快好省地发展教育事业,必须动员一切积极因素,必须采取统一性与多样性相结合,普及与提高相结合,全面规划与地方分权相结合的原则。(5)应当在党委领导之下,把专业的教育工作者同群众结合起来,采取从群众中来,到群众中去的群众路线的方法,贯彻全党全民办学。(6)全国应在三年到五年的时间内,基本

① 杨东平.艰难的日出:中国现代教育的20世纪[M].上海:文汇出版社,2003:159.
② 罗平汉.1958年的"教育革命"[J].党史文苑(纪实版),2014(10):27-34.

上完成扫除文盲、普及小学教育、农业合作社社社有中学和使学龄前儿童大多数都能入托儿所和幼儿园的任务。应当大力发展中等教育和高等教育,争取在十五年左右的时间内,基本上做到使全国青年和成年,凡是有条件的和自愿的,都可以受到高等教育。我们由此可以看出,《关于教育工作的指示》是在吸收老解放区经验和新中国成立后教育工作的经验和教训,在以苏联为鉴的基础上提出的社会主义教育纲领。

1958 年至 1960 年的教育大革命,就高等教育来说,其目的是克服学习苏联高等教育经验中的教条主义倾向,走我国自己的高等教育发展道路。其核心内容是以教育与生产劳动相结合为中心的大改革,涉及学制、学校内部领导体制、教学计划、教学内容、教学组织、教学方法等许多方面,并带动了科学研究的广泛开展,还包括实行全民办学,多种形式办学,教育管理权限下放,以及招生分配制度的改革等。① 其中最为重要的是强调高等教育的政治方向。1958 年毛泽东视察天津大学,提出"高等学校应抓住三个东西:一是党委领导;二是群众路线;三是把教育与生产劳动结合起来"②,并提出以后要学校办工厂,工厂办学校,学生勤工俭学,等等。这次教育大革命,可以说是政治思想领域的革命在教育领域的表现,其深刻的教育思想根源,仍然是以革命根据地和解放区高等教育经验为基础的。比如,以群众运动方式掀起举办高等教育的高潮,提出"以十五年左右的时间来普及高等教育",全日制高等学校数量从 1957 年的 229 所增加到 1960 年的 1 289 所,三年时间内高校的数量增加超过了 1 000 所;高等学校师生广泛参加生产劳动,参加大炼钢铁和"三秋"劳动,减少理论教学课时;等等。

而"文化大革命"爆发前的教育改革,则以贯彻毛泽东在 1964 年至 1966 年 5 月 7 日"五七指示"发布期间关于教育问题的密集谈话或批示精神为

---

① 余立.中国高等教育史(下册)[M].上海:华东师范大学出版社,1994:56 - 57.

② 中央教育科学研究所.中华人民共和国教育大事记(1949—1982)[M].北京:教育科学出版社,1984:229.

主线而展开。这次教育改革所依据的基本思想,事实上也是"革命教育模式"基本思想和经验的延续,这在毛泽东的系列谈话或批示中有充分表现。毛泽东关于教育问题的谈话和批示的主要精神是:缩短学制,可以让学生过半年到一年的军队生活;减少课程,可以让学生参加一些生产劳动和必要的社会劳动;改革考试,反对死记硬背和过分看重考试分数;改革教材,将阶级斗争作为学校的主课;改革课程教学,反对注入式教学;教育制度设计要能让学生接触实际,在实际中学习,大学生和教员都要接触实际;教育的秩序要革命,学生以学为主,兼学别样,即不但学文,也要学工、学农、学军,也要批判资产阶级。学制要缩短,教育要革命,资产阶级知识分子统治我们学校的现象再也不能继续下去了。这些方面,既涉及教育思想、教育方针、教育制度,也涉及具体的课程教学、教学内容、教学方法和考试等,是关于教育改革的总体设计,"革命教育模式"的影子清晰可见。这种教育,主要不是科学文化知识教育,而是以政治教育为统帅、为灵魂的教育,是"革命教育"。这种"革命教育"随着政治斗争加剧而走向"文化大革命"时期的教育极端政治化具有某种必然性。

"文化大革命"十年的高等教育,是"革命教育模式"在国际国内政治形势下的必然延伸和极端表现。1966 年的"五一六通知",标志着"文化大革命"的开始。对教育领域而言,"五一六通知"为"文化大革命"中的"教育革命"画好了蓝图:继续批判反社会主义的反动学术权威,批判教育界的资产阶级思想,夺取教育的领导权,清洗教育领域的资产阶级的代表人物。[①] 1967 年 7 月《人民日报》社论对新中国成立以来的教育进行了基本否定,高等教育和大学系统整体崩溃。毛泽东在 1968 年 7 月发布"七二一指示",强调"大学还是要办的,我这里主要说的是理工科大学还要办,但学制要缩短,教育要革命,要无产阶级政治挂帅,走上海机床厂从工人中培养技术人员的道路。要从有实践

---

① 周谷平.马克思主义教育思想的中国化历程——选择·融合·发展[M].杭州:浙江大学出版社,2008:386.

经验的工人农民中间选拔学生,到学校学几年以后,又回到生产实践中去"①。1971年的《全国教育工作会议纪要》则对新中国17年来的教育和知识分子进行了全面否定。这些方面,是教育极端政治化的表现,也是其必然结果。而当时在教育领域推行和倡导的"七二一大学"经验、朝阳农学院经验、江西共产主义劳动大学"教育革命东风",则有十足的"革命教育模式"韵味。如"七二一大学"强调毕业生要在工人农民那里取得"合格证";学校要让有经验的工人当老师,工人上讲台;选拔政治思想好、具有两三年或四五年劳动经验的初高中毕业生;批判"专家治厂""技术第一",让他们走与工人相结合、理论与实际相结合的道路。这些方面,在今天看来,一是教育的政治化,二是教育的非正规化。而教育的非正规化,是大学教育远离现代科学技术教育,体现政治教育和革命教育目的的必然结果。这与革命根据地教育与解放区教育模式的基本思想和做法是基本一致的。

十年"文化大革命"是我国高等教育极端政治化的时期,是革命教育模式的顶点。它不仅导致苏联高等教育模式在中国的破灭,同时也导致"革命教育模式"的破灭,预示着我国对新的教育模式和现代大学制度探索的开始。

四、在"苏联模式"与现代大学制度之间

新中国成立后的前30年,我国关于高等教育制度和大学制度的探索和实践,整体上是在苏联高等教育模式和革命教育模式之间进行的。改革开放之后,我国开始现代大学制度的探索。在这个过程中,先后经历了选择性恢复高等教育苏联模式,以及学习西方国家现代大学制度的过程。

1. 选择性恢复高等教育苏联模式

1978年,中国进入改革开放时代,进入了以经济建设为中心的发展时代。

---

① 何东昌.中华人民共和国重要教育文献(1949—1975)[M].海口:海南出版社,1998:1425.

这个全新时代的到来,是思想解放的结果。思想解放在高等教育领域的表现,就是果断终止了"革命教育模式"。随着党的工作重心转移到社会主义现代化建设上来,高等教育不再作为政治斗争的附属物而取得相对独立地位,从而开始了高等教育的自身建设,通过发展高等教育为社会主义现代化建设服务。改革开放和发展成为我国高等教育的时代主题。

"文化大革命"结束之后的高等教育改革,是中国改革开放的总设计师邓小平同志亲自领导的。他自告奋勇抓科技、抓教育,领导在教育领域突破思想禁区,肃清"左"倾错误思想的影响,开展教育战线的拨乱反正。他明确提出要否定"两个估计"①,撤销了1971年的《全国教育工作会议纪要》,为教育改革扫清了思想障碍。他告诫全党:"一定要在党内造成一种空气:尊重知识,尊重人才。要反对不尊重知识分子的错误思想。不论脑力劳动、体力劳动,都是劳动。从事脑力劳动的人也是劳动者。……要重视知识,重视从事脑力劳动的人,要承认这些人是劳动者。"②他亲自领导恢复了高等学校统一招生考试制度,从高中毕业生中直接招考学生,不要再搞群众推荐,认为这是"早出人才、早出成果"的好办法。③他提出"高等院校,特别是重点高等院校,应当是科研的一个重要方面军,这一点要定下来""在大专院校中先集中力量办好一批重点院校"④。在邓小平同志的亲自领导下,我国高等教育进入全面改革阶段,高等教育得到全面恢复和发展。

这一时期的高等教育改革,突出的特点是使高等教育摆脱了"革命教育模式",走上了现代科学技术教育的轨道,按照高等教育自身的规律来改革和发展高等教育。在某种意义上来讲,这一时期的高等教育改革是向苏联模式高等教育的回归,并为超越苏联模式奠定了基础。1977年8月8日,邓小平发表《关于科学和教育工作的几点意见》讲话,提出"教育还是要两条腿走路。

---

① 邓小平.邓小平文选(第2卷)[M].北京:人民出版社,1994:67.
② 邓小平.邓小平文选(第2卷)[M].北京:人民出版社,1994:41.
③ 邓小平.邓小平文选(第2卷)[M].北京:人民出版社,1994:55.
④ 邓小平.邓小平文选(第2卷)[M].北京:人民出版社,1994:53-54.

就高等教育来说,大专院校是一条腿,各种半工半读的和业余的大学是一条腿,两条腿走路"①。这一主张,与刘少奇的"两种教育制度"构想非常一致。

回归苏联模式,意味着放弃革命教育模式,使现代科技教育成为高等教育的基本特征。1977 年至 1979 年的拨乱反正时期,我国高等教育采取了恢复和整顿措施。所要恢复的,是以苏联模式为特征的正规高等教育——现代科技高等教育;所要整顿的,就是按照正规高等教育思想来整顿。恢复什么呢? 恢复高考招生制度和研究生教育制度,建立学位制度,恢复高校的职称评审工作;重新编订教材,选派留学生出国,恢复中国人民大学等一批文科大学,将下放到农村的农业高等院校搬迁回城市;等等。整顿什么呢? 整顿的是思想。首先是对知识分子的认识,因为知识分子是高等学校和高等教育的核心力量。粉碎"四人帮"后仅仅四个月,《人民日报》便发表了《党的知识分子政策不容践踏》的文章,揭批了"四人帮"对知识分子的污蔑。基本上在同时,邓小平提出了要尊重知识,尊重人才,要重视从事脑力劳动的人,要承认这些人都是劳动者的思想。思想整顿的第二个方面,就是彻底推翻"两个估计",撤销 1971 年的《全国教育工作会议纪要》。

1985 年《中共中央关于教育体制改革的决定》的颁布,标志着中国高等教育进入了全面改革时期。该决定提出:教育必须为社会主义建设服务,社会主义建设必须依靠教育;社会主义现代化建设的宏伟任务,要求我们不但必须放手使用和努力提高现有人才,而且必须极大地提高全党对教育工作的认识,面向现代化、面向世界、面向未来,为 20 世纪 90 年代以至下世纪初叶我国经济和社会的发展,大规模地准备新的能够坚持社会主义方向的各级各类人才。该决定还提出了我国高等教育发展的战略目标是到 20 世纪末期,建成科类齐全,层次、比例合理的体系,总规模达到与我国经济实力相当的水平;改变政府对学校统得过多的管理体制,在国家统一的教育方针和计划指导下,

---

① 邓小平.邓小平文选(第 2 卷)[M].北京:人民出版社,1994:54.

扩大高等学校的办学自主权,改革高等学校的招生计划和毕业生分配制度,改革高等教育结构,有计划地建设一批重点学科,同时还要改革教学内容、教学方法、教学制度,提高教学质量。[①] 该决定还对大学办学自主权给予明确:"在执行国家的法律、政策和计划的前提下",高等学校"有权调整专业服务方向,制订教学计划和教学大纲,编写和选用教材;有权接受委托或与外单位合作,进行科学研究和技术开发,建立教学、科研、生产联合体;有权提名任免副校长和任免其他各级干部;有权具体安排国家拨发的基建投资和经费;有权利用自筹资金,开展国际的教育和学术交流;等等。对不同的高等学校,国家还可以根据情况,赋予其他权力"。在《中共中央关于教育体制改革的决定》的精神指导下,我国高等教育改革全面展开。

2. 学习西方高等教育模式,探索建立现代大学制度

对于西方高等教育模式和相应的大学制度,中国并不陌生。在 20 世纪三四十年代,中国高等教育主要学习西方高等教育模式,引进西方大学制度。这在当时的北京大学、东南大学、西南联合大学中有典型表现。改革开放后,西方高等教育模式和大学制度体系再次成为中国高等教育改革发展所关注的对象。在选择性恢复苏联高等教育模式过程中,就有向西方学习和借鉴高等教育模式和大学制度的探索和实践。这在 1992 年后成为中国高等教育改革和发展的主流。

1992 年之后,我国高等教育改革向纵深方向发展,改革的目标是建立起适应社会主义市场经济体制的高等教育体系和大学制度。1992 年 1 月 18 日至 2 月 21 日,邓小平同志先后到武昌、深圳、珠海、上海等地视察,发表了著名的"南方谈话"。他强调:"革命是解放生产力,改革也是解放生产力。""要坚持党的十一届三中全会以来的路线、方针、政策,关键是坚持'一个中心、两个

---

① 何东昌.中华人民共和国重要教育文献(1976—1990)[M].海口:海南出版社,1998:2285 - 2289.

基本点'。""改革开放胆子要大一些,敢于试验,不能像小脚女人一样。""计划多一点还是市场多一点,不是社会主义同资本主义的本质区别。计划经济不等于社会主义,资本主义也有计划;市场经济不等于资本主义,社会主义也有市场。计划和市场都是经济手段。""中国要警惕右,但主要是防止'左'。"①邓小平同志的"南方谈话"再一次领导和推进了中国的思想解放,也为高等教育改革和发展提供了强大的思想支持。

　　1993 年 2 月,中共中央、国务院印发的《中国教育改革和发展纲要》(以下简称《纲要》),成为高等教育深化改革的指导性文件。该《纲要》规划了教育事业发展的目标、战略和指导思想,制订了教育体制改革的目标和策略,提出"教育体制改革要采取综合配套、分步推进的方针,加快步伐,改革包得过多、统得过死的体制,初步建立起与社会主义市场经济体制和政治体制、科技体制改革相适应的教育新体制"。要深化高等教育体制改革,解决政府与高校、中央与地方、国家教委与中央各业务部门之间的关系,逐步建立政府宏观管理、学校面向社会自主办学的体制,把高校建设成为面向社会依法自主办学的法人实体;要改革高校招生和毕业生就业制度,实行国家任务计划和调节性计划相结合,实行少数毕业生由国家安排就业,多数学生"自主择业"的就业制度;要逐步实行上大学收费制度。1994 年 7 月,国务院发布《关于〈中国教育改革和发展纲要〉的实施意见》,1999 年 1 月,国务院正式批转《面向 21世纪教育振兴行动计划》,1999 年 6 月 13 日,《中共中央国务院关于深化教育改革全面推进素质教育的决定》颁布实施。这一系列重要教育文件和决定,成为我国高等教育深化改革、建立现代大学制度的行动指南。

　　建设现代大学制度,首要的是进行高等教育管理体制改革。从 1993 年开始,我国开始进行高等教育管理体制改革和结构调整。这次改革以理顺高等教育管理关系,解决高等教育宏观管理中"条块分割、多头管理"问题以及

---

① 　邓小平文选(第 3 卷)[M].北京:人民出版社,1993:370 - 383.

院校结构体系失衡、规模效益过低等问题为目标,确立了"共建、调整、合作、合并"的基本思路。共建,就是将部门与地方条块各自办学转变为共同办学。调整,就是对高等教育区域设置不合理或学科、层次设置不合理的情况,进行管理体制和院系的调整。合作,就是通过优势互补、校际教学和科研的合作,多学科合作开展教学科研,尽量避免封闭办学和学科重复建设。合并,就是为了提高教学质量和办学效益,发挥学科优势互补和规模效益,因地制宜地对某些院校进行合并。这项经历近十年的改革,基本上完成了我国高等教育宏观管理体制的改革和布局调整,形成了中央和地方政府两级管理、分工负责,在国家政策指导下以省级政府统筹为主的新体制。除少数关系国家发展全局的高校以及行业特殊性强、地方政府不便管理的高校继续由国务院委托教育部和其他少数部门管理外,多数高校由地方管理或以地方为主管理。[①]这次改革,使我国高等教育管理体制和布局结构发生了深刻变化,一个适应社会主义市场经济的高等教育宏观结构和新型高等教育管理体制的框架已初步建立。

建立现代大学制度,还需要调整大学系统和社会的关系,增强高等教育和大学的社会适应性。其中,高等教育系统能否满足人民群众接受高等教育的需要是一个突出问题。为此,1999 年我国开始实施高等学校扩大招生政策,我国高等教育从此走上了高等教育大众化发展时代。高等教育扩招政策的出台,主要有以下原因:一是我国持续快速发展的经济需要更多的高素质人才;二是广大人民群众普遍渴望子女都能接受高等教育,政府有责任尽量满足他们这种愿望;三是扩招也可以推迟学生就业,增加教育消费,是拉动内需、带动相关产业发展的重要举措;四是由于过去招生比例低,录取人数少,考大学难,迫使基础教育集中力量应付高难度的考试,因此影响了素质教育的全面推行。[②]

① 李岚清.李岚清教育访谈录[M].北京:人民教育出版社,2004:83-86.
② 李岚清.李岚清教育访谈录[M].北京:人民教育出版社,2004:119.

高校招生规模快速扩张,高等教育毛入学率快速上升。1998 年,我国高等教育毛入学率为 9.8%,2002 年就超过了 15%,2010 年则超过了 25%。招生规模的扩大,提供了更多的高等教育机会,使人民群众接受高等教育的需求得到一定程度的满足,也使高等教育系统的压力得到一定程度的释放。高等教育规模的扩张和高等教育大众化的推进,既是现代大学制度建设的内容之一,同时又产生了高等教育质量问题、公平问题、毕业生就业问题以及高校庞大的贷款等后续效应。这给我国现代大学制度建设提出了更大挑战。

第二节　我国现代大学制度建设面临的基本问题

我国建设现代大学制度,既面临现代大学制度建设的方法论问题,也面临现代大学制度建设的一些具体问题。建设中国特色现代大学制度,方法论问题是根本问题,现代大学制度建设的具体问题的解决,需要以正确的方法论为指导。

一、现代大学制度建设的方法论问题

现代大学制度建设的方法论,是对为什么要建设现代大学制度(目的)、建设什么样的现代大学制度(性质、模式、内容)、怎样建设现代大学制度(道路、方法等)的系统性思想。现代大学制度建设持不同方法论,会导致不同性质和模式的现代大学制度,也会影响现代大学制度建设的道路和方法选择。

在我国现代大学制度的研究和建设过程中,一直有一种起主导作用的方法论——"西方"方法论,即将西方国家的现代大学制度作为我国现代大学制度建设的目标和范型,将西方国家现代大学制度的发展之路作为普遍之路。

这种"西方"方法论具有很强的隐蔽性——以"现代的"大学制度来凸显西方大学制度的优越性和普遍性,淡化大学制度的民族国家和文化特点。因为在现代社会,没有哪个国家的大学制度建设不把"现代的"大学制度作为目标。但这种"西方"方法论存在着逻辑缺陷——将"西方的"大学制度等同于"现代的"大学制度,进而将之等同于先进的、具有普适性的大学制度。在"西方"方法论支配下,我国的大学制度被看成是"传统的""落后的"大学制度,我们由此失去了对我国大学制度的基本自信,并将学习西方国家先进的、具有普适性的大学制度来改变我国"传统的""落后的"大学制度,作为我国现代大学制度建设的目的和基本路径。不少学者自觉或不自觉地将西方国家大学制度的内隐制度——大学自治、学术自由理念,以及外显制度——大学与政府的关系模式、大学与社会的关系模式、大学的内部治理结构等,作为我国建设现代大学制度的模板。

其实,我国建设现代大学制度,无论是大学制度所处的外部制度环境,还是大学制度所针对的大学本身,与西方国家现代大学制度的形成有着根本性差异。脱离我国大学制度的外部制度环境和大学的特殊性,来建设中国特色现代大学制度,不仅在路径上是行不通的,而且是违背"合目的性"原则的。这就是说,建设中国特色现代大学制度,必须实现方法论的重大转变。具体来说,必须有效解决以下两个方面的问题。

第一,如何避免和克服现代大学制度建设中的"依附陷阱"和"示范效应"。以美国学者阿特巴赫为代表所提出的高等教育发展依附理论认为,在世界高等教育体系中,发展中国家的高等教育发展只能依附于高等教育发达国家,沿着发达国家所走过的道路来发展本国高等教育,要克服发达国家高等教育发展的"示范效应"是比较困难的。我国是在早发型现代化国家已经产生了现代大学制度的情况下来建设中国特色现代大学制度的。因此,建设中国特色现代大学制度,必须避免和克服现代大学制度建设中的"依附陷阱"和"示范效应"。所谓"示范效应",是指西方国家现代大学制度的理念、模式和路径对我国现代大学制度建设所产生的"示范作用",使我国的现代大学制度成为西方国家现代大学制度的模仿者和复制品。

要克服现代大学制度建设中的"示范效应",首先必须对西方国家现代大学制度有一个正确的认识。西方发达国家的确探索出了一套比较先进的大学制度,但其大学制度安排不可避免地受到其国家政治制度、行政体制和文化教育传统的深刻影响。因此,其先进性主要是相对于其大学制度的形成历程而言的,只是它们对现代大学制度时代要求和时代特征的一种回应和体现,并不具有全球普遍性。另外,现代大学制度是就世界范围内的大学制度而言的,人类社会的各种文明、各个国家都对现代大学制度的形成和发展做出过自己的贡献。亦即现代大学制度是建立在现代人类文明成果基础之上的,是现代大学制度的时代性的反映,而不是某个国家或某些国家的大学制度。

其次是要确立现代大学制度是时代性与民族性有机统一的观念,处理好现代大学制度的共同特征与国别特色的关系。建设中国特色现代大学制度的目的,是要建设中国自己的现代大学制度,从而为提高中国高等教育和中国大学的发展水平和国际竞争力服务。因此,必须确立以我为主的原则,坚持大学制度的民族特色优先,吸纳所有国家大学制度的先进经验,发展现代大学制度的共同性内涵,实现现代大学制度时代性与民族性的有机统一。

最后是要根据中国近现代大学的起源特殊性和使命特殊性,以及大学性质的特殊性,立足中国国情,扎根中国大地,实现优秀文化教育传统的创造性转化和创新性发展,建设中国特色现代大学制度,走出我国自己的现代大学制度建设之路,为其他国家,特别是后发外生型现代化国家走出一条建设现代大学制度之路,提供中国经验和中国道路。

第二,如何发挥中国特色现代大学制度的制度优势。首先要坚持中国特色现代大学制度自信。坚持中国特色现代大学制度自信,不能以西方国家现代大学制度的模式和发展道路来衡量我国的现代大学制度建设,不能以西方为方法论来批判我国的现代大学制度建设。我国是中国共产党领导的社会主义国家,在党的领导下,我国建立了中国特色社会主义高等教育制度和大学制度。党的领导、国家举办、政府管理、社会参与是中国特色社会主义高等教育制度和大学制度的基本特征,也是中国特色现代大学制度的最大优势。新中国成立以来,我国高等教育之所以能在短时间内发展起服务国家现代化的能力,建成世界上最大规模的高等教育体系,有效满足人民群众的高等教育需要,在建设中国特色世界一流大学征程中迈出坚实步伐,根本原因在于坚持党对高等教育事业和高等学校的领导,在于将发展高等教育作为国家事业,并将建设和完善中国特色现代大学制度作为国家行动,纳入中国特色社会主义现代化建设事业中统筹规划,协调发展。

其次要有效激发和活化"后发优势",以"后发优势"规避"后发劣势"。现代化理论认为,后发现代化国家的现代化具有"后发优势"。这种后发优势,主要表现为立足基本国情,吸取早发现代化国家的现代化经验教训,通过对现代化进行主动规划和顶层设计,来规避现代化过程中的各种风险,避免或少走弯路,走出适合国情特点的现代化道路。我国建设现代大学制度,也具有"后发优势"。但这种"后发优势"只是理论上的,要把这种理论上的"后发优势"转化为现实优势,需要立足中国国情和高等教育实际,有效激发和活化"后发优势"。只有有效激发和活化了"后发优势",才能规避"后发劣势",一方面避免和克服现代大学制度建设中的"依附陷阱"和"示范效应",另一方面超越西方国家现代大学制度演进的逻辑和发展阶段,通过主动设计和计划,来解决现代大学制度建设中的历时性问题与共时性问题。

最后是要在制度自省的基础上,着力完善中国特色现代大学制度。虽然我国现代大学制度具有自身的优势,但这种制度优势,主要还是理论上的制度优势。要把这种理论上的制度优势发挥出来,转化为现代大学建设的现实优势,需要坚持大学制度自信和大学制度自省的有机统一,需要根据中国特色现代大学制度的理想目标,在反思和检讨我国现代大学制度主要缺陷的

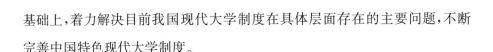

基础上，着力解决目前我国现代大学制度在具体层面存在的主要问题，不断完善中国特色现代大学制度。

二、我国现代大学制度建设具体层面的问题

我国建设中国特色现代大学制度，需要在实现方法论转变的基础上，着力建立和完善中国特色现代大学制度的基本框架，解决目前我国现代大学制度在具体层面存在的主要问题。

1. 着力改革和调整政府与大学的关系

如前所述，国家举办大学、政府管理大学，是中国特色现代大学制度的基本特征和制度优势。政府管理大学是我国高等教育制度所确立的一个基本原则，但从高等教育治理和大学治理理论来看，政府只是高等教育和大学多元治理主体中的"一元"。如何在实现从管理到治理的理念变革的基础上，科学确立政府管理大学的具体事项（管什么），以及政府以何种方式管理大学（如何管），这就涉及政府与大学关系中的深层次问题。

政府与大学的关系涉及面广，但核心在于大学自主权问题。大学自主权虽然是针对大学而言的一种权利，是大学所享有的权利，但它实际上反映了政府与大学的关系。大学自主权是一个与国家高等教育制度，甚至国家政治制度和国家治理体系高度相关的问题。西方国家的大学制度主要通过大学自治、学术自由等来表达政府与大学的关系。即大学是享有高度自治权的办学主体和法人实体，包括政府在内的其他组织，都不能干预大学的自主办学权利和办学事务。即使政府等组织要介入和干预大学办学事务，也必须在尊重法律和大学章程的前提下，通过市场竞争机制等比较间接的方式来影响大学。这是自中世纪大学以来，西方大学所形成的一种大学传统。西方大学从中世纪大学开始就是一个具有高度自治权的独立法人主体。"大学是一个学者团体，具有严密的组织、法人的性质、自己的章程和共同的印记。

Universitas 一词在 12 至 14 世纪是一个用得很普遍的词,它可以用来指任何具有共同利益和享有独立合法地位的团体组织。"①大学作为教师法团或学生法团,从创建之始便具有高度的自治权和自主性。大学在与中世纪时期的教会、世俗王权和现代政府以及其他市场主体的博弈中获得了自治特权,并且历经数百年而基本未变。

我国自近代开始便引进西方国家的大学理念和大学制度。但由于中国现代化的特殊性以及我国近现代大学的特殊起源和特殊使命,加上几千年来形成的权力型政府观念以及集权型管理文化和管理体制的"惯性",国家举办大学、政府管理大学成为无须争辩的选择。新中国成立后,我国实施赶超型现代化策略。一方面,我国的赶超型现代化需要有一个强有力的中央政府发挥政治动员、社会动员和力量凝聚作用,这就不断强化了"强政府""权力政府"和"全能政府"的观念,从而为政府设计大学制度和直接管理大学提供了理论和现实上的合法性和合理性依据。另一方面,我国社会主义高等教育制度赋予高等教育和大学以强烈的政治责任和使命——培养德智体美劳全面发展的社会主义建设者和接班人。同时,我国的经世致用学术传统也要求大学为国家现代化和国家重大战略服务。因此,我国大学与西方大学在大学性质上存在着根本差异,其在政治上、经济上、管理上都有着强烈的外部依赖性,大学自主权不仅内涵不同,而且其自主程度也存在很大差异。

新中国成立以来,我国大学长期处于政府直接管理之下,大学自主权主要来自政府授权,要经过政府"授权审批";大学接受政府委托和授权,作为政府的"被委托人"和"代理人"开展教育活动和办学活动。这一方面使大学演变为政府的附属机构或延伸机构,出现了大学行政机构化和行政性运行现象;另一方面导致我国高校对政府管理的高度依赖性,习惯于面向政府办学,自主发展的意识和能力还不强。虽然我国进行了多次高等教育管理体制改

---

① 伯顿·克拉克.高等教育新论——多学科的研究[M].王承绪,徐辉,郑继伟,等译.杭州:浙江教育出版社,1988:25.

革,但主要调整的是中央政府、行业主管部门和地方政府在管理大学上的权力分配关系,较少涉及政府和大学之间的关系调整。从1979年苏步青校长等呼吁"给高等学校一点自主权"以来,虽然扩大和落实大学自主权的议题几乎被列入历次我国高等教育改革发展重要文件之中,但历经40多年仍然不能有效解决这一问题,这本身就说明了高校自主权问题的复杂性和艰巨性。《国家中长期教育改革和发展规划纲要(2010—2020年)》提出,要开展现代大学制度改革试点,推进政校分开、管办分离;要求政府进一步转变职能,减少审批事项;要求进一步扩大和落实高校办学自主权,并规定了高校七个方面的自主权。在该规划纲要的推动下,我国现代大学制度建设取得了重要进展,政府与大学的新型关系逐步形成。

党的十八大以来,以习近平同志为核心的党中央,高度重视国家治理体系和治理能力现代化建设。党的十八届三中全会通过的《中共中央关于全面深化改革若干重大问题的决定》提出:必须切实转变政府职能,深化行政体制改革,创新行政管理方式,建设法治政府和服务型政府;要全面正确履行政府职能,进一步简政放权,深化行政审批制度改革;要求加快事业单位分类改革,推动公办事业单位与主管部门理顺关系和去行政化,创造条件,逐步取消学校、科研院所、医院等单位的行政级别;要建立事业单位法人治理结构,深入推进管办评分离,扩大省级政府教育统筹权和学校办学自主权,完善学校内部治理结构。党的十九届四中全会通过的《中共中央关于坚持和完善中国特色社会主义制度 推进国家治理体系和治理能力现代化若干重大问题的决定》,提出了实现国家治理体系和治理能力现代化的具体目标,要求深入推进简政放权、放管结合、优化服务。

深化政府与大学关系改革,解决政府与大学关系中的深层次问题,需要切实落实中央文件精神。一是在建设法治政府和服务型政府方面,要切实落实政府依法治教,推进权力型政府向服务型政府转变;二是要引入市场机制,推动全能型政府向有限政府转变,深入实施管办评分离、放管服改革,实现有为政府与有效市场的有机结合；三是要改变长期以来局限在行政关系上来界定政府与大学的关系的思维和做法，要从政府与大学的法律关系上来确立政府与大学的平等法律地位，使高校真正成为面向社会依法自主办学的法人实体。只有在上述三方面切实深化改革，才能形成政府依法宏观管理、高校依法自主办学、市场有效介入、社会广泛参与的高等教育治理体系和治理结构。

2. 着力改革和完善大学与社会的关系

以威斯康星大学为代表的美国"赠地大学"首创"社会服务型"大学理念，将"直接为社会服务"作为大学新的社会职能，建立了大学与社会之间的紧密关系。二战以来，随着高等教育逐步进入社会的中心，大学产生了众多利益相关者，大学发展成为多种意义上的"多元机构"，同各色人等打交道。西方大学尤其是美国的大学力求对不断变化的社会需求做出最快的反应和最大的适应。20世纪80年代初期，大学直接为社会服务的理念开始引入我国，我国高校逐步发展出直接为社会服务的职能。但由于长期以来的计划经济体制，以及我国建立的国家举办、政府管理的大学制度，我国高校主要面向政府办学，高校的社会服务职能不仅体现不充分，而且发展空间比较有限。同时，政府对高校的直接管理和过度保护，使高校的社会服务意识和能力都有待加强。总体上说，我国高校与社会的关系还比较僵硬，高校对快速变化的社会需要把握不准、反应不及、适应不够，一方面是高校主动服务社会的积极性不高，另一方面是还没有建立社会参与高校办学的体制机制。高校作为建构大学与社会的关系的主导方，受到政府计划管理体制机制的影响，面对多元化、差异化的社会需求，其适应机制缺乏弹性。特别是市场竞争机制还没有作为一种约束机制进入我国高校办学领域，高校没有"生死攸关"之虞，由此形成了我国特有的"办好大学很难，办垮大学也很难"现象。

目前改革和完善大学与社会的关系，关键在于在确立大学作为面向社会依法自主办学的法人实体的前提下，引进市场竞争机制，革除高等教育领域的"双重体制",促使大学从面向政府办学转向面向社会和市场办学,从高校办学水平和质量的政府评价转向社会评价和市场评价。① 为此,必须正确认识市场竞争对于高校建立与社会的弹性关系的重要性。面向市场和社会需要的高校竞争,不仅不会带来混乱,而且可能会形成一种比政府控制更好、更稳定的大学竞争和发展秩序。西方大学社会适应性强,满足多元社会需求的意识和能力强的主要原因,在于大学竞争。在谈到美国高等教育的特色时,曾任哈佛大学校长的德里克博克说,美国高等教育的特色就是大学竞争和多样化,大学竞争导致大学多样化。多样化是美国高等教育的骄傲。②

我国高等教育要实现有为政府与有效市场的有机统一,建立"准市场化"治理模式,关键是要发展市场竞争机制,发挥市场配置资源的作用。政府管理职能过强,资源配置方式单一,资源市场配置不足,是我国高校只是面向政府办学,只是面向政府竞争资源的根本原因。只有引进市场竞争机制,发展高校面向市场和社会需要的竞争,才能给高校带来办学压力、动力和活力,促使大学准确定位,实现高等教育多样化,增强高校服务社会的意识和能力,增强高校的社会适应性,使民众采取"用脚投票"方式来评价和检验高校办学质量。

3. 着力改革和完善大学与大学之间的关系

现代大学制度中的大学与大学之间的关系,集中体现在国家的高等学校体系和高等学校结构之中,主要包括高等学校办学层次和办学类型两大方面。就高等学校办学层次而言,我国高校目前主要有博士研究生教育、硕士研究生教育、本科教育、专科教育等办学层次;就高等学校办学类型而言,我国主要有普通高等学校和职业高等学校两种;就普通高校办学的学科特点而言,我国目前主要有综合型大学、多科性大学、单科性大学等。大学与大学的

---

① 张应强.从完善大学制度来抓高等教育质量[J].大学教育科学,2012(5):34-37.
② 德里克·博克.美国高等教育[M].乔佳义,编译.北京:北京师范学院出版社,1991:3-4.

关系,是现代大学制度的重要内容之一。但我国学者一直没有将之作为现代大学制度的重要内容开展相关研究,或者说,相关研究主要分布在高等教育研究的其他领域和其他方面。

从理想状态来说,国家的高等学校体系由不同类型、层次和办学特色的高等学校组成,不同层次和类型的高校准确定位,充分发挥各自作用,形成良好的高等教育生态结构和院校生态结构,从而实现高等学校系统的职能分工和功能耦合。当前我国大学与大学之间关系的主要特征,集中体现为高等学校的等级体系和趋同结构,其形成原因,主要有以下三个方面。

一是由高等教育重点建设政策形成的高校等级体系。新中国成立以来,我国一直实施高等教育重点建设制度。从1954年开始,先后多次在全国高校中遴选全国性重点高校;1978年2月,我国恢复了被"文化大革命"中断的重点大学制度;1984年4月,有关方面采纳"835建言",实施高等教育"重中之重"建设项目;进入20世纪90年代,我国相继实施"211工程""985工程"和"2011计划";2015年开始实施"双一流"建设计划。[①] 实施高等教育重点建设制度,促进了我国高等教育质量和水平迅速提高,特别是"双一流"建设,提高了我国高等教育的国际影响力和竞争力,为我国现代化建设做出了重要贡献。同时,高等教育重点建设制度,发挥了我国高等教育制度集中力量办大事的制度优势。但高等教育重点建设制度的实施,形成了我国高校体系等级森严的金字塔结构,是我国高校同轨竞争、丧失办学特色,进而形成结构趋同和发展目标趋同的根本原因。

二是由高校所属关系带来的高校等级体系。20世纪90年代末期,我国开展了高等教育体制改革和结构调整,在进行了大规模院校合并和划转之后,形成了中央和省级人民政府两级办学、两级管理,地方高等教育主要由省级人民政府统筹的新体制。我国高校由此明确分为教育部直属高校和省级

---

① 张应强,等.高等教育[M].北京:科学出版社,2018:130-147.

人民政府所属高校两类,因所属关系不同,高校的地位、权利、声誉、经费、影响力、社会评价等存在很大差异。"教育部直属高校"成为一种无形资源和身份象征,成为高校发展水平和影响力的重要组成部分。省级人民政府也遵循这种思路,通过多种方式对所属高校进行等级划分,由此在全国范围内形成了基于高校所属关系的高校等级体系。这种按所属关系来赋予高校水平和影响力标签的做法,是我国高等学校体系的特色,在西方国家高等学校体系中基本不存在这种情况。由于"教育部直属高校"具有身份象征意义,实际上也享有更多的机会和资源,因此,不少地方高校一直谋求成为教育部直属高校或者准直属高校中的一员。如从 2013 年开始,不少省属高校就开始谋求成为"部省合建"高校。2018 年 2 月,教育部批准了 14 所"部省合建"高校。有关省属高校之所以要争取列入"部省合建"高校之列,主要看中的是"部省合建"高校的身份等级价值。①

三是由高校类别差异带来的高校等级体系。高校分类设置既是知识分化发展的产物,也是社会需要变迁的反映,只有合理分类设置高校,才能满足多元化社会需要,才能充分发挥高校的社会作用。因此,分类设置高校是世界各国的普遍做法。我国高校虽然也划分为普通高校与职业高校两种类型,但长期以来职业高校只是在专科层次办学,加之只看重高校办学层次的思维惯性,导致我国高校分类设置实际上产生了高校的等级性,即普通高校的等级高于职业高校的等级,甚至出现了对职业高校的类型歧视。无论是普通高校还是职业高校,都对职业高校身份不满意。有些职业高校将"升本"和"升硕"作为发展目标,希望通过提升办学层次,来改变人们对职业高校办学水平和质量的刻板印象。而一些新建地方本科院校则极力回避职业高等教育,唯恐落入职业高等教育类型之中。如,2014 年教育部启动了新建地方普通本科院校转型发展工作,但不少新建地方普通本科院校对转型发展政策,要么等

---

① 张应强,苏刚刚.我国高等学校"部省合建"政策创新及其现实省思[J].高等教育研究,2021,(9):25-33.

待观望,要么举棋不定,也有不少高校采取了机会主义策略。主要原因在于有关普通高校不愿意转型到高职教育轨道,担心转型后学校社会声誉下降,影响学校提升办学层次。2021 年 6 月,有关省市的独立学院转设也出现了同样情况。有些独立学院的利益相关主体,宁可在校名上"就低不就高",也不愿放弃学校类型上的"普通高等教育"。①

我国高校的等级体系和趋同结构,产生了一些值得重视的问题。一是形成了"金字塔"高校层次结构,导致人们单纯以高校层次来认知和判断高校办学水平和教学质量;二是强化了高校面向政府办学的倾向;三是将高校办学和发展的目标和动力锁定在提高办学层次上;四是形成了不平等的高校竞争局面。因此,必须深化高校体系改革,优化大学与大学之间的关系,实现高校分层分类建设和特色发展,增强高等学校体系适应多样化社会发展的能力。

中共中央、国务院 2019 年 2 月印发的《中国教育现代化 2035》提出,要"分类建设一批世界一流高等学校,建立完善的高等学校分类发展政策体系,引导高等学校科学定位、特色发展"。按照这一政策文件精神,我们可以从以下两方面实施改革。

一是实现政策性机制与市场性机制的有机统一。所谓政策性机制,是指政府通过政策引导、规定和赋予不同高校以不同办学层次、办学类型、办学资源、服务面向等,从而形成国家高等学校体系的"计划秩序"。"计划秩序"在很大程度上是政府出于高校分层建设和特色发展目标,对整个高等学校体系所做的一种人为设计。所谓市场性机制,是指通过引入市场竞争,促使高校面向市场需要,在市场和资源竞争中获取生存和发展的空间与资源,通过市场错位竞争,形成自己的办学定位和办学特色,由此形成整个高等学校体系中院校的层次结构、类型结构和办学特色的"自然秩序"。两种机制各有利弊,需要实现有机统一。而两种机制有机统一的关键是要把握好政府政策在

---

① 张应强.高等教育质量民间立场与高质量高等教育体系建设[J].江苏高教,2021(11):1-11.

促进高校分层建设和特色发展中的"度",即政府管控方式的选择和管控力度的把握,由对高校的直接管控转变为间接管控,由强力管控转变为激发内驱力的管控。同时,一方面需要政府政策性机制为市场性机制让渡出一定空间,让市场性机制发挥作用;另一方面需要政府有效运用市场竞争机制。

二是要加大高等学校评价制度改革力度。在高等学校体系建设中,评价发挥着指挥棒的作用,对高校端正办学指导思想、找准办学定位、办出特色和水平等具有重要影响。改革高等学校评价制度,首先要确立正确的评价目的,即要为高校分层分类建设和特色发展而评价,杜绝单纯的评价排名取向,矫正以排名代替办学成就、以名次表现发展水平的社会认知;其次要实现评价思想的根本性转变,即要服务于我国高等学校体系的改革完善,服务于高校分层分类建设和特色发展;再次要由综合评价向分层分类评价转变,由单纯的政府评价向政府评价与社会评价相结合转变。政府在进行自身评价改革的同时,特别要发挥好引导社会机构评价和民间质量认知的作用。

4. 着力完善大学内部治理结构,解决大学的行政化运行问题

完善大学内部治理结构的核心,是调整大学内部学术权力和行政权力的关系,从而建立起两种权力分工协调的体制机制。

西方国家是在把大学看作学术与文化组织的前提下来讨论学术权力问题的,即大学是学术组织,大学权力的本质是学术权力,大学的运行和治理必须保证以学术权力为主导。现代大学无论从规模、结构还是事务、使命,已非中世纪大学可同日而语,因此,行政权力成为现代大学运行与治理不可或缺的力量。尽管如此,西方大学中的行政权力也只是大学运行和治理的一种辅助性力量。行政权力介入学术事务,包括大学引进和建设强大的管理团队,目的不在大学的行政性目标,而在于大学作为独立自治主体其卓越学术目标的达成和市场竞争力的提升。20世纪中叶以来,西方国家大学内部出现了拥有高额科研经费的各种"研究中心",它们一般都从政府或企业那里获得大量资助,这导致人们对大学行政权力的观念发生了巨大变化。一部分科学家

"往往对大学作为一个整体没有兴趣。对他们来说,大学是一种行政管理上的方便,是一个教员俱乐部,一个系的教师可以在这里共用午餐。大学的行政中心是一种负担,是对科学家个人通过自己的努力从校外获得的经费收取高额管理费的机构"①。

对我国大学而言,由于长期以来政府对大学实行直接管理,大学演变为政府的附属机构或延伸机构,形成了面向政府办学的特点。大学以行政级别以及校长和行政人员的"官员制"和"任命制"与政府行政体制相对接,完成了与政府行政机构同体同构;大学内部以行政权力为核心建立起管理框架和科层体系,大学行政化运行大行其道,学术权力因既无制度保障也无实际附着机构而"虚化"。目前我国不少大学已经开展了相关改革探索,如加强大学章程建设、完善学术委员会、建立教授会、建立大学理事会等,这些改革探索旨在充分发挥学术权力在大学治理中的作用,总体上建成"党委领导、校长治校、教授治学、民主管理"的大学内部治理体系和框架。但面临的现实问题仍然十分突出,这主要表现为以下两个方面。

第一,大学内部治理主要以行政权力为核心和主导,形成了科层化等级结构。在纵向关系上形成了"校—(学部)学院—系—教研室"等级结构,并且学校和院系等都演化为一级行政性机构,具有行政职能和行政级别,从而形成等级鲜明的上下级管理关系;在横向关系上形成了学校职能部门和院系学术部门之间的领导(管理)与被领导(被管理)关系。高校职能部门设置,主要以便于对口接受上级政府主管部门的领导和管理为原则,这就使高校内部职能部门与政府管理部门高度同构,但与大学的学术组织特性相冲突。高校内部的职能部门实际上控制着院系等学术单位的办学资源以及资源分配权,高校主要依靠行政职能部门办学和运行,由此出现了高校行政化和行政化运行,违背了学术组织的管理和运行规律。高校的学术委员会、教授会等学术

---

① 爱德华·希尔斯.学术的秩序——当代大学论文集[M].李家永,译.北京:商务印书馆,2007:120.

组织,由于没有实体性机构和行政权力作为依托,容易出现"悬置"和"空转"状态,从而使高校的学术权力系统成为一个虚的系统。

第二,管控型行政文化流行。如前所述,对现代大学而言,行政机构、行政权力都是必不可少的,但大学的行政权力和行政文化与政府、企业等组织的行政权力和行政文化应该是不一样的。当前,我国大学中的行政文化主要是管控型行政文化,强大的行政权力导致行政权力膨胀和功能异化——为大学的行政目标而不是为学术目标服务。其实,就大学行政权力的存在合法性而言,大学的行政权力应该是为学术发展和学术事务而存在的,是为学术发展和学科建设服务的。因此,营造服务型行政文化,实现从管控型行政到服务型行政的转变,是调整和优化学术权力与行政权力的关系需要解决的重要问题。

上述问题的根源在于我们在大学观念上的缺陷,在于我们对大学组织特性缺乏正确认识和准确把握。大学不是一般的社会组织,不是企业组织,也不是NGO(非政府组织),更不是政府组织或政府的附属机构,而是社会的、具有公共性和独立性的学术和文化教育机构。大学治理的本质在于学术组织和学术事务治理,大学治理中的主导性权力应该是学术权力,大学的治理结构不应该是科层制结构,而应该是扁平型结构。大学的行政文化应体现大学作为学术和文化组织的组织特性。

完善我国大学的内部治理结构,解决大学的行政化运行问题,是一项艰巨任务。当前,我国大学在内部治理结构上所进行的一些改革探索,基本上属于"打补丁"式改革。从长远来看,必须进行更加深刻和彻底的大学观念变革才能实现大学治理结构的根本性调整。大学不是孤立存在的,大学内部治理结构除了与外部制度环境相关外,还与传统文化高度关联。要改变已经全面渗入大学并广泛流行的"官本位"文化,是一件比较困难的事情。另外,《国家中长期教育改革和发展规划纲要(2010—2020年)》曾提出要改进和完善大学校长的选任办法。这项工作对完善大学内部治理结构也具有重要意义。因为大学校长的选任方式是沟通大学制度外部关系和内部关系的桥梁或枢纽。就大学外部关系而言,它连接我国的行政体制和干部制度;就大学内部关系而言,它直接影响大学内部管理的组织构架和管理干部的选任。

第三节　中国特色现代大学制度建设任重道远①

从1992年开始,我们逐步认识到了现代大学制度建设的紧迫性和重要性。2010年《国家中长期教育改革和发展规划纲要(2010—2020年)》的发布和实施,表明我国在现代大学制度建设和改革方面迈出了重要步伐,取得了显著成绩和重大进展。但进一步深化现代大学制度改革,建设中国特色现代大学制度,依然面临着一些关键性深层次问题。

一、未竟的高等教育改革:现代大学制度建设

改革开放以来,我国现代大学制度建设主要经历了两个阶段。第一个阶段是改革开放后的前15年,我国高等教育和大学制度的改革主要是恢复、整顿和提高——恢复高等教育秩序,在重点领域进行整顿,提高高等教育办学水平。其总体特征是在原有框架上进行修复和改革,同时加大高等教育对外开放步伐。1985年发布的《中共中央关于教育体制改革的决定》,对高等教育改革进行了顶层设计,在大学制度建设层面所要解决的主要问题是政府统得过多、大学自主权不够的问题。但其高等教育改革设计的基本思想仍然是建

---

① 本节内容在《中国特色现代大学制度建设任重道远》(发表在《探索与争鸣》2018年第6期)一文基础上重新撰写。

立在计划经济体制基础之上的,原有的大学制度的基本框架并没有太大改变。

第二个阶段从 1992 年开始到现在,我国高等教育改革逐渐聚焦到现代大学制度建设上来,也可以说,高等教育深化改革倒逼我们必须开展大学制度的改革和建设。这个时期的大学制度改革和建设,主要得益于 1992 年后社会主义市场经济的发展。邓小平同志的"南方谈话",是继"真理标准大讨论"后又一次重大的思想解放和中国特色社会主义理论创新。党的十四大明确提出我国要建设和发展社会主义市场经济体制,由此,社会主义市场经济的新思想和市场经济的新元素,开始影响我国高等教育改革和现代大学制度建设,具体体现是在 1993 年 2 月,中共中央、国务院发布了《中国教育改革和发展纲要》。该纲要明确提出,要把高等学校建设成为面向社会依法自主办学的法人实体。这一提法至少包含了三个方面的意思:一是高校要面向社会办学而不是面向政府办学;二是高校要依法自主办学,这实际上明确了办学自主权是大学依法设立后的"天然权利";三是高校是独立法人实体。这些方面触及我国现代大学制度建设的核心问题。

可以说,从 1992 年开始,我们才逐步认识到了现代大学制度建设的紧迫性和重要性。2010 年 7 月颁布的《国家中长期教育改革和发展规划纲要(2010—2020 年)》提出了教育领域的十大改革试点任务,实施现代大学制度改革试点就是其中之一。自该规划纲要颁布以来,我国在现代大学制度改革试点方面取得了显著成效。如 2011 年 11 月,教育部以教育部令的方式公布了《高等学校章程制定暂行办法》,该暂行办法明确提出:为完善中国特色现代大学制度,指导和规范高等学校章程建设,促进高等学校依法治校、科学发展,依据教育法、高等教育法及其他有关规定,制定本办法。该暂行办法公布后,全国高校都开展了大学章程建设,并按照大学章程办学。又如,2014 年 2 月,教育部发布的《高等学校学术委员会规程》(以下简称《规程》)明确要求,要确立学术委员会校内最高学术机构的地位,落实学术委员会职权;要遵循学术委员会的组成规则,保证学术委员会的代表性、权威性和公正性。全国高校按照教育部文件精神,统一实施了高校学术委员会改革。教育部政策法规司负责人表示,《规程》的发布是教育部推进现代大学制度建设,促进高校完善内部治理结构的又一重要举措。《规程》出台将切实提高学术组织在高校治理体系中的地位和作用,促进学术权力与行政权力的相对分离、相互配合,为在高校内部实现教授治学,形成鼓励教师专注学术、发展学术,构建以学术为中心的评价机制,提供制度保障。

虽然我国现代大学制度建设取得了显著成绩和重大进展,但进一步深化我国现代大学制度建设,依然面临两个关键性问题:一是在思想认识上如何正确认识现代大学制度的中国特色与普适性的关系;二是如何在现代大学制度建设的顶层设计上实现突破,改变"打补丁式"改革方式,在"四大关系"(政府与大学的关系、大学与社会的关系、大学与大学之间的关系、学术权力与行政权力的关系)的改革方面做出实质性改变,取得实质性进展。

首先,教育思想观念的改革是先导。建设中国特色现代大学制度,我们可以借鉴国外先进经验,但必须立足中国国情、扎根中国大地、体现中国特色。如何正确认识中国特色现代大学制度?中国特色现代大学制度有其独特内容,但在现代大学制度的一些共性极强的方面,我们不能因为过度强调现代大学制度的中国特色而忽视了现代大学制度的普遍性要求和规律。现代大学制度建设和发展是具有规律性的,我们还是要按照办教育、办大学的普遍规律来办,按照现代大学制度的普遍性要求来建设中国特色现代大学制度。

其次,如何在现代大学制度改革的顶层设计上,改变长期以来的"打补丁"思维。如上所述,1992年以来,我国现代大学制度建设和高等教育改革发展取得了历史性成就。但从整体上来说,我们遵循的主要是一种"打补丁"的建设思路和改革思维,通过"打补丁"方式来建设现代大学制度,来堵塞漏洞,增强高等教育的社会适应性。党的十九大报告提出,要加快一流大学和一流学科建设,实现高等教育内涵式发展。"双一流"建设与现代大学制度的深化改革之间具有密切关系。从西方国家的世界一流大学发展来看,现代大学制度为世界一流大学建设确立了制度基础,世界一流大学是一种制度文明的产物,是现代大学制度的产物。我国的"双一流"建设要走出一条新路,必须从建设中国特色现代大学制度入手,必须使"双一流"建设建立在中国特色现代大学制度的基础上。否则,我们将很难顺利完成"双一流"建设的目标和任务。

二、如何着力解决现代大学制度建设的关键性深层次问题

建设中国特色现代大学制度,必须着力解决现代大学制度建设中的深层次问题。高校自主权问题,就是建设中国特色现代大学制度的深层次问题之一。

改革开放40多年来,高校自主权问题一直是我国现代大学制度建设和高等教育治理变革中的核心主题。1979年12月,时任复旦大学校长苏步青等上海几所高校的领导人,在《人民日报》发表题为《给高等学校一点自主权》的文章,正式公开表达了高校自主权吁求。从此,高校自主权成为各个时期高等教育重要政策文件中必不可少的内容,成为我国现代大学制度建设和高等教育改革实践的焦点和难点问题。让人困惑的是,40多年来,高校自主权总是陷入"一放就乱,一乱就收,一收就死"的"放乱收死"怪圈之中,高校自主权一直在路上,总是得不到有效解决。问题的症结在于,我们一直局限在高校自主权的表面问题上,没有触及高校自主权的深层次问题——高校自主权的权利属性问题,即高校自主权的权利性质以及相应的权利归属问题。

长期以来,无论是政府还是高校,都是在政府与高校的行政关系中而不是在政府与高校的法律关系中来思考和解决高校自主权问题。因此,高校自主权的吁求思路是向政府"要权",政府部门的解决思路是向高校"放权",通过"高校要权"和"政府放权"来扩大和落实高校自主权。这种解决问题的思路,是导致高校自主权陷入"放乱收死"怪圈的重要原因。

对高校而言,高校认为高校自主权是政府下放的权力而不是自己依法拥有的权利,并且认为政府下放的权力随时可能被收回,因此,高校在获得某些自主权后过度使用自主权,导致办学过程中乱象丛生,即所谓"一放就乱",从而开启了"放乱收死"循环的第一个环节。同时,政府下放给高校的权力是行政性权力,作为学术组织的大学利用这种行政性权力来主导高校学术生产和人才培养,导致行政权力压制学术权力,这违背了学术生产规律和人才培养规律,导致高校"官本位文化"和长官意志盛行,也导致大学行政化运行。

对政府而言,政府通过放权和分权来扩大和落实高校自主权,表明政府所秉持的"高校自主权来自政府"的观念根深蒂固,认为高校自主权是政府授予的,而不是高校本身固有且依法确认的。政府向高校放权和分权,是行政性放权和分权,行政性分权是"把一些经过选择的决策权力部分地在行政系统内部下放到较低层次"①。这表明我国是将高校作为政府的附属机构和延伸机构来管理的,因而政府与高校的关系成为行政上的上下级关系。政府向大学进行行政性分权和放权,也意味着政府随时随地都可以收回下放给高校的自主权。当出现高校自主权"一放就乱"情形时,政府就必然要收权,从而导致"一收就死",由此不断上演"放乱收死"循环。

破解高校自主权问题上的"放乱收死"怪圈,需要我们转变思路,在政府与高校的法律关系中来寻求解决办法。其中的关键,是要准确界定高校自主权的权利属性问题,即高校自主权的权利性质和权利归属问题。

高校自主权是法定的学术权力而不是行政权力。现代社会中组织的权利性质与组织的性质高度相关。政府组织、企业组织、第三部门组织等,所拥有的权利的性质是不一样的。古往今来,无论中外,大学都以其鲜明的学术和文化组织特性而与政府组织、企业组织、第三部门组织等相区别。学术组织不是政府组织,不存在科层结构,往往具有"底部沉重"的特点,并常常表现

---

① 刘吉瑞.论行政性分权和经济性分权[J].经济社会体制比较,1988(3):8-14.

出"有组织的无政府状态"。高校作为学术组织的组织特性,决定了高校权利是学术性权利,即高校的权利和义务都是学术性的。高校依靠学术权力运行,以学术权力为中心构建起内部治理结构,从事学术生产和人才培养活动,追求学术卓越目标;高校向国家和社会所尽的义务也是学术性的——发展学术,发展科学,培养人才,以学术和文化方式服务社会等。

从高校自主权的权利归属来看,高校自主权是高校内生的天然权利,而不是来自外部的外生性权利。高校自依法设立之后便获得了自主权,无须政府赋予或下放。高校自主权是权利和义务的统一体,高校行使自主权需要遵循权利和义务统一的原则,既要不受包括政府在内的外部力量干扰,自主办学,同时又要尽到高校义务,包括主动接受政府监督和社会监督的义务。

高校自主权在西方语境中就是大学自治、学术自由。所谓大学自治,实质就是大学依法享有独立自主处理大学办学事务的权利,任何组织和机构都不得侵犯大学的自治权利。它既是对大学办学行为的约束,更是对大学外部组织的约束。在西欧中世纪大学时期,大学是研究高深学问的机构,大学自治权利一般来自具有法律效力的教皇特许状,因而大学自治权是法定的学术权利而不是行政性权利,是法律规定的大学免受教会和世俗王权等外部力量干预而自主办学的权利。中世纪大学既不是宗教组织,也不是世俗政府组织,而是具有独立地位的学术组织。大学办学事务就是学术事务,大学依法行使自治权来处理学术事务,其基本准则就是学者治校和学术自由。因而,大学自治、学术自由、学者治校成为西方大学的传统而绵延至今,成为西方国家处理政府与大学关系的基本准则。

明确了高校自主权的权利属性之后,我们还需要对高校自主权进行法律确认,包括对高校独立法人地位的法律确认和对高校与政府法律关系的确认。

第一,对高校独立法人地位进行法律确认,就是要从法律上明确规定高校是面向社会依法自主办学的法人实体。1993 年中共中央、国务院发布的《中国教育改革和发展纲要》(以下简称《纲要》)首次提出,要"使高等学校真正成为面向社会自主办学的法人实体"。"面向社会自主办学"表明高校享有自主办学的权利，而且是"面向社会"而不是"面向政府"自主办学的权利；"法人实体"概念的提出，表明高校是享有法定权利和义务的独立法人，是享有与政府平等法律地位的独立法人。我国的《高等教育法》虽然做出了高校自批准设立之日起取得法人资格的规定，并明确"高等学校应当面向社会，依法自主办学，实行民主管理"，但并没有确认高校是独立法人实体的法律地位。而2010年发布的《国家中长期教育改革和发展规划纲要》（以下简称《教育规划纲要》）没有采用1993年《纲要》提出的"使高等学校真正成为面向社会自主办学的法人实体"的提法，而是采用了"扩大和落实高校办学自主权"的表述。"高校是面向社会自主办学的法人实体"与"扩大和落实高校办学自主权"是有本质区别的，前者说明高校办学自主权是法定的内生性权利，后者说明高校办学自主权是政府赋予和下放的权利。这说明有关高校办学自主权的政策和法律仍有很大修改空间，对高校办学自主权进行法律确认，仍然任重道远。

第二，对高校与政府法律关系的确认，就是要明确政府与高校都是国家高等教育事业中具有平等法律地位的法律主体。从法律层面来讨论政府与高校的关系，首先需要对国家和政府进行严格区分，过去我们经常将两者混为一谈，认为国家就是政府，政府代表国家，由此产生了政府游离于国家法律之外的错误认识。我国宪法规定："国家发展社会主义的教育事业"；"国家举办各种学校"；国务院"领导和管理教育、科学、文化、卫生、体育和计划生育工作"。《高等教育法》规定：国务院统一领导和管理全国高等教育事业；国务院教育行政部门主管全国高等教育工作。由此可见，我国高等教育是国家事业，高校的举办者是国家而非政府，各级政府只是国家高等教育事业或高等教育工作的领导者、管理者或主管者。政府管理国家高等教育事业，管理国家举办的高校，必须遵守宪法和法律的规定，接受宪法和法律的约束。

高校是资源外部依赖性组织，高校办学需要充足的办学经费和人力资源。目前,我国高校办学经费主要来自政府拨款,高校领导人也由政府选拔和任命,政府因此而享有对高校自主办学的控制权。其实,从政府与高校的法律关系来理解,高等教育经费来自国家而不是来自政府。这就是说,是国家授权给政府管理高等教育经费的权利,政府提供高校办学经费和任命高校领导人是国家法律规定的政府权利和义务,政府并不能因此而享有对大学自主办学的控制权。而且如果政府提供办学经费不足,也要受到法律追究。

从政府与高校的法律关系来看,政府与高校是国家高等教育事业中具有平等法律地位的法律主体。宪法和法律赋予政府管理国家高等教育事业和高等教育工作的权利,并不代表政府的法律地位高于高校的法律地位。只能说政府和高校依法享有的权利内容是不同的,但两者在法律地位上是平等的。平等权是宪法和法律规定的实体性权利,包括法律面前一律平等和禁止差别对待。① 这就是说,一方面,政府实施高等教育管理和开展高等教育工作,也要受到国家宪法和法律的约束;政府发布的部门规章必须服从于国家法律,并且不能自己给自己授权,给自己以优先地位。另一方面,当高校自主权受到来自政府的侵害时,高校可以拿起法律武器来维护自主权。

三、如何以法治思维来推进中国特色现代大学制度建设

中国特色的高等教育制度和管理体制机制,决定了政府部门在建立和完善中国特色现代大学制度中具有决定性作用。政府的作用越重要,越需要正确认识以及科学利用和发挥政府的作用。

第一,要正确认识和把握政府在建设中国特色现代大学制度中的作用。1993 年中共中央、国务院发布的《中国教育改革和发展纲要》指出:政府要转变职能,由对学校的直接行政管理,转变为运用立法、拨款、规划、信息服务、

---

① 韩大元.宪法学[M].北京:法律出版社,2000:71-72.

政策指导和必要的行政手段,进行宏观管理。该《纲要》就政府发挥作用的具体方式做出了明确规定。推进中国特色现代大学制度建设,需要政府转变角色和职能。即政府要以公共事务组织者身份,以法治思维和服务性思维,利用政府自身优势,营造高等教育竞争的环境和条件。一方面为高校松绑,另一方面帮助高校提高自我约束能力和水平,把高校建设成为面向社会依法自主办学的法人实体。从紧迫性和长远性来看,政府要领导设计一种具有法律性质的现代大学制度,其核心是加强大学章程建设,赋予大学章程以法规甚至是法律的性质,而不仅仅是部门规章,使大学章程既发挥法律约束作用——约束大学办学行为、约束政府等外部利益相关者的行为,也发挥法律保护作用——保护大学自主权,保护大学有效行使自主权。落实和保护大学自主权,不是不要发挥政府的管理和监督作用,而是要确立法治思维和现代政府理念,从管理走向治理,改变政府独大,大包大揽,不计改革成本,缺乏多元治理意识的惯性思维。需要从改革政府自身开始,使政府部门主动下放权力并归还高校自主权,朝着把高校建设成为面向社会依法自主办学的法人实体的目标努力。

第二,要切实改变高等教育的双重体制机制,实现有为政府与有效市场的有机统一。1992年以来,随着我国社会主义市场经济体系的建立,我国高等教育形成了双重体制机制——政府计划体制机制与市场体制机制并存。因此,在高等教育管理和资源配置方式上,既有计划体制机制发挥作用,又有市场体制机制发挥作用。但由于长期以来形成的高等教育高度集权管理的传统惯性,政府主导的计划体制机制和行政性资源配置方式实际上占据着主导地位,政府部门实际上也决定着高等教育领域是否推行市场竞争机制,以及在哪些具体领域、在多大程度上推行和运用市场竞争机制。我国高等教育的这种双重体制机制阻碍了我国高等教育全面深化改革。党的十八届三中全会提出,必须积极稳妥地从广度和深度上推进市场化改革,大幅度减少政府对资源的直接配置,推动资源配置依据市场规则、市场价格、市场竞争实现效益最大化和效率最优化。我国的现代大学制度建设,必须以十八届三中全会精神为指导,着力实现政府职能转变,强化高等教育市场竞争机制,使市场竞争机制在高等教育资源配置中起决定性作用,形成有为政府与有效市场的有机统一。

第三,要将现代大学制度改革纳入法治化轨道。改革开放初期,是否勇于改革、实施改革曾经被作为评价政府政绩的重要标准。但随着改革不断深入和改革越来越具有系统性和复杂性,只是以"改革"作为评价政府政绩的标准的时代已经结束了。高等教育改革必须具有科学性和合法性,高等教育改革的成效和后果必须接受实践检验,政府设计和推进的高等教育改革必须接受监督和问责。当高等教育改革不能达到预期目标甚至出现严重失误时,必须要有相应的责任追究机制来实行责任追究和问责。只有建立相应的改革责任追究机制,才能使政府部门在设计改革、发动改革、推进改革时做到科学决策和民主决策,从而增强改革的科学性,减少随意性和主观臆断。因此,政府部门首先必须确立法治思维,自觉将现代大学制度改革纳入法治化轨道,以保证现代大学制度改革的合法性和科学性。特别是在设计、实施和推进涉及全局、影响深远的现代大学制度改革时,政府部门更应该利用政府在领导和管理公共事务时所形成的权威,以及自身在政策和信息方面的优势,将现代大学制度改革纳入法治化轨道,使政府依法改革、科学改革。即政府设计和主导的现代大学制度改革应该在法律框架内,要接受法律的约束和规范。重大改革方案必须经人大审议和授权,改革过程要接受法律问责、人大监督和社会监督。同时要注意避免政府在设计和推进现代大学制度改革时,出现自我赋权的情况——越改革,政府权力越大。

四、如何着力解决现代大学制度改革中的"改革悖论"

西方国家的现代大学制度是"早发内生型"现代大学制度,是在适宜的外部制度环境下,通过大学与政府、大学与社会、大学与大学之间关系的不断调适而自动生成的,是"遗传与环境的产物",是一个自然历史过程。我国是"后发外生型"现代化国家,我国近现代大学不是我国古代大学的自然延续,其在大学起源、大学使命、大学组织特性等方面与西方大学完全不同,要自动生成现代大学制度是不可能的。因此,我国的现代大学制度需要人为地去建设、去改革、去完善。现代化理论表明,"后发外生型"现代化国家的现代化运动和社会改革,必须由强大的政府来领导、来组织、来推进,强大政府在设计和推进现代化和社会改革方面,扮演着极其重要的角色。事实上,新中国成立以来的大学制度设计和高等教育体系建设,都是在强有力的政府主导下进行的。即使是在1992年以后,我国确立了社会主义市场经济体制,高等教育治理也开始引入市场机制,但强大政府对高等教育改革的设计和主导作用是绝对不能忽视的。就我国建设现代大学制度而言,当前最根本的和最重要的是改革政府与大学的关系,改变政府对大学的直接控制,扩大和落实大学自主权,建立政府、社会与大学之间的新型关系。高等教育改革实质上是权力和利益关系的调整,这就形成了我国现代大学制度改革的"改革悖论":现代大学制度建设和改革必须由政府设计、领导和推动,但现代大学制度的建设和改革又必须首先改革政府,以形成政府与大学之间的新型关系。在政府领导下对政府进行改革,政府及其行政管理系统如何能放弃既有体制机制下的既得利益? 政府推动对自己的改革如何可能?

要解决这种"改革悖论",只能寄希望于政府以"壮士断臂"的勇气来实现政府职能转变,让渡部分权力。我们已经看到,这些年来我国政府职能转变在经济领域迈出了很大步伐,树立了一个范例。在高等教育领域,我国推行"管办评分离"和"放管服改革",政府的行政审批事项在不断减少,大学自主权有不断扩大的趋势。但由于我们对高等教育性质的认识极具中国特色,高等教育领域和经济领域相比,其特殊性很多。因此,高等教育领域"改革悖论"的解决更具艰巨性和长期性。这就是说,我国的现代大学制度建设和改革不是一蹴而就的,只能立足中国国情和高等教育实际,走渐进改革之路,逐步形成有为政府与有效市场的有机结合和统一。同时,一国的大学制度并非只与大学相关,也并非孤立存在,它要受到国家治理体系和治理结构的深刻影响。因此,我国改革现行大学制度,建设中国特色现代大学制度,需要通过制度创新和文化创新来实现,需要做到与其他方面的改革和制度创新协同并进。

第三章　现代大学制度与世界
　　　　　一流大学建设

　　西方国家世界一流大学兴起与形成的历史说明:世界一流大学是一种制度文明的产物,这种制度文明包括了外部制度环境和现代大学制度两个方面。西方国家创业型大学的发展,既是西方现代大学制度的产物,又实现并引领着现代大学制度的创新发展。党的十八大以来,我国进入中国特色社会主义新时代,中国特色世界一流大学建设面临新的时代背景,担负着新的时代使命。这就需要通过大学制度创新不断完善中国特色现代大学制度,充分发挥中国特色现代大学制度的制度优势,探索中国特色世界一流大学的发展道路和发展模式。

第一节　制度创新与我国建设世界一流大学①

　　著名新制度经济学家道格拉斯认为:西方世界兴起的根本原因在于有效

---

　　① 本节综合《制度创新与我国建设世界一流大学》(发表在《现代大学教育》2001 年第 4 期)与《高等教育创新与我国现代大学制度建设》(发表在《深圳职业技术学院学报》2002 年第 3 期)的基本观点进行了全面修改。

率的组织在西欧的发展,经济增长并不是创新、规模经济、教育、资本积累所致,制度才是经济增长的关键因素。[①] 制度对经济增长如此重要,对世界一流大学建设同样重要。因此,我国建设世界一流大学,需要在保证投入的前提下,加大制度创新和体制创新步伐,着力建设和完善中国特色现代大学制度。

一、把大学当作学术组织来建设

西方大学的建立,其雏形是学者在共同的学术目标下自由结合而成的学者行会,它既不是宗教组织,也不是行政组织,而是学术组织。学术目标使它按照学术逻辑建立起独特的内部组织结构和运行机制,以学术权力为统帅,形成一种学术协商关系,而不是命令与服从关系。因此,它不仅反对任何外部权力的干预,也反对内部的学术压制与独裁。这就是大学自治、学术自由、学者治校的大学理念。在西方大学的演变过程之中,尽管大学不断地在适应社会变革中做出某种改变,特别是由于"经济力"的压制或驱动,政府对现代大学的控制或干预呈强化趋势,大学自治和学术自由受到威胁,但大学自治和学术自由的基本信念并没有动摇,它仍然是政府干预或控制大学的边界。政府即便是要控制大学,也只是将"行政力"通过市场机制实现对大学的"柔性控制"。之所以如此,原因在于西方传统把大学定位于学术组织,把大学作为学术组织来建设和管理。由此形成了一流大学成长和发展的内外部环境,形成了一流大学以学术发展为主旨,追求学术和真理,创造先进思想文化和科学成果,善于批判社会和引导社会前进的精神气质。

由于历史和文化传统的原因,我国大学长期在一种高度集权的行政体制中运行,这不仅使大学演变成为政府的附属机构或延伸机构,而且导致大学行政化运行。行政权力的强化和泛化,使大学缺乏学术价值追求,难以形成

---

① 道格拉斯·诺斯,罗伯斯·托马斯.西方世界的兴起[M].厉以平,蔡磊,译.北京:华夏出版社,1999:5-7.

或保持旺盛的学术活力。大学缺乏学术价值追求和学术活力，就很难做出原创性学术成果和培养出创新型人才，也就很难成为世界一流大学。因此，我国建设世界一流大学的当务之急，是要对大学有一个准确的定性与定位，在此基础上，从具有基础性和长远性的制度环境与现代大学制度的建设入手，把大学当作学术组织来建设，塑造现代大学的精神气质。

大学是社会的学术组织，主要通过学术研究产生的思想文化和科技成果来推动学术发展和社会进步。世界一流大学首先应当是高水平研究型大学，当前人们对于"研究型大学"的理解还只是停留在一般意义上，认为研究型大学就是以科学和学术研究为主、研究生教育规模较大的大学，还没有从大学的精神气质上去理解研究型大学。从根本上说，研究型大学首先表现为一种精神气质——强烈的学术价值追求，浓厚的学术自由空气，追求科学和真理的精神，学术思想自由和探索自由，等等。自 19 世纪中叶洪堡创立柏林大学之后，"学术自由""教学自由""学习自由"便成为世界大学的基本价值和基本准则。当然，在不同历史时期和不同社会环境下，学术自由有不同的规范和限度，但其维护学者自由地从事学术研究，免受非学术力量干预，保持学术发展的基本精神，却是清晰和一贯的。

从制度环境建设来说，我们要着手建立一种宽松的制度环境，明确大学的相对独立性，建立大学的相对独立机制，把大学作为社会的学术组织来建设，克服对大学过多的行政约束和干预。建立宽松的制度环境，还要引导和建立大学发展的公平竞争机制，强化大学的竞争意识。世界一流大学是在长期的竞争中脱颖而出的，在公平竞争中，大学在某些方面的优势得以显现，并为社会所公认。为了保持并扩大这种优势，大学得继续竞争，不敢有丝毫怠慢，大学的发展因此而充满活力。我国目前还没有建立大学之间的公平竞争机制，大学的发展还缺乏活力、动力和压力。这主要表现为教育行政部门的权力过于强大，不仅掌握着高等教育的发展资源以及资源分配权，而且主要采用行政性极强的资源分配方式来分配资源，由此不断强化了高校面向政府办学，导致高校面向政府竞争，产生高校竞争异化现象。

　　建立现代大学制度的目的，在于保障大学的学术价值追求，克服行政权力对学术权力的干预和大学学术权力行政化倾向，实现"两种权力"的有效平衡。现代大学制度其实是大学精神的外在体现，大学精神是大学制度中的"内隐制度"。世界一流大学主要是大学的外部制度环境和现代大学制度的产物。人们经常把世界一流大学同世界顶尖级的具有鲜明个性的思想家、科学家、政治家、教育家联系在一起，人们也经常感慨"五四"新文化背景下，北京大学和清华大学风云际会、大师云集的气象……这些其实来源于学术自由、兼容并蓄、学者治校这样的大学精神和大学制度。因此，我国建设现代大学制度，最根本的是要张扬一种深沉的、博大的、批判的、追求新知和真理的大学精神，克服大学行政化、官场化弊端，建立以教师为本、以学术带头人为中心的学术治理体系，建立公平、公正、公开的学术评价和人才竞争机制，从而营造有利于学术创新的内外部环境。对于建设世界一流大学而言，大学制度创新更具基础性和重要性。自 1979 年 12 月，时任复旦大学校长苏步青等在《人民日报》发出"给高等学校一点自主权"的呼吁以来，高校自主权问题一直受到人们的普遍关注。高校的自主办学意识不断强化，政府也在逐步下放高校办学自主权。但高校办学自主权问题，表面上是个"下放"或"回归"问题，其实是要加强建设的问题。如果没有对大学组织特性的正确认识，不对大学的权力进行准确定位，政府下放的和高校得到的仍然是行政权力，而不是大学作为学术组织所应有的学术权力。我国高校办学自主权之所以一再落入"一放就乱，一收就死"的怪圈中，是因为"放"与"收"的都是行政权力，政府和大学都把大学看作行政机构，大学所争取的也是行政权力。要跳出这个怪圈，政府主管部门和大学都负有建设大学学术权力的责任，都要把大学作为学术组织来建设，强化大学的学术权力。

二、解决好大学的定性与定位问题

我国大学的产生与发展,受到中国传统社会组织结构和传统文化的强烈影响,大学组织缺乏个性,独立性不强。行政力量的强化和泛化,导致行政逻辑泛化。学术组织也好,文化组织也好,都模仿行政组织建立其内部结构,遵循其运行逻辑。中国古代的书院,本来是作为科举制度的对立物而产生的,是学者们为了弘扬学术、研究学术所建立的具有某种自治性的学者团体,是学者自由探讨学术、发展学术的一种制度形式。但在中国古代皇权一统天下的大环境下,作为一种学术建制的书院制度,最终沦为科举制度的附庸,书院制度最终凋敝。

鸦片战争之后,西方大学制度作为一种制度文明,在坚船利炮的护送下来到中国,西方社会的大学理念以及对大学组织特性的认识开始影响我国。不仅西方的教会组织在中国建立了西方大学似的教会大学,而且留学生的回国,也带来了西方大学的理念与经验。如蔡元培先生认为,大学以研究高深学问、养成硕学闳材为目的。因此,他积极倡导现代大学精神,移植西方现代大学制度,开展现代大学制度探索。这种努力是卓有成效的。但由外力入侵所启动的中国后发外生型现代化面临着民族生死存亡这一大问题,救亡图存成为整个民族的头等大事,需要动员和整合全民族的力量来应对和解决。这在客观上刺激了政府力量的张扬,强化了现代政府在国家现代化进程中的重要领导作用。在这种情况下,作为学术组织的大学,只能隶属于政府的行政力量。随后的各种政治势力和军事势力旷日持久的权力之争,使人们来不及对大学组织的特性做太多思考,大学也成为政治权力争夺的对象,政治权力对大学的强力控制就成为必然,对大学组织特性的模糊甚至歪曲性认识也就在所难免。

新中国的成立使中国大学的建设和发展获得了广阔前景。但新中国成立初期所面临的复杂国际国内环境,赶超型现代化所固有的行政力量对社会组织的统帅和动员作用,使得我们把大学纳入直接的经济活动和政治斗争。发展到"文化大革命"时期,大学成为阶级斗争的主要场所,成为阶级斗争的工具。改革开放后,随着党的工作中心转移到经济建设上来,发展社会生产力成为首要任务。在科学技术是第一生产力的时代,大学促进科学技术和经济社会发展的作用为人们所认识,大学的建设和发展因而为人们所高度重视。但这并不意味着我们对大学的性质与功能有了正确理解,对大学有了准确的定性与定位。行政力量和行政控制在高等教育领域的影响还相当深远,大学对自己的定位也存有偏差。因此,我国建设世界一流大学,不能不回到大学到底是一种什么样的组织,如何才能全面而充分地发挥大学的作用这一根本性问题上来。这就使得大学的准确定性与定位,成为一个事关现代大学制度建设和世界一流大学建设的前提性问题。

三、建设有利于现代大学制度发育的制度环境

西方现代大学制度的发育和发展说明,现代大学制度不是偶然出现的,而是制度环境的产物。因此,我国建立现代大学制度,必须从建立有利于现代大学制度发育的制度环境入手。当前的制度环境建设集中体现为调整大学与政府、大学与社会的关系。政府用一种什么方式管理大学,大学如何看待社会与市场的需要,这不仅涉及对大学组织的定性问题,而且涉及大学以什么样的价值取向去认识社会需要和市场需要,以及如何满足这种需要的问题。

我国大学与政府关系的主要特征,是把大学看作政府组织的附属机构或者是延伸机构,采用高度集权和刚性的行政方式去控制和管理大学。大学因此缺乏自主权,缺乏自我责任意识,并对行政权力产生了制度性依赖。如前所述,这与中国的文化传统有关。我国经历了几千年的封建皇权统治,家国一体、权力崇拜意识已经深入到民族文化心理结构之中,所有的社会组织无

一例外地被编织在集权控制之下。大学长期在一种高度集权的行政体制中运行,大学的知识生产和人才培养被强大的行政权力所裹挟,行政运行中的"上级服从下级原则"演变为学术上的对权威的屈从和追求真理意识的淡化,"少数服从多数"原则转变为"学术民主"意识,导致学术探索意识和创新精神消解。政府与大学关系的行政化,以及行政权力的泛化和运用不当,导致大学缺乏相对独立的学术运行逻辑和学术价值追求,从根本上背离了大学的学术生产特性。因此,我国建设现代大学制度,实现大学制度创新,必须从改造和建设社会制度环境入手,以建立一个宽松的制度环境。这是"把高等学校建设成为面向社会自主办学的法人实体"的基本内涵。

现代大学正日益走向社会的中心,如何处理大学和社会的关系,大学以何种方式来满足社会的需求,是现代大学制度建设面临的重要问题之一。从总体上来看,西方大学受社会需要变化的影响,正日益与社会结合,以满足多样化社会需求,获取进一步发展的资源。美国的大学以多样化的大学结构对不断变化的社会需求做出快速反应和最大适应著称于世;日本的"国立大学独立行政法人化"措施的实施,表明日本的大学将成为面向社会自主处理大学与社会关系的主体。在市场经济环境下,我国大学与社会和市场的关系日益密切。值得注意的是,目前出现了一种大学一切以市场为导向,大学为市场所左右的现象。现代大学要有市场意识,要满足不断变化的社会需要,这是不言而喻的。但从根本上说,大学不是社会的经济组织,社会大系统的有效运行,有赖于各种社会组织各司其职,并达到功能耦合。否则,各种社会组织的功能交叉,会带来社会大系统的运行无序和社会组织的功能紊乱。大学作为社会的学术与文化组织,主要是通过学术研究与人才培养活动,发展科学技术与文化,为社会发展提供智力与文化支持,一方面满足社会和市场需要,另一方面引导社会思想文化的健康发展。因此,大学办学不能一切以市场为导向,被市场所左右。大学既要满足不断变化的社会需要,更要有效地引导社会需要。

四、着力调整大学内部治理结构

除了要建立一个有利于大学发展的外部制度环境外,现代大学制度建设还要落实到大学内部的组织和权力结构的调整上。西方大学不仅有着良好的外部制度环境,而且围绕学术自由、大学自治、学者治校的大学理念,在大学内部建立了以学术权力为中心的组织结构和权力结构。其典型特征就是以学术权力为中心,建立大学内部的相关机构,使大学事务真正为学术权力所领导。西方国家的世界一流大学,无一不是以学术权力为中心而建立起大学内部治理结构的。

相对于西方大学,我国大学的内部组织及其结构方式,是模仿行政组织,围绕行政权力建立来的,科层化特征比较突出。从学校内部组织的纵向关系上看,"校—学院(学部)—系—教研室"不仅都演化为行政性机构,而且形成了等级鲜明的行政控制关系。从学校内部组织的横向关系来看,学校的各个职能部门本来应该是为教学和科研服务的机构,但这些部门控制着办学的人、财、物等资源以及资源分配权,学术人员开展学术研究所依赖的资源,来自行政组织的分配和评价。这一方面使得学术人员对于学术的忠诚隶属于对行政权力的忠诚,另一方面导致大学的行政权力不断泛化,行政机构不断膨胀,"官本位"现象相当突出。更为深层的影响是,行政权力膨胀导致学者对权力的崇拜,导致学术研究不能以真理的探索为主旨,消解了学者的探索精神和创新精神。学者独立人格和学术精神的丧失,导致学者不再追求对知识和真理的自主表达。当然,现代社会凸显了行政组织及其行政权力的合理性和重要性,但在大学这种学术和文化组织内部,如何将行政权力控制在相应范围,使学术权力能够充分发挥作用,是现代大学制度建设所要解决的问题。因此,我国建设现代大学制度,迫切需要对大学的内部组织结构进行重构,需要围绕知识生产和学术工作,建立起相应的以学术为中心的管理模式,以有效调整学术权力与行政权力的关系,实现"两种权力"的平衡。

第二节　创业型大学兴起与现代大学制度建设①

党的十九届五中全会提出,要加快构建以国内大循环为主体、国内国际双循环相互促进的新发展格局,要把新发展理念贯穿发展全过程和各领域,实现经济社会高质量发展。"创新"不仅在新发展理念中居于首位,而且在现代化建设全局中具有核心地位。创新型大学(考虑到中国语境,这里采用了"创新型大学"这一约定俗成的概念)是贯通科技、产业、社会创新体系的枢纽,在推动经济和社会高质量发展中的作用越来越重要。建设创新型大学,是构建新发展格局、实现经济社会高质量发展的必然要求,是建设创新型国家、世界科技强国和高等教育强国的关键性举措。

一、创业型大学及其基本特征

从 20 世纪后期开始,知识产权的确认、创造和商业化成为各种学术系统的制度性目标(institutional objectives)。尽管各国大学具有不同的学术传统和民族文化教育传统,但似乎都在形成一种共同的创业范式(common entrepreneurial format)②,即出现了新的大学形态——创业型大学。创业型大学是一种仍处于不断变化之中的新的大学类型和大学形态,国际高等教育学术界对其还没有形成一致性认识。

---

① 本节内容发表在《教育研究》2021 年第 4 期,与姜远谋合作。
② ETZKOWITZ H,WEBSTER A,GEBHARDT C, et al. The Future of the University and the University of the Future:Evolution of Ivory Tower to Entrepreneurial Paradigm[J]. Research Policy,2000(29):313 - 330.

1. 从西方学者的相关研究,看创业型大学的内涵

克拉克(Clark,B.R.)与埃茨科威兹(Etzkowitz,H.)是创业型大学研究的先驱和集大成者,认识和理解创业型大学,有必要对其思想做溯源性梳理。克拉克虽然对创业型大学做过比较系统的研究,但他并未对"创业型大学"这一概念做出明确界定。他只是将"创业型"(entrepreneurial)作为他所考察的"努力从事改变大学一般特性的大学"的一个突出特征。"创业"是一个化理想为现实的过程,因而有魄力、敢于冒险、自我革新、有个性、独立自主等成为创业型大学的标签。克拉克区分了"创新型"(innovative)和"创业型",认为"创新型"是一个较为柔和、能避免很多消极含义的概念。尽管如此,他仍然选择了后者,因为"创业型"更能凸显努力变革自身状态的意向和行动。[①] 对创业型大学的研究,克拉克主要关注大学的组织转型问题,即大学如何通过组织变革以适应外部环境变化和回应外界需求,强调"创业"的旨归是"适应"和"自力更生"。这反映了克拉克创业型大学观的"适应论"基调。

何种大学可以在组织上成功实现创业性转型呢? 在克拉克看来,凡是具有变革精神且致力于改革实践的大学都是创业型大学,都可以实现组织上的转型。可见,克拉克对创业型大学的理解是比较宽泛的,像美国的斯坦福大学这样的研究型大学、澳大利亚的莫纳什大学这样的地方综合性大学、芬兰的约恩苏大学这样的职业型大学等,都可成为创业型大学。至于大学如何依靠创业行为进行组织转型,克拉克归纳了五条基本路径,这同时也是创业型大学的五个典型特征:能够协调新管理价值观和传统学术价值观的强有力的领导核心;发展性外围的拓展,即发展出易于跨越传统大学边界并与外界联结起来的校外办事处、研究中心等单位;多元化的资助来源以确保其自主性和独立性;激活的学术中心地带,主要包括系及各种跨学科研究中

---

① 伯顿·克拉克.建立创业型大学:组织上转型的途径[M].王承绪,译.北京:人民教育出版社,2003:导言 2.

心;由创业精神、创业信念、创业行动和支撑性的制度等构成的整合性创业文化。①

埃茨科威兹虽未对"创业型大学"做出明确界定,但我们可以从其对创业型大学的诸多表述中看出他对创业型大学的理解。埃茨科威兹认为,创业型大学将教学、科研与创业整合起来,②"突破和超越了以往学术的二元对立(象牙塔/理工学院;研究/教学),形成了新的综合体"③。基于历史视角,埃茨科威兹考察了研究型大学向创业型大学转变的过程。埃茨科威兹认为,研究型大学专注于人才培养和知识生产,对经济和社会的影响比较有限,因而只能作为社会的次要机构存在;而创业型大学则在研究型大学基础上,通过转化科研成果直接为产业和社会服务,因而成为经济和社会发展的引擎。④ 在埃茨科威兹看来,创业型大学是指在继承和拓展研究型大学培养人才和发展科学的传统职能基础上,注重通过培养创业型人才和知识资本化以促进经济和社会发展的新型大学。

埃茨科威兹对创业型大学的研究主要围绕大学与政府、产业界的关系展开,提出"三螺旋"理论,试图回答"大学如何发挥自身知识和人才优势直接推动经济和社会发展"这一问题。至于何种大学能够转型以获得"创业型大学"身份,基于大学使命的演变历程——从教学到科研再到创业,他认为,大学的创业活动是在科学研究的基础上展开的,因而只有像麻省理工学院等研究型大学才是创业型大学的起点。埃茨科威兹提出了创业型大学的五个标准或特征:知识资本化;与产业、政府相互依存;相对独立性;生成如研究中心、孵

---

① 伯顿·克拉克.建立创业型大学:组织上转型的途径[M].王承绪,译.北京:人民教育出版社,2003:4-7.

② 亨利·埃茨科威兹.三螺旋:大学·产业·政府三元一体的创新战略[M].周春彦,译.北京:东方出版社,2005:40.

③ ETZKOWITZ H. The Evolution of the Entrepreneurial University[J]. Technology and Globalization, 2004(1):64-77.

④ 亨利·埃茨科威兹.三螺旋:大学·产业·政府三元一体的创新战略[M].周春彦,译.北京:东方出版社,2005:32.

化器和科技园等"混成组织";大学内部结构随着大学与产业、政府之间的关系变化而持续革新,以更好地实现"第三使命"。①

克拉克与埃茨科威兹的创业型大学观,有一定差异和区别。其中,最为突出的区别表现在两个方面。第一,就视角而言,克拉克提出"五个要素"作为考察创业型大学的理论框架,关注的是大学本身的组织转型,而组织转型旨在适应环境变化以获取自身发展的资源;而埃茨科威兹则提出"三螺旋"理论,以阐明大学—产业—政府三方在创业过程中相互依存又彼此独立的关系。相较于克拉克的"适应论",埃茨科威兹所说的创业型大学是以使命变革引领组织变革,而不是因适应而变革。第二,就对象而言,克拉克认为,研究型、教学型等各层次和类型的大学都可以转型为创业型大学。在《大学的持续变革:创业型大学新案例和新概念》一书中,克拉克考察了欧洲、非洲、拉丁美洲、澳大利亚和北美各层次和类型的大学向创业型大学转变的历程。但在埃茨科威兹看来,只有研究型大学才能走"创业"道路,研究型大学是"过渡阶段的创业型大学"。②(见表 3-1)

表 3-1 克拉克与埃茨科威兹的创业型大学研究比较

比较维度	克拉克	埃茨科威兹
研究主题	大学的组织转型问题;大学如何实施组织变革以适应外部环境变化。——大学适应论	从学术革命视角来研究大学与政府、产业界的关系。——大学引领论
研究对象	具有变革精神并着手进行改革实践的高等教育机构	麻省理工学院、斯坦福大学等世界一流研究型大学
创业型大学的基本任务	通过变革组织运作方式以适应外部环境的变化,获取组织生存和发展的必要资源。——适应性的组织变革	通过培养创业人才和技术转移来构建区域创新体系,引领和促进区域经济和社会发展。——使命变革引领组织变革

---

① ETZKOWITZ H. The Evolution of the Entrepreneurial University [J]. Technology and Globalization,2004(1):64-77.

② 亨利·埃茨科威兹.三螺旋:大学·产业·政府三元一体的创新战略[M].周春彦,译.北京:东方出版社,2005:38.

续　表

比较维度	克拉克	埃茨科威兹
创业型大学的基本特征	强有力的领导核心;发展性外围的拓展;多样化的资助基础——自由资金收入;激活的学术中心地带——系及各种跨学科研究中心;整合的创业文化——集中型的创新主义	知识资本化;与产业、政府相互依存;相对独立性;生成如研究中心、孵化器和科技园等"混成组织";大学内部结构随着大学与产业、政府之间的关系变化而持续革新

尽管克拉克与埃茨科威兹所理解和定义的创业型大学存在差异,但在以下两方面具有共性。首先,创业型大学追求独立自主。自中世纪大学诞生以来,大学自治和学术自由一直是大学所追寻的理想。但大学发展不仅要遵循其内在的学术逻辑,也因其深嵌于社会结构而须对外部环境有所回应,因而大学在历史上从未有过真正意义上的自治。[①] 自由资本主义背景下的高等教育财政缩紧政策和高等教育资源配置的市场化,使得大学竞争日益激烈,给大学带来了残酷的生存压力。由此,20 世纪 60 年代以来,一些大学主动尝试开展创业活动,试图通过经费来源多元化为生存和发展赢得更大空间和更多资源,以实现更高层次的大学自治和学术自由。在 20 世纪 60 年代早期,就有学者指出,20 世纪大学自治的前提是不依赖于单一或狭窄的资助基地。[②] 克拉克也指出,"从财政上来说,自力更生在于有一个宽阔的收入来源组合(abroad portfolio of income sources)"[③]。反过来也可以说,大学追求收入来源多元化,旨在促进大学自治与学术自由。赞助者所给予大学的毕竟只是形式上的自治,并不能保证大学主动自决,所谓自治的大学依然是被动的机

---

① 克拉克·克尔.高等教育不能回避历史——21 世纪的问题[M].王承绪,译.杭州:浙江教育出版社,2001:序言 5.
② 转引自伯顿·克拉克.建立创业型大学:组织上转型的途径[M].王承绪,译.北京:人民教育出版社,2003:6.
③ 伯顿·克拉克.大学的持续变革:创业型大学新案例和新概念[M].王承绪,译.北京:人民教育出版社,2008:234.

构。① 在埃茨科威兹看来,创业型大学是不从属于任何组织的、相对独立的社会学术机构,是与政府和企业一样、具有平等身份的创新主体。原因在于,创业型大学可通过知识资本化挣得自己生存与发展所需的资源,进而把对政府和市场的依赖程度降到历史最低点——创业型大学或许是高等教育史上最自由自主的高等教育机构。②

其次,创业型大学注重开展创业活动。为了在充满不确定性的环境中把握自己的命运,大学开启了市场化生存模式——发挥自身的智力优势主动投身商业活动当中。这种通过在市场中交换学术资源以创造价值的努力,被斯劳特(Slallghter,S.)等学者称为"学术资本主义"③。为了推进创业活动,创业型大学着重在两个方面下功夫。一是注重发展与外界联系的创业型机构。克拉克和埃茨科威兹都强调创立服务于大学创业活动的机构,如跨学科研究中心、科技园、技术转移办公室、非营利性科研基金会等。这些组织模糊了大学与社会其他系统的界限,促使知识资源向知识资本转化。二是着力培育创业文化。创业文化是指与创业有关的行为规范、信念体系和心理意向的整合体,其核心是创业精神。创业精神不仅是经济学层面的敢于冒险去创造商业价值的信念和意态,还在更高层面上表现为奋发进取、勇于拼搏的精神状态。埃茨科威兹将具有创业精神的管理人员和广大师生视作创业型大学的四大支柱之一。④ 克拉克则认为,一体化的创业文化是创业型大学的五个基本特征之一。⑤ 两人都认为,创业型大学非常重视培育和激发师生的创业精神和

① 伯顿·克拉克.建立创业型大学:组织上转型的途径[M].王承绪,译.北京:人民教育出版社,2003:3.
② 温正胞.大学创业与创业型大学的兴起[M].杭州:浙江大学出版社,2011:214.
③ 希拉·斯劳特,拉里·莱斯利.学术资本主义:政治、政策和创业型大学[M].梁骁,黎丽,译.北京:北京大学出版社,2014:8.
④ 亨利·埃茨科威兹.三螺旋:大学·产业·政府三元一体的创新战略[M].周春彦,译.北京:东方出版社,2005:31.
⑤ 伯顿·克拉克.建立创业型大学:组织上转型的途径[M].王承绪,译.北京:人民教育出版社,2003:3-4.

创业信念。这意味着,教师要将研究的学术价值与商业价值融合,通过企业咨询、研究成果转化、创办基于研究成果的企业等形式参与经济活动;同时,通过创业教育将学生培养成为创业型人才。

创业型大学突破了传统大学的组织结构,拥有跨学科研究中心、科技园、技术转移办公室等创业型单位,通过培养创业型人才、开展科研活动并转化科研成果和直接参与创办高科技公司等组织行为,产出人力资本、智力资本和社会资本,强化其在经济和社会发展中的基础性地位,成为现代社会轴心机构。

2. 从大学形态演化,看创业型大学的基本特征

创业型大学的形成并非一蹴而就,而是不断走向成熟的动态过程,表现出较明显的阶段性特征。有学者认为,创业型大学主要经历三个发展阶段。[①]第一阶段是进取型大学(Proactive University)。进取型大学主要指那些保持进取和革新精神,通过实施变革行为来应对外部环境变化的大学。其变革的目的在于达成与外部环境的平衡并获得合法性存在的基础,其核心诉求是获得办学自主权——这是创业型大学发展的前提条件。第二阶段是创新型大学(Innovative University)。创新型大学主要是指那些致力于科学研究,并通过培养创新型人才和科研成果转化而间接为经济社会发展服务的研究型大学。成熟的创新型大学以知识资本化为主要组织行为,因而开展科学研究以创造知识资源成为传统大学转型的关键。第三阶段是创业型大学(Entrepreneurial University)。创业型大学是指具有强烈创业精神、较强科研实力及成果转化能力,并以引领区域经济和社会发展为新使命的新型大学组织形态。

在我国语境中,人们对创新型大学与创业型大学一般不作严格区分,采

---

① 陈汉聪,邹晓东.发展中的创业型大学:国际视野与实施策略[J].比较教育研究,2011(9):32 - 36,59.

用"创新型大学"的说法比较普遍,也有"创新创业教育"的说法。这是因为,创业型大学与创新型大学关系密切,两者都强调变革精神、进取精神和创新精神。因为不管是学术取向的科学研究还是市场取向的知识应用,事实上,都是建立在创新基础上的。但是,我们不能因此而忽视两者的区别。表3-2从人才培养类型、科学研究、知识生产理念和方式、是否创办企业、与外部组织的关联度、大学职能、大学作用、与大学制度的关系等方面,对创新型大学与创业型大学的特征进行比较,揭示二者差别。一是创业型大学实现了大学组织结构的创新,在组织形态和组织性质上更接近于企业,类似科技创新型企业,深度体现了企业家精神。二是创业型大学在秉持学术资本主义知识生产理念的基础上,主要采用知识生产模式Ⅱ①开展知识生产活动。三是创业型大学主要为发展"校友经济"而培养创业型人才,同时开展具有商用价值的科技开发和成果转化活动,并直接参与创办创新型高科技企业。四是创业型大学将引领技术创新和经济发展,主导社会变革作为自己的使命,成为经济发展的"引擎"、技术创新的领导者和社会变革的中坚力量。与创新型大学更为不同的是,创业型大学突破了既有的大学制度框架,创造了一种新的大学制度,因而在现代大学制度发展过程中具有里程碑意义。

表3-2　创新型大学与创业型大学的特征及其区别

比较维度	创新型大学	创业型大学
人才培养类型	具有创新精神的人才	创业型人才
科学研究	开展科技创新研究活动;联合企业进行部分成果转化	开展具有商用价值的科技创新研究活动;自身进行科研成果转化
知识生产理念和方式	学术共同体;知识生产模式Ⅰ②	学术资本主义;知识生产模式Ⅱ

①　迈克尔·吉本斯在《知识生产的新模式》中提出,知识生产模式Ⅱ,即在应用环境中,利用交叉学科研究方法,更加强调研究成果的绩效和社会作用的知识生产模式。

②　迈克尔·吉本斯在《知识生产的新模式》中提出,知识生产模式Ⅰ,即基于牛顿模式的科学研究、以单学科研究为主。

续　表

比较维度	创新型大学	创业型大学
是否创办企业	一般不独立创办企业	吸引外部资金开发新产业;创办衍生高新科技企业;培育和发展"创业和校友经济"
与外部组织的关联度	关联度不高	关联度高。聚集有大量企业论坛、创业家网络等社会组织
大学职能	传统"三职能"	将促进和引领经济和社会发展拓展为大学新职能
大学作用	经济发展和社会变革的"助推器"	经济发展的"引擎";技术创新和经济发展的先行者和领导者;社会变革的中坚力量
与大学制度的关系	是既有大学制度的产物	创新了大学制度

二、创业型大学的独特精神气质及其形成原因

通过与创新型大学的比较,我们揭示了创业型大学的若干典型特征。这些典型特征,其实是创业型大学独特精神气质的反映。是什么导致创业型大学形成了独特的精神气质?为何西方国家的大学能发展成为创业型大学,并形成独特的精神气质呢?

1.创业型大学的独特精神气质

克拉克和埃茨科威兹都对创业型大学的精神气质进行过某种描述,但两人对其理解并不完全相同。克拉克所理解的"创业"是广义上的,即奋发进取、勇于化理想为现实的意志和行动。因此,在他看来,创业型大学的精神气质主要表现为敢于冒险、富于创新、积极进取的企业家精神。埃茨科威兹则趋向于从狭义经济层面的角度来理解"创业",即敢于承担风险去创造商业价值。因此,他认为,创业型大学因基于从知识、技术中获得经济收益的理念,而表现出

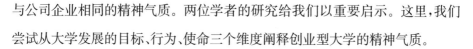

与公司企业相同的精神气质。两位学者的研究给我们以重要启示。这里,我们尝试从大学发展的目标、行为、使命三个维度阐释创业型大学的精神气质。

(1) 大学发展目标从追求一流到追求卓越

追求一流的目的在于成就自己。所谓"一流大学",实际上是既有大学体系框架下的佼佼者和竞争成功者,其"一流"标准来自外部参照系。由于"一流"的标准是外在的、既定的,因而大学追求一流的过程是一个有限的过程,即随着一流目标的实现而止步。而追求卓越则超越了单纯的生存需求,旨在通过成就自己而成就别人。追求卓越的大学具有真正的创业精神,因而敢于率先突破旧体系框架,不断开拓新体系框架。其追求卓越的不竭动力源于其内在持续的发展愿望,试图在自己的参照系中自力更生并做更好的自己——创业的过程永无止境。在克拉克看来,这种持续、稳定的自我革新状态是大学"第一流的竞争优势"[①]。当然,大学追求卓越是以学术卓越为核心的。作为学术组织,大学保持学术上的进步是其能长久立足社会的根本所在。中世纪大学追求的是知识传播意义上的卓越,19 世纪的德国大学追求的是知识创造意义上的卓越,20 世纪以来的美国大学追求的是知识应用意义上的卓越。在大学的历史长河中,大学的合法性来源表面上会随着时代变更而有所变化,但实质上源自大学对学术卓越的无止境追求。

(2) 大学发展行为从守成到创新

自中世纪大学以来,大学的职能从传承知识到创造知识,再拓展到应用知识,其行为性质也逐渐从保守趋于开放。传统大学被看作保守性组织,大学的活动就是传承千百年来人类创造的优秀文化成果,并用这些文化成果培养人才。源起于德国而成熟于美国的研究型大学,虽然在一定程度上实现了大学的使命创新和组织创新,如确立发展科学的大学使命、建立研究生院、设立科研实验室、创设相较于传统讲座制而言更符合科学既分化又综合之趋势

---

① 伯顿·克拉克.大学的持续变革:创业型大学新案例和新概念[M].王承绪,译.北京:人民教育出版社,2008:239.

的系科制等,但它仍然是学术共同体组织,只不过是从中世纪大学的学者行会转变为现代学术共同体。总而言之,研究型大学围绕其创造新知识的核心使命而开展比较纯粹的学术生产,即主要采取知识生产模式Ⅰ来开展学术生产活动。

创业型大学是在高等教育财政危机和知识经济时代初见端倪的背景下,建立在研究型大学基础之上的新型高等教育组织。它创新了传统的学术概念,在价值取向上主张学术资本主义,使"象牙塔型"知识转变为"商品型"知识;在组织形态上突破并模糊了研究型大学的组织边界,创建了技术转移办公室、跨学科研究中心、孵化器和科技园等创业型单位,使大学与外界特别是产业界的联系更为直接,大学也因此成为"准公司"组织,其运作更接近于公司的行为模式。

(3)大学使命和责任从适应社会变革到引领社会变革

大学的产生和发展与特定的历史环境和条件密切关联。12世纪时,西欧城市的兴起、商业的出现、贸易的扩大、知识阶层的形成,以及尚文之风取代尚武之风等因素,共同催生了中世纪大学。出于培养牧师、律师、医生和世俗官员的目的,中世纪大学设置了文、法、医、神四科,其中法、医、神属于职业性学科,文科则是以"七艺"为主的、预备性质的学科。可以说,那时的大学是培养行业、教会和政府所需专业人才的职业学校。① 此后,在文艺复兴、科学兴起、产业革命、科技革命等时代背景下,大学不断发展和演变,从中世纪时期拥有诸多自治特权,到民族国家兴起后的国家介入和产业革命以来的企业需要,大学的根系愈发深扎不断发展变化的社会。大学由此变得越来越复杂,由纽曼(Neman,J. H.)理想中的"古典大学"转变为弗莱克斯纳(Flexner,A.)眼中的"现代大学",再到克尔(Kerr,C.)所指称的"多元化巨型大学",大学承担起越来越多样化的社会职能,拥有若干社群,与外界的界限越来越

---

① 伯顿·克拉克.高等教育新论——多学科的研究[M].王承绪,徐辉,郑继伟,等译.杭州:浙江教育出版社,1988:29.

模糊,几乎同当地各行各业、各级政府,以及所有个人都有某种形式的接触。①总体来说,大学的演变过程就是一个不断适应外部环境变化的过程。大学总是在已有的、限定的社会条件下获得存在合法性基础。例如,中世纪大学的合法性建立在通过培养专业人才来满足当时的社会需要上,英国的大学以提供自由教育来确立自己的社会地位,德国的大学致力于科学研究,而美国的"赠地"大学则以为社会和国家的发展服务为存在根基。② 由此可见,大学的使命就是适应不断变革的社会秩序和社会条件,以跟上时代步伐、免被时代抛弃。大学所做的一切改变和更新,都是为了自己的适应性生存。

　　大学能否创造出新的社会环境和社会条件? 能否从适应社会变革到引领社会变革? 能否从适应性生存到超越性生存? 在创新经济时代,大学能否像企业一样成为国家创新体系中的创新主体? 创业型大学用自身的实践对此做出了肯定性回答。在以知识为基础的社会中,大学、政府、企业都是"三螺旋"创新系统的重要成员,各自承担其主要职能:企业是生产活动的场所,政府扮演制定和协调契约关系的角色,大学则作为新知识与技术的源泉。③大学与政府、产业既相互依存又相对独立,除了完成其传统的教学、科研任务,还通过智力优势及其转化来发挥其他机构范围的作用。④ 大学与产业界一样,是创新经济的先行者和引领者;大学与政府一样,是社会变革的中坚力量。基于为社会创造价值的共同目标,大学通过与产业界和政府部门平等合作,成为国家创新体系的参与者和构建者。创业型大学在积极完成创业任务、引领经济社会发展的同时,反过来又加固和提升了自己在"三螺旋"体系中的主体地位,使大学—产业—政府的联系更加紧密、丰富和良性。总之,创

① 克拉克·克尔.大学的功用[M].陈学飞,等译.南昌:江西教育出版社,1993:5-12.
② 约翰·S.布鲁贝克.高等教育哲学[M].王承绪,郑继伟,张维平,等译.杭州:浙江教育出版社,2002:3-4.
③ 亨利·埃茨科威兹.三螺旋:大学·产业·政府三元一体的创新战略[M].周春彦,译.北京:东方出版社,2005:导言2-3.
④ 亨利·埃茨科威兹.三螺旋:大学·产业·政府三元一体的创新战略[M].周春彦,译.北京:东方出版社,2005:导言12.

业型大学通过汇入企业家精神和开展创业活动,从里到外在全新意义上改变了传统大学和高等教育的基因。

2. 创业型大学独特精神气质形成原因

创业型大学独特精神气质的形成原因可能是多方面的。比如,由中世纪大学奠定的大学自治、学术自由、学者治校理念和传统,为西方学者所津津乐道的大学竞争,以及最近这些年来人们所关注的知识转型和知识生产方式转型,等等。但现代大学制度可能是更为根本的原因。在某种意义上,我们可以说,是现代大学制度成就了创业型大学,创业型大学又以其独特精神气质创新了现代大学制度。现代大学制度主要包括国家层面的大学治理体系和大学层面的内部治理结构,主要是对大学与政府的关系、大学与社会的关系、大学与大学的关系、大学内部学术权力与行政权力的关系等做出的制度安排。[①] 从这种制度安排中,我们可以看出创业型大学独特精神气质的形成原因。

(1) 大学与政府是法律意义上的平等主体

作为学者行会的中世纪大学是西方现代大学的直接源头。在与教会和世俗王权的博弈中,中世纪大学形成了大学自治、学术自由、学者治校的理念和大学制度雏形,获得了作为法人实体的大学独立法人地位。“从高等学校法人制度的历史沿革来看,它由两个基本要素构成:一是组织要素,即独立自治的行会组织形态;二是法律要素,即赋予其法律人格和特权的特许状……它使大学在一定程度上摆脱了受控制和支配的地位,为大学自治和学术自由的实现提供了制度保障。”[②] 这种大学法人自治传统一直影响着西方大学处理与政府的关系,大学天然地享有法律赋予的自治权,大学与政府是法律意义上的平等主体。与这种平等法律地位相应的是,西方国家的高等教育治理模

① 张应强,蒋华林.关于中国特色现代大学制度的理论认识[J].教育研究,2013(11):35-43.
② 罗爽.论高等学校法人制度的根本性质及其意义[J].高等教育研究,2014(3):15-24.

式主要采取"准市场化治理模式"①。政府对大学的管理可通过竞争机制在宏观上引导大学办学,但不能干预大学自主办学。"准市场化治理模式"使得政府要求大学服务国家和社会发展需要,以及与大学坚守大学自治和学术自由理念所形成的矛盾和冲突,在很大程度上得以缓和。

(2) 大学直接面向社会需要和市场办学

在科学革命和产业革命以前,作为"象牙塔"的大学与社会保持着若即若离的关系,教堂的钟声就是大学活动的节律。随着后工业社会的兴起和知识经济时代的来临,大学成为一个拥有众多利益相关者的社会机构。为了回应不断变化和日益多样化的社会需要,也为了争取更大生存空间与更多发展资源,大学或主动或被动地融入社会,从而与社会建立直接的利益关联。为了更好地与社会打交道,大学建立了诸如董事会等制度,形成大学与社会有效沟通、互动的通道和平台,使社会参与大学治理具有相应的制度基础。大学因此而略过中间环节直接面向现实社会和市场需要办学,进而能对不断变化和多样化的社会需要做出最快的反应和最大的适应。

(3) 大学与大学形成基于竞争的合作关系

高等教育资源的有限性决定了大学之间竞争关系的必然性。充分的大学竞争形成各不相同的大学发展定位和服务面向,导致大学多样化,由此形成不同类型和层次的大学之间的功能互补和合作关系。就大学自身而言,大学与大学是一种竞争关系;但就整个大学系统的功能而言,大学与大学是一种互补和合作关系。大学的多样化发展,是社会需求多样化的客观要求和反映。由于社会具有高度复杂性以及人类的价值期待极其多样,以提供高等教育为基本使命的任何一类大学都无法以一己之力来全面应对外界的需求,因而大学的多样化和差异化是必要的,也是必然的。美国高等教育史上曾多次

---

① 张应强,张浩正.从类市场化治理到准市场化治理:我国高等教育治理变革的方向[J].高等教育研究,2018(6):3-19.

出现创办一所国家样板大学的提议,但均"胎死腹中"。一方面,人们担心国家样板大学会阻碍大学竞争,不利于大学的多样化发展;另一方面,同质化的大学系统无法满足知识经济社会的多样化需求,以及人们对高等教育个性化和多元化的价值期待。

(4)大学以学术权力为核心形成大学内部治理结构

西方大学以其学术组织特性而与其他社会组织相区别。作为学术组织,大学呈现"底部沉重"而内部为"矩阵结构"。西方现代大学基于中世纪大学时期的学者治校传统,以学术权力为核心和主导,形成学术权力与行政权力协商和平衡的扁平化内部治理结构。如作为学术力量的主要代表,教授评议会负责管理学校学术事务,使学术权力与行政权力保持平衡。英国古典大学将教授评议会作为最高权力机构,学校管理以教授评议会为核心;教授评议会主持学术工作,负责校长选举,校长须服从评议会的决议。[①]

(5)学术的内涵和性质的变化导致大学内部治理结构变化

中世纪大学之最初形态,是基于学术交流与知识授受目的而组成的师生学术团体,它们依照行会制度运转,逐渐形成自身特性。在以后的大学演变和发展过程中,学术的内涵和性质的变化、学术生产方式变革驱动着大学组织变革,主导着大学内部治理结构调整,突破了传统的大学制度框架。在"后学院科学时代"(post-academic science times),科学越来越被视为促进经济和社会发展的强有力工具,大学知识生产活动越来越受到政府和产业界的影响,因而知识和学术的性质发生了重大变化——基于知识自身逻辑发展的象牙塔型知识转变为由社会需求逻辑主导的应用性和商业性知识,大学教师则成为"产业科学家"(industrial scientists)。[②] 因此,大学内部出现众多以解决社会现实问题为导向的跨学科研究组织,以及为促进知识资本化而设置的科

---

① 许为民,张国昌,沈波,等.学术与行政:中外大学治理结构案例研究[M].杭州:浙江大学出版社,2013:81-82.

② 约翰·齐曼.真科学——它是什么,它指什么[M].曾国屏,匡辉,张成岗,译.上海:上海科技教育出版社,2002:94.

研成果转化机构。为知识而知识的学术共同体，演变为一种追求经济效益和社会效益的准市场化组织。随着经济和社会的不断发展，学科交叉融合成为新趋势。作为对这种趋势的回应，麻省理工学院以其前瞻性率先借鉴并引入企业管理中的虚拟研发组织理念与方法，并建立了大量的虚拟跨学科组织（Virtual Interdisciplinary Organization，以下简称 VIO）。VIO 基于信息技术手段，将拥有相同目标的多学科组织纳入紧密关联的网络，优化和整合了先前较为分散的教育资源，从而增强了大学对外部环境的应变能力。①

三、完善中国特色现代大学制度，促进创新型大学建设

从西方国家创业型大学成长和发展的经验来看，创业型大学既是现代大学制度的产物，又促进了现代大学制度变革。因此，我国建设创新型大学，一方面要充分发挥中国特色现代大学制度的制度优势，另一方面要加快完善中国特色现代大学制度，实现高等教育治理体系和治理能力现代化。

1. 充分发挥中国特色现代大学制度的制度优势

经过近代以来的艰难探索，特别是新中国成立之后，我国建立了既具有现代大学制度普遍性特征，又体现国情和文化教育传统的中国特色现代大学制度。相较于西方国家的现代大学制度，中国特色现代大学制度的本质特点主要表现在三个方面：一是坚持党对高等教育的全面领导，将发展高等教育作为国家事业；二是中央政府管理全国高等教育；三是高等学校实行党委领导下的校长负责制。这三个本质特点为中国特色现代大学制度的制度优势奠定了基础。

（1）坚持党的领导，将发展高等教育作为国家事业，有利于保证高等教育的正确发展方向，实现高等教育高质量发展

我国是中国共产党领导的社会主义国家,这是我国的最根本和最基本国情。坚持党对高等教育事业的全面领导,不仅有利于保证高等教育的社会主义性质,而且使得将发展高等教育作为国家事业成为可能。《中华人民共和国宪法》第十九条规定:"国家发展社会主义的教育事业,提高全国人民的科学文化水平。国家举办各种学校,普及初等义务教育,发展中等教育、职业教育和高等教育,并且发展学前教育。"《中华人民共和国高等教育法》(以下简称《高等教育法》)第三条规定:国家"遵循宪法确定的基本原则,发展社会主义的高等教育事业"。宪法和法律明确规定高等教育是国家举办的国家事业,(公办)高等学校是国家举办的具有一定公益性的"事业单位"。国家举办高等教育事业,一方面,保证了高等教育基本经费投入,有利于从国家事业层面统筹规划高等教育发展,实现高等教育与其他国家事业的协调发展。改革开放以来,我国将科教兴国、人才强国、教育强国纳入国家战略,动员全社会力量,加大高等教育经费投入和发展资源供给力度,推动了高等教育事业高速发展,体现了国家举办高等教育事业的制度优越性。另一方面,有利于促进高等教育公平和社会公平。《高等教育法》第八条规定:"国家根据少数民族的特点和需要,帮助和支持少数民族地区发展高等教育事业,为少数民族培养高级专门人才。"《高等教育法》第九条规定:"国家采取措施,帮助少数民族学生和经济困难的学生接受高等教育。高等学校必须招收符合国家规定的录取标准的残疾学生入学,不得因其残疾而拒绝招收。"国务院教育行政部门还针对促进中西部高等教育发展、教育扶贫、国家助学贷款、保障农村贫困地区学生入学机会等制定大量部门规章和政策,以实现高等教育公平和社会公平。这些充分体现了将发展高等教育纳入国家事业的优越性和制度优势。

(2)中央政府管理高等教育有利于高等教育全国统筹和整体发展

《高等教育法》第六条规定:国家根据经济建设和社会发展的需要,制定高等教育发展规划,举办高等学校,并采取多种形式积极发展高等教育事业;第十三条规定:国务院统一领导和管理全国高等教育事业;第十四条规定:国务院教育行政部门主管全国高等教育工作,管理由国务院确定的主要为全国培养人才的高等学校。中央政府对高等教育和高等学校的整体规划和全国统筹,充分体现了中国特色现代大学制度的优势。一是有利于协调区域高等教育发展,完善现代高等教育体系。我国是一个区域经济和社会发展极不平衡的国家,西部地区、东北地区、老少边穷地区的高等教育还比较落后,如果没有中央政府的全国统筹管理,不仅上述地区的高等教育得不到发展,而且会影响高等教育现代化进程和高等教育强国建设。二是有利于加快世界一流大学建设步伐,建设一流高等教育体系。中华人民共和国成立不久,即开始实施重点大学制度。改革开放后,又开展"重中之重"建设。20 世纪 90 年代以来,通过实行目标导向的政策干预,先后启动和推进了"211 工程""985 工程""2011 计划"和"双一流"建设等高等教育重点建设工程和计划。通过重点建设一批具有竞争力的重点大学和相关学科,进而带动整个高等教育系统的优化重组,形成一流的高等教育体系,实现高等教育的高质量发展。

(3)党委领导下的校长负责制有利于优化大学内部治理体系和治理结构

新中国成立以来,高等学校内部领导和管理体制经过长期探索和多次调整,最后形成党委领导下的校长负责制。《高等教育法》第三十九条规定:"国家举办的高等学校实行中国共产党高等学校基层委员会领导下的校长负责制。"党委领导下的校长负责制是由法律规定的高等学校内部领导与管理体制,是国家治理逻辑在高等学校内部治理体系中的反映。这一制度安排强调高等学校党委对高等学校办学的政治领导、统一领导和集体领导,是建立"校长治校、教授治学、民主管理"内部治理体系和治理结构的基础。

"校长治校"是指以校长为首的行政管理团队在高等学校教学、科研和其他行政管理工作中拥有相应的行政权和决策权。《高等教育法》第四十一条规定:高等学校的校长全面负责本学校的教学、科学研究和其他行政管理工作,具体行使六个方面的职权。高等学校具有行政组织的某种特性,高等学校行政事务面广事多,需要以校长为首的行政管理团队充分行使行政管理权。这就决定了"校长治校"的必然性和合理性。尽管高等学校具有行政组织的某些特性,但大学毕竟以其学术组织特性而与其他社会组织区别开来。大学办学活动在本质上属于具有极强专业性的学术性活动。从根本上来说,大学事务都是围绕学术性事务产生的,这就必须赋予学术活动的主体应有的权力,因而产生了"教授治学"理念。所谓教授治学,简要地说,就是由以教授群体为象征的学术权力来治理学术事务。它是根据我国国情和大学的特点,将西方大学的"教授治校"进行本土改造和转化而产生的大学治理理念。其核心旨趣在于维护大学履行其学术使命,促进大学学术更好地发展。实行"教授治学"的重要途径和方式,就是要充分发挥学术委员会在高等学校学术事务治理中的作用。《高等教育法》第四十二条规定:高等学校设立学术委员会,学术委员会应履行五个方面职责。

民主管理是现代治理理念在高等学校内部治理结构中的反映。现代大学已演变为一种结构复杂化和职能多元化的、拥有众多利益相关者的特殊社会组织。这就决定了,现代大学治理必须建立起多元主体共同参与的共治体系和结构,以形成不同利益群体的利益表达机制和满足机制,提高多元主体参与意识,发挥多元主体的积极性和创造性,提高高等学校管理和决策科学化水平,实现大学善治。我国高度重视建立和完善高等学校民主管理的治理体系和治理结构。《高等教育法》第十一条规定:高等学校应当面向社会,依法自主办学,实行民主管理。第四十三条规定:高等学校通过以教师为主体的教职工代表大会等组织形式,依法保障教职工参与民主管理和监督,维护教职工合法权益。高等学校高度重视发挥民主党派以及工会、共青团、学生会等群众性组织在大学治理中的作用。有的高等学校通过探索董事会制度和教授会制度等具体制度形式,保障多元利益主体民主参与大学管理的权利。有的高等学校通过信息公开制度和公示制度,通过校长信箱、网上建言、听证会等具体方式,接受监督及听取各方建议。

2. 完善中国特色现代大学制度,推进大学治理体系现代化

以上从三个方面说明了中国特色现代大学制度的制度优势。从建设有利于创新型大学成长和发展的现代大学制度来说,中国特色现代大学制度还有诸多方面亟待完善。最为关键的问题有两个:一是如何进一步扩大和落实高等学校办学自主权,二是如何进一步调整和优化政府与大学的关系。

（1）以法治化思维破解高等学校办学自主权难题

拥有办学自主权是西方国家创业型大学成长和发展的基础性条件,也是我国建设创新型大学的重要前提。改革开放以来,扩大和落实高等学校办学自主权成为党和政府高度重视的政策性议题和重大改革事项,不同时期的相关教育法规和政策文件都对此做出了明确规定。但遗憾的是,40多年来,高等学校办学自主权改革总是陷入"放乱收死"怪圈,这成为一直没有破解的理论难题和现实困境。解决这一难题,须克服行政化思维惯性,以法治化思维认识,依据法治手段切入。

首先,明确高等学校法人性质,把高等学校建设成为面向社会依法自主办学的独立法人实体。《高等教育法》第三十条规定:"高等学校自批准设立之日起取得法人资格。高等学校的校长为高等学校的法定代表人。高等学校在民事活动中依法享有民事权利,承担民事责任。"这就是说,高等学校依法获得的"法人资格"只是独立的民事法人主体资格,而不是独立的办学法人主体资格。这就导致高等学校办学自主权的归属问题缺乏法律规定,进而导致事实上的办学自主权归属错位或归属不清。长期以来的高等学校办学自主权改革遵循的是一种行政化思维,即以政府委托授权和下放办学自主权的方式来进行。改变这种现状,须确立法治化思维,克服行政化思维的惯性。首先要在法律规定上明确高等学校是面向社会依法自主办学的独立法人实体,从而使办学自主权成为有法律依据的、属于高等学校自己的自主权。只有这样,才能在现代大学制度层面解决高等学校在大学治理体系中的独立法人主体地位和高等学校自主权的归属问题,才可能依据高等学校的独立法人主体地位来对大学与政府的关系、大学与社会的关系等做出准确界定和规范。

其次,通过"负面清单"与"正面清单"相结合,明确高等学校具体的办学自主权。《高等教育法》在规定高等学校民事法人资格的同时,规定了高等学校在制订招生方案、学科专业设置和调整、实施教学活动、开展科学研究、确定内设组织机构和人员配备、经费使用等七个方面的自主权。不同时期有关部门颁布的相关政策文件,也对高等学校办学自主权做出了明确规定。但总体上来说,这些法律法规和政策文件主要是通过"正面清单"方式对高等学校办学自主权做出规定。这在明确高等学校办学自主权的具体内容并保障高等学校办学自主权的同时,也可能使"正面清单"之外的高等学校办学自主权无法得到法律法规和政策的支持。因此,扩大和落实高等学校办学自主权,需要改变单一通过"正面清单"规定的方式,采用"负面清单"与"正面清单"相结合的方式来规定高等学校办学自主权。所谓"负面清单"规定,是指在法律法规和政策上设置一些关于高等学校办学自主权的禁止性条款,而未被禁止的高等学校办学自主权,高等学校则可以依法不受限制地自主行使。只有采用"负面清单"与"正面清单"相结合的方式对高等学校具体的办学自主权做出规定,才可能真正"扩大"和"落实"高等学校办学自主权。

(2) 建立大学与政府间的新型关系,完善依法治教的大学治理体系

西方国家创业型大学的兴起和发展,一方面,得益于大学享有法律规定的办学自主权;另一方面,在于建立和形成了大学—政府—产业之间的三螺旋关系,即政府、产业、大学之间相互合作和相互促进的关系。我国建设创新型大学,要充分尊重我国高等教育管理体制机制的特点,着力在改革政府与大学的关系上迈出实质性步伐,实现大学治理体系的法治化和现代化。

首先,以法治政府建设为基础,建立法治化的政府与大学新型关系。新中国成立以来,高等教育管理模式虽然经历了从计划经济体制下的一元化行

政管理到"双重体制"下的类市场化治理,但总体上都属于政府集权管理模式。在这种管理模式下,政府与大学的关系主要表现为两个行政主体之间的行政上下级关系。一方面,政府习惯于将大学作为自己的附属机构或者下级部门,实行对大学的行政领导和管理;另一方面,大学习惯于面向政府办学,因而表现出对政府的高度依赖而难以面向社会需要和市场办学。《高等教育法》第十一条明确规定:高等学校应当面向社会,依法自主办学,实行民主管理。高等学校难以面向社会依法自主办学的主要原因,在于政府与大学的关系不是两个享有平等法律地位的独立法律主体之间的关系。因此,需要以法治化思维来重新审视政府与大学的关系,重新审视和确定政府与大学在国家大学治理体系中的法律地位,建立法治化的政府与大学新型关系。建立法治化的大学与政府新型关系,取决于政府职能转变和法治政府建设的成效。我国高等教育管理体制的特点,决定了法治政府建设在改革大学与政府关系中的关键地位。法治政府的要义有二:一是政府的权利和义务由法律赋予和法律规定,即权由法授,而非权由自授;二是依法行政,政府的决策程序和决策行为、行政行为和行政过程等都要受法律约束和监督,即用法治给行政权力定规矩、划界限。只有建设法治政府,实现政府职能转变,才能形成法治化的大学与政府新型关系,进而才能形成政府依法宏观管理、高等学校依法自主办学的大学共同治理和合作治理局面。

其次,充分发挥市场竞争机制的作用,优化高等教育治理模式。我国高等教育曾长期实行政府计划性管理模式。改革开放以来,特别是 1992 年之后,随着社会主义市场经济体制的建立和不断完善,高等教育领域逐步引进市场竞争机制,由此形成"双重体制机制"下的类市场化治理模式。所谓"双重体制机制",是指在高等教育领域同时存在着"政府计划"和"市场竞争"这两种体制机制。所谓"类市场化治理模式",是指政府计划机制在高等教育治理中发挥着决定性作用,而市场竞争机制则处于辅助性地位。在本质上,这种治理模式是政府计划治理,虽也引入市场竞争机制,但是一种"大政府、小市场"治理模式,在形式上表现为"计划为体、市场为用"。① "类市场化治理模式"强调政府在大学治理中的主导性和决定性地位,而市场竞争机制发挥作用的范围和能力都比较有限。

党的十九届五中全会提出,要全面深化改革,构建高水平社会主义市场经济体制,充分发挥市场在资源配置中的决定性作用,更好发挥政府作用,推动有效市场和有为政府的更好结合。优化高等教育治理模式,必须贯彻落实五中全会精神,充分发挥市场竞争机制在促进高等教育治理变革中的作用,实现高等教育治理模式由类市场化治理模式向准市场化治理模式转变。准市场化治理模式是西方国家高等教育领域市场化改革的产物,其突出特点是以市场化治理为核心理念,主张运用私营部门的治理理念和方法来改善高等教育治理状况,以促进大学竞争,提高大学面向社会和市场需要办学的灵活性,增强大学对外部环境的适应能力。在这种治理模式中,市场竞争机制发挥着决定性作用,政府计划机制则处于辅助地位,即将政府的调节作用当作提高市场竞争运作效率的一种补充。为了更加有效地配置高等教育资源,激发大学办学活力,促进大学由面向政府办学转到面向社会和市场需要办学,我国高等教育治理模式必须实现向准市场化治理模式的转变,形成以市场竞争机制为主导,两种机制相互支持的高等教育治理模式,从而实现高等教育治理体系和治理能力现代化。

3. 深化大学内部治理改革,培养创新创业型人才

在某种意义上,西方国家的创业型大学在突破大学内部治理结构的同时创造了一种新的大学内部治理结构。正如埃茨科威兹所指出的,将科学知识转变为应用技术是大学学术研究的一项新任务。学术内涵的变化正在改变大学的结构和功能——只有改革体制,并成立技术转让办公室和技术孵化器

---

① 张应强,张浩正.从类市场化治理到准市场化治理:我国高等教育治理变革的方向[J].高等教育研究,2018(6):3-19.

及各种研究中心等,才能促使作为资源的知识转化为知识资本。① 我国建立创新型大学,需要吸取西方国家创业型大学的经验,在深化大学内部治理结构改革上下功夫。

(1) 发挥第四次科技革命和产业变革对大学治理结构变革的驱动作用

回顾大学内部治理结构变革的历史我们可以发现,科学和学术的发展推动了大学内部治理结构变革。19 世纪的德国大学率先突破了源自中世纪大学的传统大学内部治理结构,建立了科研和教学相结合的实验室制度和以探究高深学问为旨趣的习明纳制度,这两种制度实质上是适应 17 世纪以来科学革命所引发的知识分化趋势和工业发展对人才需求的产物。19 世纪下半叶,美国诞生了第一所真正意义的研究型大学——约翰斯·霍普金斯大学。研究型大学的鲜明特征,一是建立了学术标准极高的研究生院,实现了博士教育的组织化和制度化;二是创建了大量的旨在探索复杂艰深科学问题的研究所和研究中心。研究生院和专门研究所的建立,不仅突破了德国大学的"讲座制"治理结构,而且形成了一种与"学系制"并行的治理机构。第二次世界大战以来,第三次科技革命引发了以高新科技为核心要素的产业革命,促进了创业型大学理念和模式的兴起。目前,随着以人工智能、新材料技术、虚拟现实、量子信息技术等为标志的第四次科技革命和产业革命的推进,大学在新科技革命和产业革命中的地位和作用将得到进一步凸显。因此,我国的创新型大学建设,一方面,要以此为契机,实现大学理念和模式的转变;另一方面,要发挥新科技革命和产业革命的驱动作用,大力推动大学组织变革和治理结构改革,以建立与新科技革命和产业革命相适应的大学治理体系和内部治理结构。

(2) 改革科研管理制度,促进科研成果资本化

目前,我国的大学科研管理制度主要是围绕传统学术和知识生产方式建

---

① 亨利·埃兹科维茨,劳埃特·雷德斯多夫.大学与全球知识经济[M].夏道源,等译.南昌:江西教育出版社,1999:1.

立起来的,旨在促进纯粹科学和学术的发展。随着学术内涵和性质的变化及知识生产方式变革,这种科研管理制度亟须改革。

首先,根据新科技革命和产业革命发展趋势做好科研战略规划工作。目前,高等学校科研管理的重心主要落在科研生产过程的管理上,相对忽视了科研的战略规划工作。为了适应新科技革命和产业革命的发展趋势,高等学校的科研管理重心必须转移到科研战略规划上。一方面,要将高等学校科研活动与增进人类福祉和社会福利有机结合起来;另一方面,要培养一批战略科学家,要以满足国家重大战略需求为导向,充分发挥大学在促进经济社会发展和建设创新型国家中的基础性作用。同时要面向国际科技竞争前沿领域和"卡脖子"技术开展前瞻性探索,抢占世界科技竞争制高点。

其次,改革大学科研评价体系,注重科研成果的实际应用、商业推广和创业价值。长期以来,我国大学的科研评价主要是对论文学术水平的评价,并将期刊论文的影响因子等作为衡量大学科研成果价值的主要标准,忽视了科研成果的应用价值和经济潜力。这种科研评价导向,导致科研人员主要关心课题申报和论文发表,至于申请成果专利和实现知识资本化、产业化等则不在考虑之列。这种科研评价是基于传统学术观念和知识生产模式展开的,无法引导大学学术生产活动与新科技革命和产业革命相适应,难以促使大学融入国家创新体系,无益于大学获取更多的发展资源和更大的生存空间。大学必须建立与知识生产模式Ⅱ和模式Ⅲ[①]相适应的科研评价体系,将科研成果的成果转化率、商用价值、经济效益和社会效益等作为科研评价的重要指标,以引导科研人员重视专利申请与科研成果产业化工作,鼓励高等学校科研人员创办高科技企业和公司。

(3)开展知识创业和创业教育,积极承担创业使命

大学与企业的最大不同,一方面在于大学主要通过知识创业来实现创业

---

① 基于"产业—大学—政府—公民社会"四螺旋动力机制模型,埃利亚斯·G.卡拉雅尼斯等人率先提出并阐述了知识生产模式Ⅲ,即以知识集群、创新网络、分形创新生态系统为核心组织模式,利用共同专属化、共同演进和竞合的逻辑机理运行的知识生产模式。

价值,另一方面在于大学有教师和学生这两类潜在的创业主体。因此,大学必须以推进知识创业和开展创业教育等方式来承担创业使命。

首先,建立创业型组织,服务大学创业活动。克拉克和埃茨科威兹在研究创业型大学时都特别关注那些旨在服务和推动创业活动的机构。在知识创新创业时代,许多西方创业型大学都引入了公司运行模式,创新了大学内部治理结构,如建立了技术转移办公室、信息技术办公室、跨学科研究中心、科技园、孵化器、非营利性科研基金会等组织和机构。这些组织和机构既不属于传统的学术部门,也不属于传统的行政部门,其宗旨在于通过技术转移和孵化企业以服务和推动大学开展创业活动。因此,我国建设创新型大学,需要从组织和制度上突破,建立对接高科技产业的创业型机构并引入公司化运行模式。

其次,鼓励学术人员创业,促进知识资本化和知识产业化。随着知识经济的兴起,促进经济和社会发展作为一种学术使命被引入大学。[①] 一些大学教授通过技术转移或者直接参与创办公司,将知识资源转化为知识资本。在此过程中,政府的知识产权和技术转移政策发挥了重要的推动作用。例如,美国1980年出台的《贝耶—多尔法案》规定,政府资助的大学等实体机构所取得的研究成果的所有权归这些实体机构所有;在法国,大学学者以前创办企业是非法活动,但在《1999年法国创新法》颁布后,国家通过提供奖金等形式激励大学学者作为企业家创业。我国应该重视通过立法、提供创业培训和创业平台等方式,以相应的激励政策来鼓励学术人员参与创业,从而促进知识资本化与知识产业化。学术人员参与创业具有多重意义。对于学术发展而言,它有利于在实践中检验并丰富理论,增强大学学术生命力,增加学术人员的经验性知识,拓展选题来源和学术研究范畴。对于大学发展而言,它有助于大学经费来源多元化,弥补资源短缺,增强大学的独立性。对于社会建设

---

① 亨利·埃兹科维茨,劳埃特·雷德斯多夫.大学与全球知识经济[M].夏道源,等译.南昌:江西教育出版社,1999:234.

而言,它有利于促进经济社会发展,增进人类幸福。更重要的是,它有利于大学成长为知识创新的主体,成为国家创新体系中的重要力量。

最后,积极开展创业教育,培育创新创业型人才。埃茨科威兹认为,"创业范式绝不仅局限于新发明的技术或研究密集性大学。它可以通过本科生教育和继续教育的创新,在教学型和研究型大学中实施"。① 学生是大学中的潜在创业主体,激发学生创业潜力的途径就是开展创业教育。开展创业教育意味着面向所有学生,通过多种途径来培养创业精神,提高创业能力。既包括开设创业性课程、营造创业文化与氛围,也包括提供创业平台、鼓励学生到企业实习,等等。当前,我国不少大学非常重视开展创业教育,但在认识和实践上还存在一些误区。如认为创业教育只是面向少数有创业天赋的学生,把创业教育理解为只是开设创业讲座或者商业性课程,等等。深化高等学校创新创业教育改革,除了避免上述有关误区之外,我们还需要正确理解创业的意义和价值。即我们既要在经济学意义上理解"创业",更要在人生价值观层面把"创业"看作一种积极进取、勇于化理想为现实的人生态度和信念。只有这样,高等学校创业教育才可能面向全体学生而具有普惠性和可持续性。

第三节　中国特色世界一流大学的发展道路和发展模式

党的十八大以来,习近平总书记高度重视中国特色世界一流大学建设,发表了关于中国特色世界一流大学的系列重要论述。2022 年 4 月 25 日,习近平总书记在考察中国人民大学时指出,建设中国特色、世界一流大学不

---

① ETZKOWITZ H, et al. The Future of the University and the University of the Future: Evolution of Ivory Tower to Entrepreneurial Paradigm[J]. Research Policy, 2000(29): 313-330.

能跟在别人后面依样画葫芦，简单以国外大学作为标准和模式，而是要扎根中国大地，走出一条建设中国特色、世界一流大学的新路。如何避免跟在别人后面依样画葫芦，简单以国外大学作为标准和模式的"老路"来建设中国特色世界一流大学，成为一个具有重要理论意义和现实意义的课题。我们需要以习近平总书记教育重要论述和关于走出一条建设中国特色、世界一流大学新路的重要讲话精神为指导，从方法论层面来反思和探讨中国特色世界一流大学的发展道路和发展模式。

一、世界一流大学的重新审视：方法论的转变

1. 世界一流大学的"西方"方法论

长期以来，关于如何定义和认识世界一流大学，高等教育学术界主要有两种源于西方学者的方法论原型。一是美国学者布鲁贝克的方法论，即就大学定义大学——大学是研究高深学问的学术组织[①]，强调大学的世界性和人类性；二是英国学者阿什比的方法论，即在大学与外部环境的关系中定义大学——大学是遗传和环境的产物。[②] 所谓遗传，即大学的传统，它赋予大学以"生物性"；所谓环境，即大学所处的外部环境，它赋予大学以环境（社会）适应性。其话语隐喻是，大学就像生物体一样，是在适应环境的过程中自然生长的。布鲁贝克和阿什比所确立的世界一流大学方法论原型，都是以西方大学为范型的。

这两种方法论原型，对世界一流大学的研究和实践产生了重要影响。西方学者在知识论取向的世界一流大学观支配下，立足西方大学的大学自治和学术自由传统、大学的普遍性知识理想、大学对人类的知识贡献、人才培养的

---

① 约翰·S.布鲁贝克.高等教育哲学[M].王承绪，郑继伟，张维平，等译.杭州：浙江教育出版社，2002：13.

② 阿什比.科技发达时代的大学教育[M].滕大春，滕大生，译.北京：人民教育出版社，1983：7.

超国家标准等来描述世界一流大学的特征,揭示世界一流大学成长和发展的规律,由此构造了一个超越民族国家的、统一的世界一流大学模式和评价标准,并通过采用"高等教育国际化""大学国际化""世界一流大学排行榜"等概念和工具,将西方中心的世界一流大学理念、模式和评价标准推向全球,对发展中国家的世界一流大学建设产生了重要影响。比如,二战以来,"高等教育国际化""大学国际化",事实上成为"高等教育西方化""大学欧美化"的代名词。

其实,"世界一流大学"主要是一个源自中国的概念。1998 年 5 月,我国正式启动世界一流大学建设计划(又称"985 工程")。江泽民同志指出,为了实现现代化,我国需要有若干所世界先进水平的一流大学。这清楚地表明了我国建设世界一流大学的目的。我国是世界上研究世界一流大学最早也最为集中的国家,我国学者最初的世界一流大学研究,大多是将西方国家的"研究密集型"研究型大学默认为世界一流大学,并以之为原型,来描述"世界一流大学怎么样"。即先按照缄默标准确定一批世界一流大学,然后再来研究这些世界一流大学的特征。这种缄默标准,反映了我国学者对西方中心的世界一流大学理念、模式和评价标准的高度认同。

在世界一流大学研究过程中,我国学者还开展了关于世界一流大学评价的研究,这一研究虽然源于"我国大学离世界一流到底有多远"这一问题,但在世界上产生了两个方面的重大影响。一是对世界范围内的大学评价产生了重大影响,使世界上的主要大学排行榜,由只是针对某国和某区域的大学进行排行,转变为对世界范围内的所有大学进行排行;二是对我国世界一流大学建设产生了重要影响,不少大学开始对照世界一流大学排行榜指标开展世界一流大学建设,甚至在实施"985 工程"二期建设计划时,有关主管部门曾要求每所"985 高校"都要对标一所西方一流大学,要求以西方一流大学为标杆来开展世界一流大学建设。开展对世界一流大学的评价研究,是非常必要的,但其缺陷也是显而易见的——它使中西方大学的"差异",变成了中西方大学的"差距",并且只关注差距,而忽视差异。这些年来,人们在国内大学评价中一直呼吁开展"分类评价",但在世界范围内评价我国世界一流大学时,面对不同国家这种最大最明显的"类别",却鲜有"分类评价"的意识。这说明关于世界一流大学的统一性标准和模式的观念是多么深入人心。况且"世界一流大学"概念,本身是一个源自中国的概念。为什么我们在建设世界一流大学过程中,却广泛认同和采用西方大学的标准和模式?这的确是一个值得我们深思的问题。

这种西方中心的世界一流大学观,曾遭到人文学者的质疑和批判。1998年,涂又光先生在《文明本土化与大学》一文中提出了大学本土化问题。他认为,没有中国文明特色的大学,只算是"在"中国的大学(a university in China),不算是中国"的"大学(a university of China);中国应该办"中国的大学",而不是办"在中国的大学"。[①] 在中国近现代大学史上,西方教会组织在中国所办的教会大学,就只是办在中国的大学,而不是中国的大学。只要我们思考一下"大学为谁服务",看一看大学"为谁培养人",那么,大学是"办在中国的大学"还是"中国的大学",结论就一目了然了。

杜维明先生2012年在浙江大学发表题为《人文教育与大学灵魂》的演讲时,批判了单纯以量化指标作为世界一流大学评价标准的观点和做法。他认为大学的"影响",特别是大学对于本国的影响是非常重要的,但无法量化。如马来亚大学对于马来西亚,东京大学、京都大学对于日本,汉城大学、高丽大学对于韩国,新加坡国立大学对于新加坡,这些大学对于本国的影响力,远远比美国常青藤所有大学加起来对美国的影响力都要大,但是它不能量化。以北京大学为例。蔡元培任校长时期的北京大学,是中国新文化运动的发源地,是中国传播和接受马克思主义的先锋,对中国共产党的孕育和发展具有直接影响。中国共产党的产生,不仅影响了近代中国的走向,而且影响了20世纪以来的世界格局。北京大学算不算世界一流大学?蔡元培算不算世

---

① 涂又光.文明本土化与大学[J].高等教育研究,1998(6):5-7.

界一流的大学校长?恐怕在世界范围内,认为北京大学是世界一流大学,蔡元培是世界一流的大学校长的人并不多。

除了大学对于本国的影响非常重要但不能量化之外,大学所生产的人文社会科学知识对人类文明发展进步也非常重要,但它也不能被量化。显而易见,大学所生产的体现民族国家特色的、为民族国家的人民所珍爱和享用的人文社会科学文化和知识,是不能被忽视的。试想一下,难道人类文明的发展进步,只是表现为那些能够量化的现代科学技术成果吗?难道西方现代科学的发展进步是凭空出现的,没有受到西方文化和价值观的影响吗?我们该如何理解马克斯·韦伯所阐释和论证的"新教伦理与资本主义精神"?难道中国的现代化能够离开中华优秀传统文化吗?将它们排除在世界一流大学的评价标准之外,是西方中心的世界一流大学理念、模式、评价标准存在的最大问题,而问题的本质,是其世界一流大学方法论存在重大缺陷。

2. 实现世界一流大学方法论的根本性转变

传统的世界一流大学方法论缺陷,最根本的是"西方"方法论本身的缺陷。世界一流大学的"西方"方法论,立足西方大学原型,基于大学对无国界的自然科学知识和技术的追求,强调大学是一种具有人类性的"知识性存在",而忽视大学是一种具有民族国家文化特点的"国家性存在"。总体来说,这种方法论是一种缺乏时空意义的方法论。就大学存在的时间维度而言,今日之大学已经与中世纪大学有了本质性不同。随着时代发展,大学已由社会的边缘进入社会的中心,成为一个拥有众多利益相关者的组织。就大学存在的空间维度而言,大学已经由中世纪时期寄居于城镇一角,且能够自由迁徙的学者行会,进入到民族国家疆域之内,成为"国家的"大学。

由此看来,实现世界一流大学方法论的根本转变成为必然——需要从就大学论大学的点状思维,向大学存在的立体时空思维转变,在大学传统、大学的时代性、大学的民族性所构成的三维空间中来重新定义世界一流大学。大学传统的维度,观照的是大学传统与大学变革的关系。大学传统是大学在长期的发展过程中形成的,它一旦形成,就会成为影响大学变革的无形力量,关系到大学对外部环境变革的选择性适应。因此,在某种意义上说,大学是传统的产物。大学的时代性维度,观照的是大学与时代的关系。一方面,大学是时代的产物,时代塑造了大学、赋予大学时代内涵;另一方面,大学又与时俱进,回馈时代,促进时代变革。大学的民族性维度,观照的是大学与民族国家文化的关系。一方面,大学生长在民族国家文化的土壤和环境中,为民族国家的文化所塑造;另一方面,大学立足民族国家文化,为民族国家的建设和发展服务。

从世界一流大学的形成和发展过程来看,世界一流大学本身就是时代性和民族性的统一,并不存在超越时代和民族国家的世界一流大学。作为"学者行会"的西欧中世纪大学,在特定文化和具体环境下,形成了促进知识进步和学术发展的大学传统,这种大学传统,因为知识和学术的普遍性而使大学的理念和使命具有某种普遍性。直到今天,世界各国的大学仍然继承了这种具有普遍性的大学传统。这是今天我们能够谈论、描述和评价世界一流大学的基础。知识和学术的普遍性和人类性,成为世界各国大学的"最大公约数"。从这个角度来看,"世界一流大学"中的"世界",除了在水平上是"世界级的"之外,还具有标志大学所追求的知识和学术"属于世界""属于人类"的意义。"大学的确是一个具有世界主义倾向的组织,不仅大学中的知识和学术具有世界主义特性——知识和学术是人类共创、共有、共享的文明成果,而且大学的理想和抱负也具有某种世界主义特性——大学具有人类终极关怀精神,是人类公器,通过科技和价值观教育来实现人类美好生活。"①

但大学从来都不是一种超越民族国家的"学者王国"和"学者共同体"。中世纪大学在大一统的欧洲分裂和民族国家产生之后,出现了大学的民族国家化和大学职能的根本性转向。② 尤其是在大学进入社会的中心,成为推进

---

① 张应强.全球化背景下高等教育国际化理念的重新审视[J].教育发展研究,2021(23):1-11.
② 张应强.高等教育现代化的反思与建构[M].哈尔滨:黑龙江教育出版社,2000:77-82.

国家现代化进程的重要力量之后,世界各国都加强了对大学系统的改造和管控。如,法国在 1789 年大革命之后,关闭了所有中世纪大学,建立起多种专门学院和理工科学院;19 世纪中叶,"英国政府不但通过皇家委员会一系列的调查报告推动牛津、剑桥的改革,而且还采用立法形式来巩固改革成果。1852 年,皇家委员会的连续几份报告冲破了保守势力的顽强抵抗,确立了政府对于这两所大学的干预权"①,促成了《1854 年牛津大学法案》和《1856 年剑桥大学法案》的颁布,使得牛津和剑桥这两所古典大学在 19 世纪 70 年代终于接纳了现代科技。同样是在 19 世纪中叶,德国政府绕过柏林大学,新建了工科大学和多种专门学院,以使大学系统适应国家工业化和现代化发展的需要。1861 年,美国通过颁布《莫里尔法案》,建设和发展农工类"社会服务型"大学,不仅拓展了大学的社会职能,而且开辟了大学发展的新形态和新阶段。冷战结束以后,"高等教育的国家控制并没有随着冷战的结束而结束,各国又把重点转移到经济竞争领域中来。科学技术是第一生产力,经济的竞争其实是教育,特别是高等教育的竞争……现在谁都想执高科技之牛耳,各国都把发展高等教育作为重中之重,以求在知识经济时代取得领先地位。这无疑只能加强国家对高等教育的强力控制"②。在乌利希·泰希勒看来,高等学校在 19 和 20 世纪具有强烈的民族国家的特征。③ 这就是说,现代大学已经成为"国家的"大学,大学的知识和学术追求遭遇到具体的民族国家情境和环境,使得大学的"脑子"在普遍知识,但"身子"却在民族国家之中。现代大学虽然仍然以生产和传播普遍性知识作为使命,但它不得不立足民族国家和民族文化来生产知识和传播知识。对此,克拉克·克尔指出:高等教育被赋予诸多国家目的——服务国家政治和经济利益、发展民族身份、扮演"社会良知"角色并引领民众精神生活。由于大学身处民族国家占绝对支配地位的世界中,

① 殷企平.英国高等科技教育[M].杭州:杭州大学出版社,1995:31.
② 张应强.高等教育现代化的反思与建构[M].哈尔滨:黑龙江教育出版社,2000:114.
③ 乌利希·泰希勒.欧洲化 国际化 全球化——高等学校何处去?[J].陈洪捷,译.北京大学教育评论,2003(1):40-47.

从而"学习中的普遍主义为教育中的民族主义所取代"。①

　　从现代大学的人才培养来看,大学的人才培养目标也是时代性和民族性的统一。中世纪大学向现代大学转向的重要标志之一,是将培养世俗人才作为大学的根本职能,大学由此开始将培养世俗人才作为与促进知识生产和学术进步同等重要的使命。在大学的人才培养活动中,人才培养目标居于核心地位。如西方文艺复兴运动时期的大学,提出了培养世俗人才和"新人"的目标,进而提出要用古希腊、古罗马的文学艺术来培养"新人"。在现代高等教育中,人才培养目标主要涵盖知识、能力、素质等方面的内容。一般来说,世界各国高等教育的人才培养,在知识目标和能力目标上具有相似性甚至具有共同性内涵,但在素质目标上却具有鲜明的民族国家和文化特色。之所以如此,是因为大学的人才培养目标是受大学教育的目的支配的。大学教育的目的,既体现时代特征,又受到民族文化和教育传统的深刻影响,因而具有鲜明的民族文化和民族国家特征。这就是说,世界各国大学的人才培养目标,都是兼具时代性和民族性内涵的,都是基于民族性内涵来体现时代性内涵的,不可能存在一种超越民族国家文化的人才培养目标。

二、中国特色世界一流大学的时代使命

　　自古以来,大学就是一种使命性组织。现代大学担负着发展知识、教化社会、服务国家和关怀人类的重要使命。大学的使命,既因民族国家而异,也因时代变迁而异。中西方大学的使命,既有共同性也有差异性。如就服务国家而言,西方大学因起源于学者行会,加之受到特定的大学制度影响,其服务国家的使命,一般表现得比较间接;而中国近现代大学因应

---

　　① 克拉克・克尔.高等教育不能回避历史——21 世纪的问题[M].王承绪,译.杭州:浙江教育出版社,2001:5-10.

国家目的而生,其服务国家的使命,往往表现得极为直接。但中西方大学,其大学使命都表现出鲜明的时代特征。而所谓世界一流大学者,无非是能立足时代,具有前瞻性地把握时代变革趋势,发挥引领时代变革作用的佼佼者而已。

1. 中国特色世界一流大学建设的时代背景

1998年5月,我国做出了建设世界一流大学的重大决策。这一重大决策,是立足我国社会主义现代化建设背景,根据国家现代化建设需要做出的,因此,我国世界一流大学建设担负着为实现现代化服务的时代使命。

党的十八大以来,习近平总书记发表了关于建设中国特色、世界一流大学的系列重要论述。他在全国高校思想政治工作会议上强调,党中央做出加快建设世界一流大学和一流学科的战略决策,就是要提高我国高等教育发展水平,增强国家核心竞争力。国务院印发的《统筹推进世界一流大学和一流学科建设总体方案》,在"指导思想"部分明确提出,要"深入贯彻习近平总书记系列重要讲话精神,按照'四个全面'战略布局和党中央、国务院决策部署……加快建成一批世界一流大学和一流学科,提升我国高等教育综合实力和国际竞争力,为实现'两个一百年'奋斗目标和中华民族伟大复兴的中国梦提供有力支撑"。这表明,"双一流"建设是在习近平总书记系列重要讲话精神指导下,立足中华民族伟大复兴、实现"两个一百年"奋斗目标的时代背景提出的。

习近平总书记在党的十九大报告中做出了"中国特色社会主义进入了新时代"的重大政治判断。这一重大政治判断,关乎党和国家事业全局,关乎中国特色社会主义历史、现实和未来,为中国特色、世界一流大学建设确立了新时代背景。

中国特色社会主义新时代具有丰富的内涵。《中共中央关于党的百年奋斗重大成就和历史经验的决议》指出:"中国特色社会主义新时代是承前启后、继往开来、在新的历史条件下继续夺取中国特色社会主义伟大胜利的时代,是决胜全面建成小康社会、进而全面建设社会主义现代化强国的时代,是全国各族人民团结奋斗、不断创造美好生活、逐步实现全体人民共同富裕的时代,是全体中华儿女勠力同心、奋力实现中华民族伟大复兴中国梦的时代,是我国不断为人类做出更大贡献的时代。中国特色社会主义新时代是我国发展新的历史方位。"

中国特色社会主义新时代,是我国日益走近世界舞台中央、不断为人类做出更大贡献的时代。在新时代,中国与世界的关系发生了深刻变化,同国际社会的互联互动空前紧密。中国坚持走中国式现代化道路,走和平发展道路,推动构建人类命运共同体,成为促进世界和平与发展和人类社会可持续发展的强大力量。从世界维度来看,世界百年未有之大变局加速演进,世界进入新的动荡变革期,"逆全球化"使世界发展的不确定性增强,人类应对全球化挑战充满曲折和不确定性。从全球经济发展趋势来看,新一轮科技革命和产业变革正在重塑世界经济秩序,将对人类社会产生全方位、多层面、立体式的影响,并将在很大程度上重塑世界格局和国际秩序,进而影响全球经济、政治和竞争格局。抢占新一轮科技革命和产业变革的先机和制高点,发展创新经济,成为国际竞争的焦点。

在中国特色社会主义新时代背景下,习近平总书记从实现中华民族伟大复兴的战略高度,立足世界百年未有之大变局,以统筹国际国内两个大局的战略思维和系统思维,对新时代教育地位和作用做出了高瞻远瞩的新论断——"教育是国之大计,党之大计";从保证中国共产党长期执政和中国特色社会主义事业后继有人的战略高度,明确要求教育要"为党育人,为国育才",要培养担当民族复兴重任的时代新人,培养德智体美劳全面发展的社会主义建设者和接班人。习近平总书记将建设教育强国作为实现中华民族伟大复兴的基础性工程,强调实现中华民族伟大复兴归根到底靠人才、靠教育,要求坚持把服务中华民族伟大复兴作为教育的重要使命。

2. 担当培养时代新人的重大使命

在中国特色社会主义新时代,时代新人具有丰富内涵。从中华民族伟大复兴进程来看,时代新人堪当民族复兴重任。习近平总书记在党的十九大报告中提出,要以培养担当民族复兴大任的时代新人为着眼点。青年一代有理想、有本领、有担当,中华民族伟大复兴的中国梦终就会在一代代青年的接力奋斗中变为现实。"有理想、有本领、有担当"成为担当民族复兴大任的时代新人的具体要求。

从中国特色社会主义新时代来看,时代新人是拥护中国共产党领导和中国特色社会主义制度,听党话、跟党走的时代新人;是立大志、明大德、成大才、担大任,不负韶华、不负时代、不负人民的时代新人;是德智体美劳全面发展的社会主义建设者和接班人。习近平总书记多次强调,我国是中国共产党领导的社会主义国家,这就决定了我们的教育必须把培养社会主义建设者和接班人作为根本任务,培养一代又一代拥护中国共产党领导和我国社会主义制度、立志为中国特色社会主义奋斗终身的有用人才。

从适应新一轮科技革命和产业变革趋势来看,时代新人是能适应世界未来发展趋势,具备迎接新一轮科技革命和产业变革挑战能力的有本领、有担当的科技创新人才。习近平总书记在主持召开科学家座谈会上指出,我国经济社会发展和民生改善比过去任何时候都更加需要科学技术解决方案,都更加需要增强创新这个第一动力。国家科技创新力的根本源泉在于人,人才是第一资源。要加强创新人才教育培养,要把教育摆在更加重要位置,全面提高教育质量,注重培养学生创新意识和创新能力。

从建设人类命运共同体来看,时代新人是具有人类关怀意识、人类命运共同体意识和全球胜任力的时代新人。既传播国家观点、珍爱民族文化、具有民族共同体意识,又理解不同文化、分享人类共同价值、具备全球胜任力,为建设人类命运共同体做出贡献。

培养中国特色社会主义新时代的时代新人,必须全面贯彻党的教育方针,坚持社会主义办学方向,加强党对高校的领导,落实立德树人根本任务,把握"四为服务"根本方向,传承红色基因,扎根中国大地,遵循"九个坚持"中国特色社会主义教育规律。

一是要用习近平新时代中国特色社会主义思想培养时代新人。《中共中央关于党的百年奋斗重大成就和历史经验的决议》提出:"要坚持用习近平新时代中国特色社会主义思想教育人,用党的理想信念凝聚人,用社会主义核心价值观培育人,用中华民族伟大复兴历史使命激励人,培养造就大批堪当时代重任的接班人。"在中国特色社会主义新时代,我们党从新的实际出发,坚持把马克思主义基本原理同中国具体实际相结合、同中华优秀传统文化相结合、同时代要求相结合,创立了马克思主义中国化时代化的最新成果——习近平新时代中国特色社会主义思想。习近平新时代中国特色社会主义思想是当代中国马克思主义、21世纪马克思主义,是中华文化和中国精神的时代精华,实现了马克思主义中国化新的飞跃;习近平新时代中国特色社会主义思想,是实现中华民族伟大复兴、建设和发展中国特色社会主义的指导思想,是建设中国特色、世界一流大学的根本遵循,对青年学生树牢马克思主义信仰、坚定中国特色社会主义信念、增强中华民族伟大复兴信心具有领航作用。

二是以"为谁培养人"为统领,在落实立德树人根本任务中培养时代新人。习近平总书记在考察中国人民大学时强调,"为谁培养人、培养什么人、怎样培养人"始终是教育的根本问题。习近平总书记将"为谁培养人"放在教育根本问题的首位,说明培养时代新人,首先就要回答好"为谁培养人"这个首要根本问题,把握好"为谁培养人"这个人才培养的根本方向问题。习近平总书记在全国高校思想政治工作会议上提出,高校之本在于立德树人,要坚持把立德树人作为中心环节;在2018年5月北京大学师生座谈会上,他进一步指出,要把立德树人成效作为检验学校一切工作的根本标准;在全国教育大会上,他强调了立德树人在人才培养中的重要地位,对如何落实立德树人根本任务提出了明确要求,要求将立德树人融入思想道德教育、文化知识教育、社会实践教育各环节,贯穿基础教育、职业教育、高等教育各领域。要在坚定理想信念、厚植爱国主义情怀、加强品德修养、增长知识见识、培养奋斗精神、增强综合素质六个方面下功夫。

三是通过传承红色基因培养时代新人。习近平总书记在中国人民大学考察时强调,高校"要落实立德树人根本任务,传承红色基因,扎根中国大地办大学",广大青年"要做社会主义核心价值观的坚定信仰者、积极传播者、模范践行者,争做堪当民族复兴重任的时代新人"。红色基因是新时代办学育人的宝贵资源,是时代新人的政治底色。高校传承红色基因,把红色基因融入培养时代新人过程,就是要发挥红色基因对时代新人培根铸魂、启智润心的作用,塑造时代新人的政治本色,增强时代新人的政治认同,强化时代新人的使命担当,在传承红色基因中来具体回答中国特色社会主义教育"为谁培养人、培养什么人、怎样培养人"这些教育根本问题。

3. 自觉履行高水平科技自立自强的使命担当

新中国成立以来,我国高度重视科学技术工作。1964 年底到 1965 年初召开的第三届全国人民代表大会第一次会议提出的"四个现代化"宏伟目标,就包括了"科学技术现代化"。改革开放前后,邓小平同志明确提出了"科学技术是第一生产力"的重要论断,并指出"高等院校,特别是重点高等院校,应当是科研的一个重要方面军,这一点要定下来。它们有这个能力,有这方面的人才"[①]。进入 21 世纪,我国开始实施知识创新工程,先后将科教兴国战略、人才强国战略上升为国家战略,提出了建设创新型国家的目标。

党的十八大以来,以习近平同志为核心的党中央高度重视科技创新在建设社会主义现代化强国中的地位和作用,坚持把科技创新摆在国家发展全局的核心位置,牢牢把握建设世界科技强国的战略目标,全面谋划科技创新工

---

① 邓小平.邓小平文选(第 2 卷)[M].北京:人民出版社,1994:53 - 54.

作。党的十九大确立了到 2035 年跻身创新型国家前列的战略目标,十九届五中全会提出了坚持创新在我国现代化建设全局中的核心地位,把科技自立自强作为国家发展的战略支撑。2021 年 5 月 28 日,习近平总书记在两院院士大会和中国科协全国代表大会上发表了重要讲话,他号召全国科技工作者要面向世界科技前沿、面向经济主战场、面向国家重大需求、面向人民生命健康,把握大势、抢占先机,直面问题、迎难而上,肩负起时代赋予的重任,努力实现高水平科技自立自强。

习近平总书记高度重视国家战略科技力量建设。他指出,世界科技强国竞争,比拼的是国家战略科技力量。高水平研究型大学是国家战略科技力量的重要组成部分,要自觉履行高水平科技自立自强的使命担当。高水平研究型大学要把发展科技第一生产力、培养人才第一资源、增强创新第一动力更好结合起来,发挥基础研究深厚、学科交叉融合的优势,成为基础研究的主力军和重大科技突破的生力军。他要求研究型大学建设要同国家战略目标、战略任务对接,加强基础前沿探索和关键技术突破,为培养更多杰出人才做出贡献。

习近平总书记高度重视国家战略人才力量建设,要求把建设国家战略人才力量作为重中之重来抓。他指出,我国要实现高水平科技自立自强,归根结底要靠高水平创新人才。综合国力竞争说到底是人才竞争,人才是衡量一个国家综合国力的重要指标。战略人才是支撑我国高水平科技自立自强的重要力量,必须加快建设国家战略人才力量。要大力培养使用战略科学家;要打造大批一流科技领军人才和创新团队;要造就规模宏大的青年科技人才队伍;要培养大批卓越工程师。

习近平总书记对"双一流"大学在建设国家战略人才力量方面提出了明确要求。他指出,高校特别是"双一流"大学要发挥培养基础研究人才主力军作用,全方位谋划基础学科人才培养,要建设一批基础学科培养基地,培养高水平复合型人才。要长期稳定支持一批在自然科学领域取得突出成绩且具有明显创新潜力的青年人才。要培养造就一批善于思考和研究中国问题的人才。他要求高水平研究型大学在加速集聚、重点支持一流科技领军人才和创新团队方面发挥国家队作用,要求组织实施高校优秀毕业生接续培养计划,要求高校特别是"双一流"大学深化工程教育改革,加大理工科人才培养分量,探索实行高校和企业联合培养高素质复合型工科人才的有效机制。

习近平总书记关于实现高水平科技自立自强、关于发展国家战略科技力量和战略人才力量的重要论述,赋予新时代中国特色、世界一流大学以重要使命。我们必须以习近平新时代中国特色社会主义思想为指导,以习近平总书记教育重要论述为根本遵循,充分发挥中国特色、世界一流大学自身特点和优势,自觉履行高水平科技自立自强的使命担当。

三、中国特色世界一流大学发展模式选择

相较于西方世界一流大学,我国世界一流大学有着诸多特殊性。这种特殊性源于中国近现代大学与西方大学的基因性差异。这种基因性差异,决定了中国特色世界一流大学建设的发展道路和发展模式。

1. 中国近现代大学的特殊性

第一,特殊的大学起源。与西方国家的大学起源于学者行会不同,中国近现代大学有着极为特殊的起源——起源于中华民族危难之际。鸦片战争之后,帝国主义列强用坚船利炮打开了中国国门,将我国变成了一个半殖民地半封建的国家,从此开启了中华民族灾难深重的屈辱史和奋发图强的复兴梦。这是理解中国现代化和近现代大学发展的关键背景。面对"三千年来未有之大变局",一批有识之士以"自强"和"求富"为目的,主张"师夷长技以制夷",构建了"中学为体,西学为用""以器卫道"的大变局应对方案。在这一应对方案指导下,我国的近代化过程经历了学习技术、引进制度、革新文化的艰难探索历程。19世纪60年代兴起的洋务自强运动,对近代中国的军事、经济、实业、教育等方面发挥了奠基性作用,促使中国教育开始了重大改革,如

派遣留美幼童,创办京师同文馆,废除了延续了1 300年的科举制度,改书院为学堂,创办洋务自强学堂等。正是在洋务自强运动中诞生的洋务学堂,成为中国近现代大学的肇始和开端。"建立近现代大学,是中华民族救亡图存,'挽民族国家于既倒'之总体应对方案中的关键部分。"①中国近现代大学的特殊起源,决定了中国大学与西方大学的根本差异,塑造了中国大学的特殊基因和基本性格。

第二,特殊的大学使命。中国近现代大学的特殊起源,决定了中国近现代大学不可能像西方大学那样,只是以知识生产和学术发展为己任,而是担负着促进民族复兴和实现国家强盛的使命与功能期待。把中国建设成为现代化强国,实现中华民族伟大复兴,是1840年以来中华民族矢志不渝的追求。我国的近现代大学,主要是国家举办的,大学因此而被赋予了强烈的国家目的——大学必须服务于中国的赶超型现代化。这就是说,中国近现代大学的产生,是以"政治论高等教育哲学"而不是以"认识论高等教育哲学"为主导的,大学主要是因国家使命而生的,而不只是因知识和学术使命而生的。事实上,近代以来的中国大学,尤其是新中国成立以来的中国大学,一直承载着中华民族复兴的光荣梦想,洋溢着追赶世界一流的赶超激情,这是中华民族自强不息精神的体现。其间虽在建设和发展道路上经历了曲折过程,但大学所承担的促进民族复兴和实现国家强盛的使命一直没有改变。

第三,特殊的形成方式。中国近现代大学不是中国古代大学的自然延续,而是先有"功能期待"和"图纸",通过使命引领和目的优先"建设"出来的。"建设"意味着政府是大学的规划者和举办者,是大学发展的主导性力量。如洋务学堂的办学主体虽然具有某种多元性,但总体上是由政府或洋务派官员所办;民国时期的大学,虽然有一些私立大学,但主体是国立大学和省立大学,并且不少私立大学后来都改造成为国立大学。新中国成立之初,中央政

---

① 张应强.在计划与市场之间:我国高等教育治理转型和治理体系建设[M].武汉:华中科技大学出版社,2020:99.

府接管了旧中国遗留下来的 200 余所大学,并对其进行了彻底改造。20 世纪
50 年代初期,中央政府根据新中国建设发展的需要,借鉴"苏联模式",通过撤
并、重组、新建等具体方式,开展了全国范围内的高等学校院系调整。院系调
整除了发展师范教育之外,着重建设了为国家工业化服务的、按照国民经济
部门来分类的"部门大学",形成了部门办学体制。这种部门办学体制,一直
到 20 世纪末期的高等教育体制改革和结构调整时才得以改变。由此可见,我
国近现代大学的形成方式,与西方国家的大学由学者行会渐进演变而来完全
不同。西方国家的大学,主要是以大学自身为主体,通过调适大学传统与社
会环境的关系而渐进成长发展的;我国的大学,主要是根据国家现代化建设
需要,以国家和政府为主导"建设"出来的。

第四,特殊的大学制度。大学制度主要涉及国家层面的大学与政府、大
学与社会、大学与大学的关系,以及大学内部治理结构层面的学术权力与行
政权力的关系。[①] 中国大学的特殊起源、特殊使命和特殊形成方式,决定了中
国的大学制度与西方国家的大学制度的根本差异。新中国的大学制度,在经
历了艰难选择和曲折发展后,形成了中国特色大学制度。[②] 在大学的外部制
度方面,我国将发展高等教育作为国家事业,将大学作为事业单位来管理,形
成了中国共产党全面领导、国家举办大学、政府管理大学的高等教育领导、举
办和管理体制。通过协调有为政府与有效市场的关系,扩大社会参与,统筹
协调高等教育事业发展。在大学的内部治理结构方面,我国形成了党委领
导、校长治校、教授治学、民主管理的内部治理结构框架。当前,改革和完善
中国特色大学制度,主要是要处理好政府与大学的关系,进一步扩大和落实
大学自主权,协调和平衡好政府计划与市场调节两种机制的关系,促进高等
教育治理由类市场化治理向准市场化治理转变。

---

① 张应强.在计划与市场之间:我国高等教育治理转型和治理体系建设[M].武汉:华中科技大学
出版社,2020:64.

② 张应强.新中国大学制度建设的艰难选择[J].清华大学教育研究,2012(6):25-35.

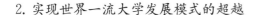

2. 实现世界一流大学发展模式的超越

世界一流大学的发展模式是多元的,而不是一元的。世界一流大学发展模式的多元性,总体上是由大学制度的多元性决定的。因为一个国家的大学制度是沟通大学内外部关系的枢纽,是国家的政治经济制度和文化传统在大学制度层面的反映。也就是说,国家政治经济制度和文化传统的多元性,决定了大学制度的多元性,从而决定了世界一流大学发展模式的多元性。

考察世界一流大学成长发展史以及有关国家和地区的世界一流大学建设计划和行动,可以发现世界一流大学主要有三种类型的发展模式。第一种是自然成长型发展模式。这种类型的发展模式,主要以大学自身为主体,遵循知识发展逻辑自然成长和发展。高等教育学术界主要从大学自身的特征来对其进行描述,如具有悠久的历史传统和深厚的学术积淀、拥有大师级学者、培养了一流的学生、取得了重大科技成果和思想成果、拥有多元化经费来源和充足的办学经费、享有极高的社会声誉和学术声誉、自主的内部管理、学术自由氛围等。牛津大学、剑桥大学、哈佛大学,是其典型代表。第二种是社会驱动型发展模式。这种类型的发展模式,也是以大学自身为主体,大学在与外部社会需求的相互适应和满足中成长发展。高等教育学术界主要从大学与社会的互动关系来对其进行描述,如充分发挥了大学服务社会的功能、具有很强的适应社会变革和引领社会发展的能力、满足多元社会需求的能力强、从社会和市场吸纳的资源多等。斯坦福大学、麻省理工学院、威斯康星大学,是其典型代表。第三种是国家规划型发展模式。这种类型的发展模式,主要以国家为主体,通过国家规划和设计,集中所有资源,来建设和发展世界一流大学。高等教育学术界主要从大学与国家的关系来对其进行描述,如一般是所在国家的第一所近现代大学、具有国家目的优先等基本特点、担负着强烈的国家使命和功能期待、服务国家现代化的能力强、为国家现代化和经济社会发展培养人才、具有大量的政府投资和集中的一流人才等。柏林大学、东京大学、新加坡国立大学,是其典型代表。

值得指出的是,上述三种类型的世界一流大学发展模式,并不是一种线性关系,而是一种迭代升级关系。西方国家世界一流大学的发展模式,虽然以"自然成长型"为基础,在与社会的互动中迭代升级,但通过国家和政府的介入和干预,使大学服务于国家目的,也是其发展模式的一种重要特征。如二战时期美国研究型大学承担了极其重要的国家军事科研任务,这在使美国的研究型大学服务国家目的的同时,也极大提高了大学自身的学科发展水平和科研能力,从而奠定了美国研究型大学在世界一流大学体系中的重要地位。

我国建设世界一流大学,显然属于"国家规划型"发展模式。我国是在早发型现代化国家已经产生了一批世界一流大学的格局下来建设世界一流大学的,因此,我国的世界一流大学发展模式面临着两个方面的挑战:一是如何避免步入"依附发展陷阱",二是如何克服"示范效应"。所谓"依附发展陷阱",就是丧失大学发展的独立性和自主性,只能依附西方知识体系和大学体系发展,沦为西方知识生产体系和大学体系的附庸;所谓"示范效应",是指西方世界一流大学的发展理念、发展模式、发展道路、评价标准等所产生的一种无形的,但具有强制性的"示范作用",从而对我国建设世界一流大学形成理念钳制、模式复制、道路锁定、标准控制,只能成为西方世界一流大学的跟随者和模仿者。要应对这两方面的挑战,必须实现世界一流大学发展模式的超越。一是要坚持合目的性与合规律性有机统一,即要坚持"合目的性"优先,始终以服务中华民族伟大复兴和建设社会主义现代化强国为使命引领,同时要遵循世界一流大学发展的一般性规律;二是要有效激发和活化"后发优势",以"后发优势"规避"后发劣势",超越西方世界一流大学的"历时态"演进逻辑和发展阶段,通过发展阶段的压缩和迭代,致力于历时性问题与共时性问题的同时解决;三是要坚定不移地走独立自主的高等教育发展道路,扎根中国大地办大学,实现高等教育内源性发展,避免在高等教育国际化中丧失主体性和自主性。

第四章　高等教育国际化与现代大学制度建设

　　20世纪50年代以来,高等教育国际化演变成为一种世界潮流,深刻影响了世界各国的现代大学制度建设。高等教育国际化不只是表现为人员、项目、机构、知识、课程等方面的国际流动现象,大学理念和大学制度的相互学习和借鉴,也是高等教育国际化的重要表现,甚至是本质性内涵。不同国家大学制度的相互借鉴和影响,使得世界各国的大学制度表现出国际性和共同性。随着各国高等教育的全球性关联不断强化,现代大学制度甚至表现出某种全球一致性趋势。但20世纪中叶以来的高等教育国际化,是建立在一个不公正、不平衡的世界高等教育格局基础上的。发达国家的高等教育处于优势地位,这就使得其大学理念和大学制度在国际化过程中得以主动向外输出和扩散;而发展中国家的高等教育处于劣势地位,其高等教育国际化往往表现出被动性和单向性,成为发达国家大学制度的接受者。揭示高等教育国际化对世界各国现代大学制度深刻而复杂的影响,对于我们理解现代大学制度的普适性与多样性的关系,对于建设中国特色现代大学制度,具有重要的理论意义和现实意义。

第一节　高等教育国际化及其理念的重新审视①

　　高等教育国际化(大学国际化)的历史与大学的历史一样长。20 世纪中叶以来是高等教育国际化高歌猛进的黄金时期,也是高等教育国际化矛盾和冲突最为激烈的时期。高等教育国际化在促进各国高等教育发展的同时,形成了一个不公正、不平衡的世界高等教育秩序和发展格局。当前,高等教育国际化正在逐步丧失发展动力和可持续发展能力,陷入严重困境之中。深刻反思 20 世纪中叶以来的高等教育国际化理念,确立全球化时代高等教育国际化新理念,对高等教育国际化的可持续发展具有重要意义。

一、高等教育国际化及其理念

1. 什么是高等教育国际化

　　高等教育国际化是一个极其复杂的概念。国际化研究者从不同角度和侧面提出了众多高等教育国际化概念,目前还没有一个学界公认的高等教育国际化定义。陈学飞教授曾根据学界定义高等教育国际化的侧重点不同,概括了四种界定高等教育国际化的角度或方法,即活动方法、能力方法、精神气质方法和过程方法。② 从"活动方法"来看,高等教育国际化是指课程国际化改革、人员国际交流、技术援助、合作研究等具体的国际化活动;从"能力方法"来看,高等教育国际化旨在培养学生、教师以及其他相关人员的新技能、

---

　　① 本节内容在《全球化背景下高等教育国际化理念的重新审视》(发表在《教育发展研究》2021 年第 23 期)一文基础上进行了适当调整和修改。

　　② 陈学飞.高等教育国际化——从历史到理论到策略[J].上海高教研究,1997(11):57-61.

态度和知识。从"精神气质方法"来看,高等教育国际化是指在那些注重和支持跨文化的、国际的观点的大学和学院中,形成和发展具有国际性的精神气质与文化氛围。从"过程方法"来看,高等教育国际化是指将国际的维度或观念整合到高等学校的各主要功能之中的过程。

在上述四种类型的高等教育国际化定义中,以奈特(Jane Knight)从过程角度对国际化的定义影响最大。1994年,奈特将高等教育国际化定义为"将国际维度与跨文化维度整合到高校的教学、科研与服务职能之中的过程"。这一定义因为只是立足院校层面来定义国际化而受到批评。因此,奈特在2004年对这一国际化定义进行了修正,提出国际化是"在院校与国家层面,把国际的、跨文化的、全球的维度整合进高等教育的目的、功能或传递的过程"①。即便如此,奈特基于院校层面和国家层面的"过程说"国际化定义,仍然存在着重大的方法论缺陷。她只是注意到了发生在具体院校层面和具体国家层面的国际化过程,但忽视了国际化是20世纪中叶以来形成的一种世界性现象这一基本事实,忽视了从"国际视野"和"国际关系"角度来研究国与国之间的高等教育国际化的相互影响过程。因此,它既难以揭示世界范围内的高等教育国际化是如何形成的,也难以解释国际高等教育不平衡格局下高等教育国际化过程中的合作、竞争、博弈、冲突和相互影响等复杂现象和复杂问题。

认识和理解高等教育国际化,选择立足点非常重要。立足点不同,对高等教育国际化的认识和理解就不同。要全面认识和理解高等教育国际化,既需要从院校层面、区域层面和国家层面出发,更需要从国际关系和国际格局层面出发。即首先要在把高等教育国际化看成是在一种世界性现象的前提下,既研究院校层面、区域层面和国家层面的高等教育国际化,更要研究国际关系和国际格局中的高等教育国际化。这才是最契合"国际化"本质意义的高等教育国际化研究方法论。

---

① 简·奈特.激流中的高等教育——国际化变革与发展[M].刘东风,陈巧云,主译.北京:北京大学出版社,2011:24-26.

高等教育国际化首先表现为世界高等教育领域的一种多元和复杂的世界性现象。这一世界性国际化现象在国家层面、区域层面、有关国际组织层面、院校层面,甚至个人层面都得到具体体现。最为典型的国际化现象有人才、项目、院校机构的流动;学生与学者的跨国流动;国际合作研究普遍展开;课程国际化和教学方式变革;各种国际机构和项目的扩张或扩建;高等教育产业间的相互联系日益密切;留学经济和教育服务贸易快速发展;等等。由于国际化载体的不同,还出现了传统国际化、在地国际化、在线国际化(虚拟国际化)等国际化现象。

从世界高等教育格局角度来看,高等教育国际化现象主要表现为人才和学术等资源向作为世界学术生产中心的美欧等发达国家单向流动的现象,这在阿特巴赫的有关研究中得到证明①;还有美欧国家的学术范式、学术思想,甚至文化价值观向全球蔓延的现象,以及有些发达国家在一些所谓关键领域限制国际化的现象。发展中国家高等教育的依附性发展和本土化努力也是一种高等教育国际化现象。

上述种种高等教育国际化现象并不是一种自发性现象,而是在有明确目的性的高等教育国际化行动中产生的现象。就国家层面而言,20 世纪中叶以来,无论是发展中国家还是发达国家,都在大力推进高等教育国际化,表现为一个具有明确目的性的多类型的国际化行动。二战之后独立和脱离其宗主国的民族国家,大都制订了高等教育国际化的规划和计划,确立了一种目标导向型的高等教育国际化政策,通过鼓励留学、学者派遣、学术交流与合作等具体行动大力推进高等教育国际化,目的在于通过高等教育国际化来促进国家经济建设和社会发展。而发达国家则针对发展中国家日益旺盛的高等教育和学术需求,以及逐渐形成的国际高等教育和学术市场,制定了发展留学经济和教育服务贸易等多方面的相关政策和规则。有些国家甚至从维护其

① 菲利普·G.阿特巴赫.高等教育变革的国际趋势[M].蒋凯,主译.北京:北京大学出版社,2009:20-28.

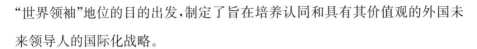

"世界领袖"地位的目的出发,制定了旨在培养认同和具有其价值观的外国未来领导人的国际化战略。

综上所述,高等教育国际化是在高等教育国际化理念支配下,由具有明确目的性的国际化行动而产生的一种世界性高等教育现象。

2. 什么是高等教育国际化理念

高等教育国际化理念是关于国际化的目的、内容、途径和方法的系统性思想和观念。其中,国际化的目的是核心,处于主导地位,主导着国际化的内容(如课程国际化、学术知识国际化等)、途径和方法(如学术交流、人员交流、留学教育、教育服务贸易等)。需要说明的是,在国家层面、区域和国际组织层面、院校层面和个人层面,高等教育国际化理念是不同的。本书主要从国家层面来讨论高等教育国际化理念。因为二战以后世界范围的高等教育国际化,主要是以国家为单元的国际化。尽管因各国高等教育体制机制不同导致大学国际化的独立性和自主性不同,但国家在高等教育国际化过程中仍然处于主导性地位。

高等教育国际化从中世纪大学时期大学的自发性行为,演变为20世纪中叶以来的国家目的性行动,受到了不同时期高等教育国际化理念的深刻影响。自大学产生以来,大学在本质上是生产普遍性知识的,这种普遍性知识是超越国界的人类性知识,大学因此往往被看成是具有普遍性的组织。即使在民族国家产生之后,虽然大学寄居在具体国家疆域之内,成为"国家的"大学,但大学生产普遍性知识和超越国界的精神气质,并没有完全消失。从这个角度来看高等教育国际化理念,大学国际化的目的在于通过国际学术交流,生产普遍性知识,促进人类知识进步。这是高等教育国际化目的的维度之一,也是最基本的维度。

在大学进入社会的中心之后,高等教育对国家发展的意义和作用凸显,国家因此而加强了对大学的管控,并通过法律、政策、财政、评估、激励等手段,促使大学为国家发展服务和服务于国家的目的。阿特巴赫认为,在高等教育国际化背景下,大学除了传播知识、技能或价值观以外,还服务于政治和经济目的等其他目的。除经济收益外,教育的、政治的和文化的动机也与国际化息息相关。① 奈特认为,"高等教育国际化本身不是目的,而是达到某个目的的手段"。她把国家层面的高等教育国际化动因概括为人力资源发展、战略联盟、创收和商业贸易、国家建设和院校建设、社会文化发展与相互理解。② 奈特所阐述的国家层面的高等教育国际化动因,准确地说,是高等教育国际化的国家目的。这就构成了高等教育国际化目的的第二个维度——服务国家发展和国际竞争。

这两个维度的高等教育国际化理念,与布鲁贝克(John Brubaker)提出的两种高等教育哲学(认识论高等教育哲学和政治论高等教育哲学)具有高度相似性。所谓认识论高等教育哲学,是说高等教育的功用在于促进高深知识的生产、发展和进步,这种高深知识是人类性和普遍性知识;所谓政治论高等教育哲学,是说高等教育(大学)的功用在于以高深知识来为国家发展服务,这种高深知识是服务于国家发展的知识。

综上所述,高等教育国际化理念表现在相互关联的两个方面:一是促进国际学术交流和人类知识进步,二是服务于国家发展和国际竞争。这两个方面有时此消彼长,有时交汇交融,影响着各国高等教育国际化行动,产生了复杂的高等教育国际化现象。

3. 全球化与高等教育国际化

谈及高等教育国际化及其理念,不可能不涉及全球化。泰希勒(Ulrich Teichler)认为,在高等教育领域,大约从 20 世纪 90 年代中期开始,"全球化"提法逐渐取代了"国际化"的概念。③ 事实上,作为现象的全球化与国际化并非一种取代关系,而是并存于高等教育领域。

---

① 菲利普•阿特巴赫.全球化与国际化[J].姜川,陈廷柱,译.高等教育研究,2010(2):12-18.
② 简•奈特.激流中的高等教育——国际化变革与发展[M].刘东风,陈巧云,主译.北京:北京大学出版社,2011:导论1,31-33.
③ 乌利希•泰希勒.欧洲化 国际化 全球化——高等学校何处去?[J].陈洪捷,译.北京大学教育评论,2003(1):40-47.

与国际化一样,全球化也是一个极其复杂的概念。全球化首先作为一种经济现象而为人们所关注,它往往被用来描述资源、资本、产品、技术、生产、流通、服务等经济发展要素的全球交换和全球贸易等现象。这些经济现象是世界经济体系发展到一定阶段自然形成的现象,表明世界各国经济发展的全球性关联大大增强,甚至出现"一体化"趋势。这就是说,全球化首先在经济领域表现出来,后来在包括高等教育在内的各领域都有表现。奈特认为,全球化是指人口、文化、观念、价值、知识、技术以及经济的跨国界流动,形成了一个更加紧密联系、更加相互依存的世界。①

其实,全球化还蕴含着一种更具本质性的意义——人类由全球问题和全球性挑战倒逼所产生的全球意识和全球观念。② 这种全球意识和全球观念,经历了 20 世纪六七十年代以来人类对"增长的极限""人类发展困境"的深刻反思,特别是 1992 年联合国环境与发展大会正式提出可持续发展理念,表明世界范围内正在逐步形成全球意识和全球思维。全球意识实质上是人类命运共同体意识——世界各国,无论是发达国家还是发展中国家,都形成了命运相系的命运共同体,必须从人类共同命运出发,将人类共同利益置于首位,通过全球合作而建立全球伙伴关系,来共同面对全球问题和全球性挑战,寻找问题的解决方案,追寻人类共同的未来。

关于高等教育国际化与全球化的关系,国际学术界存在着不同认识。阿特巴赫认为,在高等教育领域,全球化和国际化指的是两种截然不同的范畴和现象。全球化着重指"一种广泛的经济、政治、社会、技术以及科学的趋势和力量,这种趋势直接影响高等教育的发展,并且不可避免地影响到今日之世界";国际化则指的是"政府职能部门、学术系统、高等院校,乃至高校各个院系为应对全球化所制定的各种政策和开展的各种项目"。全球化及其影响

---

① 简·奈特.激流中的高等教育——国际化变革与发展[M].刘东风,陈巧云,主译.北京:北京大学出版社,2011:7-8.

② 张应强.高等教育全球化对国际化的超越——基于人类命运共同体意识的思考[J].探索与争鸣,2019(9):15-17.

超越某个人、某个机构,或者任何组织的控制。但国际化通常被视为社会组织、院校机构所采用的应对全球化的战略,也是高等教育机构积极参与全球化市场的方法或进程。[①] 而泰希勒认为,国际化意味着跨国界的活动的增加,但各国的高等教育体制原则上不变;全球化通常隐含这样一种观念,即国与国的界限和各国制度的差异界限趋于模糊,甚至消失。与国际化相联系的一般是人员的流动、学术的合作、传统的知识移植和国际教育等;全球化则首先与市场调控、跨国界的培养计划以及商业性的知识转化相联系。[②]

其实,全球化首先是高等教育国际化的时代背景,即高等教育国际化进入全球化时代。全球化时代不仅存在复杂的全球化现象,如目前人们高度关注的"逆全球化"现象,而且正在逐步形成人类命运共同体意识。有学者提出了"新型全球化",即致力于人类共同发展的新型全球化。[③] 新型全球化是对公正包容的新型全球治理体系和新秩序的追求。全球化的本质是全球性交往实践,包括多极主体性、社会交往性与双向建构和双重整合。[④] "新型全球化"其实是在人类命运共同体意识支配下对全球化的一种构想,它仍然是理念层面的。

将全球化作为一种时代背景(现象层面和观念层面)来认识高等教育国际化理念,无论是国际化的目的,还是国际化的内容和途径,与之前的高等教育国际化理念都存在根本性区别。之前的高等教育国际化,主要立足民族国家的现代化进程,目的在于服务民族国家的发展和国际竞争;而全球化时代的高等教育国际化,主要立足民族国家发展的全球性关联,目的在于服务建设人类命运共同体,促进解决人类面临的全球问题,实现人类共存共荣。

---

① 菲利普・阿特巴赫.全球化与国际化[J].姜川,陈廷柱,译.高等教育研究,2010(2):12-18.
② 乌利希・泰希勒.欧洲化 国际化 全球化——高等学校何处去?[J].陈洪捷,译.北京大学教育评论,2003(1):40-47.
③ 刘宝存,臧玲玲.全球化时代的比较教育:机遇、挑战与使命[J].教育研究,2020(3):74-83.
④ 李梅.全球化新变局与高等教育国际化的中国道路[J].高等学校文科学术文摘,2021(3):79-80.

二、基于地理疆域的高等教育国际化理念及其后果

1. 基于地理疆域的高等教育国际化理念

对高等教育国际化的理解,长期流行并起主导作用的是一种基于"地理疆域"的国际化理解和认识。即首先将"国际"理解为一个实体性疆域概念,进而形成一种基于地理疆域的高等教育国际化思维和理念。这种国际化思维和理念有着悠久的历史传统。

在某种意义上可以说,西欧中世纪大学是具有某种"国际性"的"国际化"大学。当时尚未分化的欧洲是中世纪大学的生存空间,作为学者行会的大学可以在欧洲范围内自由迁徙,学生和学者为了追求知识和学术,可以像云游僧人般在"国际"求学、游学、讲学,有些中世纪大学甚至将"国际"迁徙作为争取大学自治和学术自由权利的"砝码"。知识和学术成为大学和学者活动的中心,来自不同地域、说着不同语言的学生和学者用拉丁文交流学术,这使得中世纪大学表现出某种"国际化"特征。中世纪大学的"国际化",本质上是学术和知识的"国际化"。"一体化"的欧洲分化之后,"国际化"的中世纪大学体系开始瓦解,各民族国家纷纷在自己的地理疆域内建设和发展自己国家的大学,大学的国家化和民族化由此成为大学发展的主流,使得"高等学校在 19 和 20 世纪具有强烈的民族国家的特征"①。这就是说,欧洲民族国家的兴起,不仅使大学的民族性增强而"国际性"削弱,而且使大学国际化从此开始以明确的国家疆域为基础展开。在这个过程中,大学和学术的世界主义维度逐渐式微,国家主义维度迅速膨胀并占据主导地位。比如,柏林洪堡大学就是大学和学术的国家主义取向占据主导地位的产物。普鲁士在 1806 年普法战争中

---

① 乌利希·泰希勒.欧洲化 国际化 全球化——高等学校何处去?[J].陈洪捷,译.北京大学教育评论,2003(1):40-47.

失败后,国王威廉三世希望通过建立一所大学,以大学的精神力量来弥补国家在战争中遭受的物质损失①,使普鲁士从四分五裂和精神低落状态中走出来,从而提振普鲁士民族精神。

19 世纪中叶的高等教育国际化,以美国高等教育国际化最为典型,也最为成功。在 19 世纪初期至 20 世纪初期的大约八九十年间,先后有约 9 000 名美国学生到德国的大学学习。这批学成回国的留学生,不仅带回了德国的先进学术思想,更重要的是带回了德国的先进大学理念和模式,并将之运用于美国高等教育中。最为典型的是创办了被美国大学史学者称为"美国第一所真正的大学"的约翰·霍普金斯大学。约翰·霍普金斯大学产生了巨大的"示范效应",不仅带动了美国研究型大学群体的迅速崛起,进而成为世界各国大学的典范,而且促使美国的研究型大学理念和模式向德国回流,并迅速向世界各国扩散,由此开启了世界高等教育的新时代。

二战结束之后,世界各国特别是先后独立或脱离其宗主国的国家,为了战后重建和发展国家经济,高度重视高等教育发展和科技发展,对通过学习"早发型"现代化国家高等教育经验来发展本国高等教育寄予厚望,对高等教育国际化抱有乐观期待,从而将国际化作为发展本国高等教育的重要途径,甚至作为一种发展战略和发展目标,由此产生了"目标导向型"高等教育国际化。世界范围的高等教育国际化因此迎来了黄金时期,但这也是高等教育国际化矛盾冲突最为集中的时期,成为世界范围高等教育国际化进程中的"关键节点",对高等教育国际化历史走向产生了重大影响。

简略回顾 20 世纪以来的高等教育国际化历程我们可以发现:两次世界大战使得高等教育国际化几乎完全停顿;冷战期间两大阵营的意识形态和政治竞争以及军备竞赛,使高等教育国际化打上了鲜明的国际政治和意识形态斗争"烙印";冷战结束以后,随着意识形态竞争和军事竞争转变为经济竞争和

---

① 李工真.德国大学的现代化[J].经济社会史评论,2010(1):5-15.

科技竞争,高等教育国际化演变为争夺科技制高点的竞争;在教育作为产业和服务贸易后,留学经济蓬勃发展,高等教育国际化由此成为一种国际贸易新方式和获取经济利益的新途径;高等教育国际化作为一种外交事务,被逐步纳入国家外交领域,成为国家外交和发展国际关系的重要途径……这就是说,20世纪以来基于地理疆域的高等教育国际化理念,受到国家主义思想和民族国家之间发展竞争的深刻影响。国家主义思想以及国家之间的发展竞争,由此成为高等教育国际化的重要驱动力量。"民族国家在地缘政治、人才和科技等领域的全球竞争中将高等教育作为提升自身竞争力和超越他国的重要手段,因而不遗余力地使用政策、资源供给、评估等方式推动高等教育国际化。"[1]

我国高等教育国际化也是一种目标导向型国际化。改革开放后,我国主要引进和学习美欧高等教育理念和模式来发展高等教育。美欧不仅成为我国学生的最主要留学目的地国,而且成为我国国际学术交流的主要对象国。20世纪90年代初,"教育与国际接轨"成为教育学界讨论的重要话题。这个话题,引发出"'国际'是谁"及"教育的'国际轨道'在哪里"的讨论。这场涉及高等教育国际化的学术讨论,其话语隐喻为:"国际"就是美欧发达国家,高等教育的"国际轨道"就是西方发达国家的高等教育轨道,尤其是美国高等教育轨道。"国际"在话语隐喻中成了发达国家的"代名词"。

20世纪90年代初期,我国高等教育界开始思考"把一个什么样的高等教育带入21世纪",相继实施"211工程"和"985工程"。纳入"211工程"和"985工程"的高校,尽管学校类型不同,但都把"研究型""国际化"作为学校发展定位的核心要素,都将"国际化"作为建设世界一流大学或国际知名高水平大学的重要战略举措,不少高校还专门制订了国际化发展规划和行动计划。教育部在部署"985工程"二期建设计划时,要求各有关高校在建设方案和计划中

---

① 文雯,崔亚楠.新全球化背景下我国高校国际化发展的认知、实施与评价[J].高等教育研究,2020(7):21-35.

必须对标一所国外世界一流大学,既将之作为学校的追赶对象,又将之作为衡量学校建设成效的标准。作为高等教育国际化的具体方式,1992年以来,我国中外合作办学项目和机构迅速发展,几乎所有本科高校都对设置和发展中外合作办学项目充满了热情,有关地方政府和一些重点高校积极谋求建设中外合作办学机构,先后建设了宁波诺丁汉大学、西交利物浦大学、昆山杜克大学、上海纽约大学、温州肯恩大学、香港中文大学(深圳)、深圳北理莫斯科大学、广东以色列理工学院等中外合作大学。还有一些大学积极尝试以新体制机制建设大学国际校区。

2. 基于地理疆域的高等教育国际化后果

基于地理疆域的高等教育国际化理念和行动,在促进国际学术交流合作和各国高等教育发展的同时,也形成了高等教育国际化的特殊生态结构和心态结构,出现了一些必须面对和解决的重大现实问题。

(1) 加剧了世界高等教育体系生态秩序失衡

20世纪世界范围的高等教育国际化,本身就是建立在一个不平衡的世界高等教育格局基础上的。发达国家的高等教育处于优势地位,其高等教育国际化是一种主动的国际化;发展中国家的高等教育处于劣势地位,其高等教育国际化是一种不得已而为之的被动的国际化。就像大河漫溢到小溪而将小溪纳入大河一样,而不是小溪自然流入大河。高等教育地位的差异,使得高等教育国际化的机会也极不平衡,"对世界上最贫穷的一些国家以及那些最缺乏资源的院校来说,它们参与高等教育国际化的机会非常有限,或者在国际交流与合作时常处于矛盾、尴尬和令人不安的地位"①。

基于地理疆域的高等教育国际化,一方面以不平衡的高等教育国际秩序为基础,另一方面又以发达国家高等教育为样板,不断强化了其优势地位,使得世界高等教育生态秩序不是趋向平衡,而是趋向更不平衡,形成了"一个以

<hr>

① 菲利普·阿特巴赫.全球化与国际化[J].姜川,陈廷柱,译.高等教育研究,2010(2):12-18.

北部为中心的世界,尤其是以英语为母语的国家在决定着知识生产的范式,在主导着科学与学术的议事日程"①的局面。这具体体现在以下几个方面:一是西方发达国家掌握着国际学术话语权和国际学术交流主动权,形成了事实上的学术霸权。而发展中国家只能依附于发达国家,被动地开展高等教育国际化。二是发展中国家的高等教育国际化导致人才不断向发达国家流动,形成"抽水机效应",导致人才流失。三是高等教育国际化助长了"西方文化优越论"和殖民主义文化意识,使得发展中国家教育主权受到潜在威胁,民族文化传统受到冲击,人类文化多样性面临重大挑战。

在高等教育国际化过程中,出现了不同类型的国际化发展模式,这实际上是世界高等教育不平衡格局的反映。有学者根据知识输送方式的不同,将高等教育国际化发展模式分为内向型、外向型和综合型三种类型。美国等发达国家属于外向型,而中国等发展中国家属于内向型。② 从高等教育国际化的经济和文化收益来看,美国等发达国家的外向型国际化发展模式,既输出资源(如项目与机构、教育管理者与师资),又输入学生(如接受留学生),这"一出一进",产生了双倍经济收益,还不论其在价值观和文化传播上获得的隐性和长远收益。而中国等大多数发展中国家的内向型国际化发展模式,实际上是一个既输入资源又输出学生的过程。这"一进一出",不仅使发展中国家付出了双倍经济成本,而且还面临西方价值观植入和"文化殖民"等潜在风险。发达国家高等教育国际化的"一出一进"与发展中国家高等教育国际化的"一进一出",使本身就极不平衡的世界高等教育秩序更加不平衡。阿特巴赫以教育项目和计划的国际流动描述了世界高等教育秩序的不平衡现象——"教育项目和计划的国际流动是非常不平等的。国际流动通常是由北向南,即发达国家的教育机构向发展中国家扩张"③。

---

① 菲利普·阿特巴赫.全球化与国际化[J].姜川,陈廷柱,译.高等教育研究,2010(2):12-18.
② 毕晓玉,张晓明.内向型与外向型:中美高等教育国际化发展模式分析[J].现代大学教育,2006(1):84-88.
③ 菲利普·阿特巴赫.全球化与国际化[J].姜川,陈廷柱,译.高等教育研究,2010(2):12-18.

更为严峻的是,高等教育国际化生态秩序失衡引发了国际化心态上的冲突。虽然发达国家是高等教育国际化的最大受益者,但有些发达国家对其高等教育国际化仍不满意。以留学教育为例,虽然有些发达国家大量接受留学生获得了巨大的经济收益和文化收益,但其国内仍然有一种观点认为:发展中国家留学生的大量流入挤占了国人的工作岗位和就业机会,是导致其国内人员失业的重要原因之一;特别是从国家长远发展利益来看,留学教育实际上是为竞争对手培养人才,培养了"国家的竞争者"。

就发展中国家而言,高等教育国际化过程中出现的人才流失、资金流出等现象,以及教育主权、民族文化传统等面临威胁,使得有些发展中国家对高等教育国际化产生了左右为难的矛盾心态。从长远发展来看,高等教育国际化是民族国家融入国际社会的重要途径,是促进国家高等教育发展的必然选择,必须大力推进高等教育国际化。但从现实来看,高等教育国际化收益具有非常大的不确定性,而且还面临各种潜在威胁和风险,高等教育国际化无异于饮鸩止渴。高等教育国际化的"双刃剑"效应,以及目前"逆全球化"思潮和民族保护主义抬头,使发展中国家的高等教育国际化表现出畏难情绪,给全球高等教育国际化的可持续发展带来了新挑战。

(2)威胁高等教育国际化的可持续性

从理想状态来看,高等教育国际化应该是国与国之间高等教育的平等的双向交流活动和过程,即既有输入又有输出的活动和过程。只有输入而没有输出,或只有输出而没有输入的高等教育国际化,都是不可持续的,尤其是不能平等地开展双向交流的高等教育国际化是不可持续的。

但从 20 世纪以来世界范围的高等教育国际化来看,无论是发达国家还是发展中国家的高等教育国际化,都是一种单向国际化,高等教育国际化的非对称性特征非常鲜明——发达国家主要是输出型国际化,并且是一种掌握着主动权的选择性输出和目的性输出。如有些发达国家对高精尖技术输出设置种种限制,将正常的学术交流政治化,以及借学术交流之名行文化和价值观输出之实,等等。而发展中国家则主要是输入型国际化,输入型国际化往往是被动的,在总体上受到输出型国际化的裹挟和控制而失去自主性。输出型和输入型高等教育国际化的心态是完全不同的。有些发达国家的高等教育国际化往往表现出知识、学术甚至文化和价值观上的优越心态,这种优越心态不仅导致对发展中国家的不平等对待,而且会不断强化输出型单向国际化,排斥双向国际化。阿特巴赫就曾指出过美国大学教授中存在的这种优越心态,"美国的教授认为美国的高等教育居于国际学校体系的中心。全世界都到美国来,因此国际主动性是多余的"[①]。而发展中国家的高等教育国际化则不同程度地伴随着知识、学术甚至价值观层面的某种自卑心理。虽不乏"知耻而后勇"心态,但被动输入型单向国际化总是难以改变这种自卑心理。

不平等的高等教育国际化源于"西方文化优越论"。在人类社会现代化过程中,不仅不少西方发达国家持"西方文化优越论",而且这在有些发展中国家还有一定市场。"西方文化优越论"一方面为有关发达国家借高等教育国际化输出其文化和价值观披上了"合理性"外衣,另一方面使得发展中国家的高等教育国际化在面对西方文化和价值观输出时,要么认为理所当然,要么麻木不仁,或主动或被动地接受掩盖在知识和学术世界主义外衣之下的西方文化和价值观。这种建立在"西方文化优越论"基础上的、丧失平等和尊重文化多样性的高等教育国际化,是不可能获得可持续发展能力的,因而是不具备可持续性的。

高等教育国际化要获得可持续性,必须在寻求各国共同利益的基础上包容各国高等教育发展利益,必须在平等的、输出与输入平衡的学术交流基础上,实现互利互惠,共生共荣。而基于地理疆域的高等教育国际化理念,以国家主义和国际竞争主导高等教育国际化,既没有建立在人类共同利益的基础

---

① 菲利普·G.阿特巴赫.比较高等教育:知识、大学与发展[M].人民教育出版社教育室,译.北京:人民教育出版社,2001:105.

上,也不可能包容所有国家的高等教育发展利益,因而不可能实现真正的国际学术交流与合作,高等教育国际化丧失可持续发展能力也就在所难免。

（3）形成了高等教育国际化难以化解的深刻矛盾

从现象层面来看,高等教育国际化主要表现为一系列国际性流动现象——学术人员流动、知识流动、信息流动、课程流动等。在这些国际性流动现象背后,是广泛的、多种形式国际学术交流与合作,高等教育国际化因此而成为知识和学术的国际化。但知识和学术的国际化过程充满了矛盾和博弈,因为驱动知识和学术国际化的,是高等教育国际化所蕴含的国家目的。即各国高等教育国际化都是为了各自国家的建设和发展,为了增强国家竞争实力,以摆脱依附性发展地位或者在国际竞争中战胜对手。"在国际高等教育关系中,相互信任的交流和合作成分在减少,而竞争和较量成分在增加。""各国高等教育政策似乎更多地借国际化为本国高等学校在世界高等教育中争取好处"①。这就是说,实际主导高等教育国际化的,主要不是知识和学术的国际化逻辑,而是知识和学术的国家化逻辑。这就形成了大学和学术的世界主义逻辑与国家主义逻辑之间的矛盾。

大学的确是一个具有世界主义倾向的组织,不仅大学中的知识和学术具有世界主义特性——知识和学术是人类共创、共有、共享的文明成果,而且大学的理想和抱负也具有某种世界主义特性——大学具有人类终极关怀精神,是人类公器,通过科技和价值观教育来实现人类美好生活。大学曾经是一个具有高度自主性和自我欣赏性的边缘化社会组织,这在"象牙塔"一词中得到印证。但自人类进入工业化社会之后,大学便迅速演变成为社会的"轴心机构"。大学的功能和作用已不限于促进人类知识增长和学术发展这一世界主义维度;现代大学对国家发展的极端重要性,使得大学和学术迅速国家化,大学功能和作用的国家主义维度凸显而世界主义维度式微。这就是说,大学和

---

① 乌利希·泰希勒.欧洲化 国际化 全球化——高等学校何处去?［J］.陈洪捷,译.北京大学教育评论,2003(1):40-47.

学术的国际化对国家发展而言太重要,也就不能再由知识和学术的世界主义逻辑主导了,由此形成了大学和学术国际化与国际化目的国家化之间的深刻矛盾。

高等教育国际化的国家目的,在世界各国高等教育国际化中都有重要体现,但在美国高等教育国际化中体现得最为深刻和典型。二战之后,美国联邦政府开始将高等教育国际化作为国家发展的重要议程。2000 年,时任美国总统克林顿发布的《高等教育国际化的备忘录》中有这样的阐述:"为了继续在全球经济中进行成功的竞争以及维持我们作为世界领袖的作用,美国必须确保其公民对世界有广泛的了解、能掌握外语工具、且具备有关其他文化的知识。美国的领导作用还有赖于未来将在各国的政治、文化及经济发展方面起指导作用的人物建立密切关系。一项协调统一的国际教育战略将帮助我们成功应对双重挑战:一方面使美国公民准备好应对全球化的环境,另一方面继续吸引和教育来自国外的未来领袖。"①这表明,美国高等教育国际化的目的在于"维持美国的世界领袖地位",保证继续维持美国在国际竞争中的霸权地位。因此,美国高等教育国际化一方面致力于培养美国公民具有国际交往的能力和意识,另一方面致力于培养具有美国意识和价值观的外国未来领导人。

目前世界范围的高等教育国际化,已经深陷大学和学术国际化与国际化目的国家化之间的深刻矛盾之中难以自拔。在基于地理疆域的高等教育国际化理念支配下,这个深刻矛盾是无法化解的。要解决这一深刻矛盾,必须实现高等教育国际化理念的革命性变革。

三、确立基于全球化时空思维的高等教育国际化新理念

高等教育国际化的前景问题一直都是国际学术界和政策界关注的焦点

---

① 转引自毕晓玉,张晓明.内向型与外向型:中美高等教育国际化发展模式分析[J].现代大学教育,2006(1):84-88.

问题,新冠疫情的全球流行及其对高等教育国际化带来的重大影响,使关于这一问题的探讨更具现实必要性和重要性。有一种观点认为,高等教育国际化只是在特殊条件下形成的特殊路段,这条路已经走向了尽头。的确,如果不改变基于地理思维的国际化理念,高等教育国际化确实已经无路可走。或者说,高等教育国际化要获得可持续性,必须实现国际化理念的根本性转变——摒弃基于地理疆域思维的国际化理念,确立基于全球化时空思维的国际化新理念。

1. 什么是全球化时空思维

全球化时空思维是基于全球化的时间思维和空间思维。从基于全球化的时间思维来看,"时间"不只是物理概念,还是文化概念,时间承载着文化。因此,人们用"传统""现代""未来""万寿无疆""永垂不朽"等词汇来表达时间的文化意义。人类既生活在物理时间之中,更生活在文化时间之中。文化时间虽然没有物理时间那样精准,但最贴近人的现实生活和情感——使时间具有主观感受性和生活体验性。面对生命诞生,面对死亡来临,人们固然关注物理时间,但更关注文化时间。亨利·柏格森在其生命哲学和"文化绵延说"中表达了他对生命、文化与时间关系的认识——生命是一种时间性存在和文化性存在;文化是一种时间性和生命性存在。这就是说,生命既是一种物理时间表达(从生到死),又是一种文化时间表达(生命不朽)。其实,历史也不只是一个物理时间概念,历史的本质在于其文化意义。一般认为,西方的现代社会历史从文艺复兴运动开始,而中国的近现代社会历史则是从鸦片战争开始,两者都在表达"现代社会"这个时间概念,为什么其物理时间相差了300多年?原因在于划分历史阶段是根据时间的文化意义来确定的。对于当今时代,其物理时间表达具有唯一性("公元21世纪"),但其文化时间表达则具有多样性,如"信息技术时代""人工智能时代""人类命运共同体时代"等。

从基于全球化的空间思维来看,"空间"也超越了其物理意义而具有文化意义——从物理空间到文化空间。文化空间其实是人的一种自我感受空间,是一种"心态空间",即空间成为人的一种"感觉"。现实生活中广泛存在着这种由文化和心态塑造的空间概念,如"相爱的两人世界就是全世界""海内存知己,天涯若比邻"等。空间不仅受到文化和心态的影响,而且受到社会关系的影响,社会关系会影响到我们的空间感受性和空间意识。

目前,人类社会的"社会关系"已经呈现出两个基本事实:一是全球互联网技术已经突破了地理限制和人为区隔,拉近了人类的物理距离,让我们"远在天涯"又"近在咫尺"。二是全球问题和全球性挑战将人类居住的地球缩小为"地球村"。"地球村"是对空间概念的象征性表达,它超越了地理等生态意义上的空间概念,演变为一个心理和文化概念——"人类命运共同体",即人类共同居住在文化高度依存和命运休戚与共的生存空间。生态意义上的地球虽大,但心态意义上的地球只是一个村庄。"人类命运共同体"实际上是一种由全球问题和全球性挑战倒逼而产生的空间意识和文化意识——地球上的所有人、所有生命、所有物种都是命运相依相系的命运共同体。这就是说,从全球化时空思维来看,人类面临的"存在与时间""存在与空间"问题,与之前有着根本性不同。

2. 走向世界主义:高等教育国际化新理念

事实上,面对全球化挑战和人类命运共同体建设,20世纪80年代以来,国际学术界和有关国际组织在全球性危机、全球化时代的新价值论、教育的使命与责任等方面都做出了回应。

20世纪90年代初期,费孝通先生就警觉到全球化进程伴随着生态秩序紧张而可能出现的心态危机问题——"经济上全人类已经捆在一起",但"大家能和平相处的新秩序却还是遥遥难望","全人类已有了利害上的联系而还缺乏道义上的联系"。[①] 因此,"当前人们已迫切需要一个共同认可和理解的价值体系,才能继续共同生存下去。……必须建立的新秩序不仅需要一个能

① 费孝通.略谈中国的社会学[J].社会学研究,1994(1):2-8.

保证人类继续生存下去的公正的生态格局,而且还需要一个所有人类均能遂生乐业,发扬人生价值的心态秩序"。①

韩国学者金泰昌1991年5月在第10次京都论坛上做了题为《地球时代的新的价值论》的专题演讲。他认为,当今时代已经进入"地球时代",地球时代是各个时代所要求的价值、品性能相互关联、和平共处的时代。在地球时代,人类形成了"地球家庭",因而需要培养"地球家庭人"。"由于世界成了一个地球家庭,因而所有的人与所有的物都相互依存、相互关联,这就要求我们要具有地球家庭人的心性。……作为家庭就该相互平等,这样的世代间的意识才是地球家庭人的意识,才是地球家庭人的基本的心性。""地球家庭人"是具有地球家庭的连带意识的人,其地球家庭的连带意识是在有机地协调敬畏生态的生态和平,认识到生态正义、生态幸福的生态伦理良知以及伽伊雅式共存伦理与生态美学的感性、俄耳甫斯式的共感能力基础上形成的。因此,他认为,"20世纪尾声的时代课题,就是超越经济价值优先的价值结构,积极构筑生态价值优先的体系,以及调整、纠正以培养经济、企业人为主旨的人格培养模式,开辟新的人格培养方式,培养地球家庭人"。②

建设性后现代主义哲学在解构现代性的同时,对现代性表现出明显的建设性倾向。建设性后现代主义哲学认为,人是一种关系性存在——不仅他人是我们的有机构成,而且自然界、其他物种和生命,都是人的有机构成;根本就不存在与人分离的孤立的对象世界,因为人本身就存在于对象世界之中,对象世界构成了我们人本身。德国哲学家马丁·布伯在《我与你》一书中揭示了人与人之间的两种关系——"我—它"关系与"我—你"关系。他认为,面对时代危机,人类应该发展"我—你"关系,只有通过投入"你"去感悟关系世界,人类才能走出时代危机。在汉语中,"与"与"和"的意义是不完全相同的。中华"和合文化"对"和"的理解,既有"与"(and)的意思,更有一种"和"

① 费孝通.中国城乡发展的道路——我一生的研究课题[J].中国社会科学,1993(1):3-13.
② 金泰昌.地球时代的新的价值论[J].何培忠,译.国外社会科学,1995(9):29-37.

(harmonious)的境界性意义。所以,2008 年北京奥运会主题曲《我和你》——我和你,心连心,同住地球村;我和你,心连心,永远一家人——准确表达了"我—你"关系"和"的理念性和境界性意义。

联合国教科文组织一直致力于全球可持续发展的教育倡议,呼吁各国通过教育改革,以应对 21 世纪和全球化挑战。20 世纪末期,原总干事马约尔(Federico Mayor)从世界未来和人类未来的角度阐述了教育的意义和价值——我们留下一个什么样的世界给子孙后代在很大程度上取决于我们给世界留下什么样的子孙后代。① 2015 年 11 月,联合国教科文组织在《反思教育:向"全球共同利益"的理念转变?》中重新定义了全球化时代的教育和知识,认为教育和知识是一项全球共同利益,它关乎个人尊严、能力、福祉和人类社会的可持续发展。② 2016 年,前总干事博科娃(Irina Bokova)指出:今天,教育比以往任何时候都更有责任密切结合 21 世纪的各种挑战和希冀,培养实现可持续的包容性增长以及和平共处所需的正确价值观和技能。2021 年 11 月 10 日,联合国教科文组织发布了《共同重新构想我们的未来:一种新的教育社会契约》报告。该报告在将教育视为一种社会契约的基础上,探讨和展望面向未来乃至 2050 年的教育,认为新的教育社会契约,必须能够将人类联合起来,通过集体努力,提供所需的知识和创新,帮助我们塑造面向所有人的可持续和和平的未来,维护社会、经济和环境正义。

以上所列举的,是由全球化挑战倒逼而产生的人类命运共同体意识在哲学思想、人类价值观以及教育价值层面的一种反映。这既是确立全球化时代高等教育国际化新理念的背景,又是高等教育国际化新理念可资利用的思想资源。面对全球化挑战,无论是从发挥高等教育在构建人类命运共同体中的独特作用来看,还是从实现高等教育国际化的可持续发展来看,都必须实现

---

① 联合国教科文组织.世界教育报告 1998:教师和变革世界中的教学工作[M].罗进德,等译.北京:中国对外翻译出版公司,1998:前言.

② 联合国教科文组织.反思教育:向"全球共同利益"的理念转变?[M].联合国教科文组织总部中文科,译.北京:教育科学出版社,2017:30,72.

高等教育国际化思维和理念的根本性转变——从地理思维走向空间思维,从国家主义思维走向人类主义思维,将基于地理疆域的"国家主义"理念转变为基于人类命运共同体意识的"世界主义"理念。唯其如此,高等教育国际化才能有效回应日渐兴起的人类命运共同体意识,才能走出高等教育国际化困境。

如果只是从 21 世纪的物理时间来看高等教育国际化,那么,它与 20 世纪的高等教育国际化就没有什么本质性区别——它只不过是高等教育国际化在时间坐标上的一个点而已,是 20 世纪高等教育国际化"生态结构"的延伸。但如果从人类命运共同体时代来确立高等教育国际化理念,那么,高等教育国际化的"心态结构"就会发生根本性变化。这是因为全球化时代的高等教育国际化,其依托的时空背景发生了革命性变化——无论是发达国家还是发展中国家各自处于哪个发展阶段,都面临着全球化挑战和人类命运共同体时代这一基本事实。在人类命运共同体时代,区分发达国家和发展中国家已经失去了往日的意义。就人类发展前景和国家发展前途而言,世界各国虽然不一定"一荣俱荣",但一定是"一损俱损"。因此,高等教育国际化必须超越传统的以自我为中心的民族主义、国家意识和对立思维,超越狭隘的功利主义和经济主义,从"人类命运共同体"意识和思维出发,关注人的自由,着眼于人类面临的发展困境,寻求共同问题的解决之道。[①]

从人类命运共同体意识来看,"国际"就从一个基于疆域的国家地理关系概念演化为一个超越了国家地理关系的文化概念。因此,高等教育国际化就不应该像过去那样指向"美国化"和"欧洲化",高等教育与"国际接轨",就不应该产生"与美欧高等教育接轨"的"隐喻",而应该在保持高等教育民族国家特色和多样性的基础上,指向"世界主义"和人类共同利益。

确立世界主义高等教育国际化新理念,需要以人类共同利益为纽带凝聚

---

① 张应强,姜远谋.后疫情时代我国高等教育国际化向何处去[J].高等教育研究,2020(12):1-9.

高等教育国际化共识——致力于增进人类福祉和全球福祉；需要平衡高等教育国际化过程中学术国际化与国际化目的国家化之间的关系，形成基于人类共同利益和国际合作的"竞合关系"，而不是基于单一的自身国家利益和国际对抗的"零和博弈"，从而实现高等教育国际化的可持续发展，进而促进世界各国及其高等教育的合作发展和包容性发展。当然，确立世界主义高等教育国际化新理念，并不是说要建立一个高度相似的全球一元化高等教育体系，全球化时代的高等教育体系仍然是以民族国家特色为基础的多样化高等教育体系。全球化时代的高等教育国际化仍然是立足本国发展的，是为本国发展服务的，国际化的国家目的仍然是高等教育国际化的一个重要向度和驱动力量。正如奈特所预言的——虽然各国高等教育系统在可预见的未来仍将保有各自不同的利益诉求，然而同时它们也将达成更为广泛的利益共识，即在全球层面应对全人类共同的挑战。①

基于地理疆域的高等教育国际化理念不会自动退出历史舞台。受高等教育国际化理念"路径依赖"的影响，特别是当前"逆全球化"和"反国际化"思潮的兴起，世界主义高等教育国际化新理念的形成，必然要经历各种思潮和理念相互博弈、相互激荡的过程，甚至会因各种不确定性而出现倒退。但全球化进程已不可逆转，"人类命运共同体"已经成为人类社会的"客观事实"，人类命运共同体意识正在成为人类共识。因此，世界主义高等教育国际化新理念将会在各种理念冲突中渐进形成。世界主义高等教育国际化新理念也许具有某种"乌托邦"色彩，但对全球高等教育国际化的可持续发展而言，它是一个"必要的乌托邦"。

---

① 转引自吴寒天，阎光才.大学与人类命运共同体的建构——中国大学的时代使命与自我革新[J].探索与争鸣，2019(9)：149-157,199-200.

第二节　高等教育全球化与我国现代大学制度建设①

高等教育全球化是一个与高等教育国际化相关但又超越了国际化的概念。目前,全球化正日益从各具体领域的现象层面发展为世界观念、全球意识和全球化思维。因此,高等教育全球化就不只是高等教育国际化的"放大版",其本质在于世界各国高等教育发展利益的全球性关联。我国对高等教育全球化有一个比较复杂的理解和体认过程。对于我国的现代大学制度建设来说,高等教育全球化既带来了机遇也带来了挑战。

一、高等教育全球化对国际化的超越

1. 高等教育国际化的驱动力量:国家发展及其国际竞争

高等教育国际化首先表现为知识和学术的国际化。这种知识和学术的国际化是根据知识和学术发展的自身逻辑——知识和学术需要通过交流而发展进步——而产生的一种自发现象,这在高等教育领域早已有之。如西欧中世纪大学时期,学者们为追求知识和学术而在"国际"范围内自由流动、自由讲学,甚至在"国际"范围内组成"学者行会",形成了现代大学的雏形。在某种意义上说,中世纪大学是最早的一种"国际性"组织,是最早的"国际化"大学。在中世纪大学产生以来,知识和学术发展的逻辑一直主导着高等教育国际化进程。

---

① 本节综合《全球化背景下的我国现代大学制度改革》(发表在《高等教育研究》2013年第9期)与《高等教育全球化对国际化的超越——基于人类命运共同体意识的思考》(发表在《探索与争鸣》2019年第9期)的思想观点,进行了修改。

　　二战之后，特别是冷战结束以后，主导高等教育国际化的逻辑发生了重大转变。在这个时期，有三个方面的因素共同推动了高等教育国际化的普遍化。一是高等教育走出"象牙塔"而进入社会的中心——高等教育对经济社会发展的促进作用越来越明显，成为以科技为基础的知识经济社会发展的引擎，大学成为现代社会的轴心机构；二是各国政府基于高等教育对经济社会发展的巨大作用而加大了对高等教育的干预，使得主导高等教育发展的"认识论哲学"向"政治论哲学"转变；三是和平与发展成为时代主题，科技革命浪潮汹涌澎湃，国际竞争由之前的政治意识形态之争转变为科技和经济竞争。在这三种因素的共同作用下，高等教育国际化由早期的"自发现象"向"自觉行动"转变——发达国家有意识地通过国际化来汇聚人才，抢占科技发展的制高点；发展中国家主动开展高等教育国际化，希望借助高等教育国际化来发展本国高等教育，为本国经济建设和社会发展服务。高等教育国际化的逻辑由此发生了根本性变革——由知识和学术的国际化逻辑转向服务于国家发展竞争的逻辑。

　　与此同时，知识和学术的性质也发生了重大变化——基于知识和学术本身的发展逻辑而发展起来的知识和学术，向基于社会需求逻辑主导的知识和学术转变，即由"象牙塔型"知识走向"威斯康星型"知识。那种出于学者闲逸的好奇精神而产生的知识和学术要获得现代合法性，必须为国家发展服务。知识转型产生了"订制知识"，知识生产方式也由模式Ⅰ向模式Ⅱ转型；知识的功用不再是"为了知识而知识"，大学不再是"知识金庙"，而是人类社会发展的"动力站"。

　　高等教育国际化逻辑的转变，形成了高等教育国际化的深层次矛盾。仅就知识和学术的国际化而言，知识和学术是没有国界的，其国际化无疑有利于促进知识和学术发展。但当高等教育国际化逻辑转向服务于国家发展竞争的逻辑之后，高等教育国际化由此面临深层次矛盾。无论是发达国家还是发展中国家，都对知识和学术的国际化各有打算。发达国家希望通过国际化来巩固与保持知识和学术的优势地位,从而保持国家发展竞争的优势地位;而发展中国家则希望通过高等教育国际化来迎头赶上。高等教育国际化事实上成为国家之间发展竞争的一种博弈工具。

在这种基于国家发展竞争的高等教育国际化博弈中,发达国家一方面担心发展中国家迎头赶上,认为高等教育国际化是用自己的钱和先进的科学技术来为发展中国家培养人才,而且国际人才会挤占国内人才的就业机会,这是不划算的事情。因而,他们对高等教育国际化总是有所保留和限制。另一方面,他们希望通过人才的国际流动来吸引高端国际人才,更好地为国家发展竞争服务。对发展中国家而言,高等教育国际化是一柄"双刃剑"。要实现高等教育赶超和增强国家竞争实力,必须走高等教育国际化道路。但高等教育国际化往往成为事实上的"单向国际化"并导致"抽水机效应"——人才不断由低处抽到高处,即人才流失。单向国际化还容易出现学术殖民和学术的依附性发展,甚至发生文化殖民的危险。因此,发展中国家的高等教育国际化往往左右为难。

在这种左右为难的境况中,发展中国家大都在高等教育国际化进程中进行了本土化努力和尝试。这种本土化努力具有两个明确的目的指向:一是力求走出依附性发展模式,实现"内源式发展",探索和建立自己的高等教育发展模式和发展道路;二是高等教育国际化要为本国的现代化建设服务。但高等教育本土化主要不是发展本土化知识和学术,而是知识和学术的本土化运用,其实质是高等教育国际化目的的本土化,而不是知识和学术本身的本土化。

高等教育国际化博弈的结果,形成了世界知识和学术体系中的"中心"与"边缘",阻碍了人类知识和学术的交流发展与共享,对知识和学术的人类性与公正性形成重大挑战。原因在于,无论是发达国家还是发展中国家,都是基于国家发展竞争的国家主义思想而不是人类主义思想来看待和推进高等教育国际化,都是基于竞争和对抗的思维方式而不是包容和共享的思维方式来推进高等教育国际化。高等教育国际化的困境由此不可避免,其被新的理念所超越也属必然。

2. 超越国际化:从人类命运共同体意识看高等教育全球化

高等教育全球化概念的广泛使用始于 20 世纪 80 年代后期,特别是 90 年代以后。全球化首先被用来描述经济全球化现象——资源、资本、产品、技术、生产、流通、服务等经济发展要素的全球交换和全球贸易,它是世界经济体系发展到一定阶段所产生的自然现象。阿特巴赫指出:"全球化是指一个由更加一体化的世界经济、信息及通信技术、国际知识网络的出现、英语所起的作用,以及学术机构控制之外的其他力量共同塑造的现实。"[①]我国学者在 20 世纪 80 年代曾用"世界经济一体化"来指称经济全球化现象,其核心是世界经济发展的全球性关联大大增强,甚至出现"一体化"趋势。全球化首先在全球经济领域表现出来,后来进入到国家发展的全球性关联。

全球化的另一重含义是由全球性问题和全球性挑战倒逼所产生的全球化意识。在现代化过程中,人类发展面临环境恶化、气候变化、资源枯竭、能源危机、人口膨胀、粮食安全、核威胁、重大疫情传播、贫困等全球性问题和全球性挑战。罗马俱乐部在《增长的极限》(1972)等报告中用大量数据描述了人类面临的严峻的全球性问题,认为各种具体的全球性问题是相互影响、相互作用的,倡导把全球看成是一个整体,从全球入手来解决人类发展的重大问题。1983 年 12 月,联合国专门成立"世界环境与发展委员会",来研究世界面临的共同问题及其应对战略。1987 年 4 月,该委员会发表了题为《我们共同的未来》(Our Common Future)的报告,该报告基于对人类发展"共同的问题""共同的挑战""共同的努力"的阐述,提出"必须为当代人和下代人的利益而改变发展模式",从而形成一条"一直到遥远的未来都能支持全球人类进步

---

① 菲利普·G.阿特巴赫.比较高等教育:知识、大学与发展[M].人民教育出版社教育室,译.北京:人民教育出版社,2001:4-5.

的道路","可持续发展"理念和思想应运而生。1992年6月3日至14日,联合国在巴西里约热内卢组织召开联合国环境与发展大会(又称"地球会议"),会议通过了《里约热内卢宣言》和《21世纪行动议程》,号召世界各国应在环境与发展领域加强国际合作,为建立一种新的、公平的全球伙伴关系而努力。

目前,全球化正日益从各具体领域的现象层面发展为世界观念、全球意识和全球化思维。这些全球性观点和全球化意识,是人类面对全球性问题和全球性挑战,通过反思传统发展思想和发展模式,特别是反思基于国家竞争的发展模式所产生的新思想和新观念。这种全球化意识其实就是人类命运共同体意识——世界各国,无论是发达国家还是发展中国家,都处于命运相系的命运共同体之中,必须从人类共同命运出发,将人类共同利益置于首位,基于人类意识而不是狭隘的国家意识,通过全球合作而建立全球伙伴关系,来共同面对全球性问题和全球性挑战,寻找问题的解决方案,追寻人类共同的未来。

从全球化的双重含义来看,高等教育全球化不只是现象层面的知识和学术的全球性交流和交往,其本质主要体现在两个方面:一是高等教育事关人类共同利益,二是世界各国高等教育发展利益的全球性关联。联合国教科文组织2015年11月发布的《反思教育:向"全球共同利益"的理念转变?》指出:教育和知识是全球共同利益,是实现全球可持续发展的关键,必须将"尊重生命和人格尊严、权利平等和社会正义、文化和社会多样性,以及为建设我们共同的未来而实现团结和共担责任的意识"作为教育的基础和宗旨。① 从全球视野来看,高等教育机构不仅存在于一国的政治经济结构中,也存在于全球的政治经济结构中,更存在于全球高等教育格局之中。高等教育具有促进国家发展的价值,但全球化时代的国家发展已经出现了全球性关联。因此,世界各国高等教育的发展利益无可避免地产生了全球性关联。高等教育所关涉的利益,不仅仅是基于国家立场的利益,而且是基于全球的利益或人类的利益。

① 联合国教科文组织.反思教育:向"全球共同利益"的理念转变?[M].联合国教科文组织总部中文科,译.北京:教育科学出版社,2017:30.

　　从高等教育全球化的本质来看,高等教育全球化实现了对国际化的超越。关于高等教育全球化与国际化的区别,斯科特(Peter Scott)认为:国际化反映了民族国家所主导的世界秩序,而全球化则意味着对现状的彻底重组,包括国家界线的模糊。^① 马金森(Simon Marginson)认为:"国际"是指国家之间的关系,"全球"是指超出了地方和国家层面的制度和关系而在洲际间、多民族地区和世界水平上的实践。^② 两位学者都认为高等教育全球化是国际化的深化和必然结果,是国际化的"放大版"。但他们对高等教育全球化和国际化的区分,都只是从现象层面或者从影响范围层面来区分的,并没有揭示高等教育全球化与国际化的本质区别。

　　高等教育全球化与国际化的本质区别,主要不在现象层面而在本质层面。在面对的发展环境和问题方面,高等教育国际化是针对民族国家的现代化进程而言的,所要解决的问题是如何更好地服务于各国经济社会的现代化;高等教育全球化针对的则是国家发展的全球性关联,所要解决的问题是如何走出人类发展困境,服务于人类面临的全球性问题的解决。在目的指向方面,高等教育国际化是基于国家利益而言的,以主权国家或不同文化的存在为前提,服务于民族国家的发展竞争和国际竞争;高等教育全球化则是在人类命运共同体意识下,基于人类共同利益而言的,或者说是针对各国发展利益的全球性关联而言的,它要服务于全球性问题的解决,寻找人类共同未来。因此,高等教育全球化对国际化的超越,主要表现在两个方面:一是超越基于国家主义的发展思想,建立基于人类命运共同体意识的发展思想;二是超越基于对立思维的竞争性发展模式,建设基于共同体意识的包容性发展模式。

　　如果高等教育全球化仍然只是立足于国家高等教育发展竞争,只是把竞

---

　　① SCOTT P. Globalization and Higher Education:Challenges for the 21st Century[J]. Journal of Studies in International Education,2000,4(1):3-10.

　　② MARGINSON S. Living with the Other:Higher Education in the Global Era[J]. Australian Universities' Review,2000,42(2):5-8.

争从国与国之间扩展到全球范围,成为国际化的"放大版",那么,高等教育全球化对人类来说,就是更大的陷阱和噩梦。它非但不可能走出狭隘的国家本位立场,反而会使对抗式的发展竞争更加激烈,以邻为壑更甚。从本质上讲,全球化意识是"人类化"意识,是人类命运共同体意识,是各美其美、美人所美、美美与共、世界大同意识。如果把全球化理解为现代化的一个阶段的话,那么,全球化意识就是人类应对全球性问题和全球性挑战的一种文化和意识准备。

二、全球化对我国高等教育的影响

1. 高等教育全球化带来的机遇与挑战

如前所述,全球化是一个表达某种发展趋势和过程的概念。自 20 世纪 60 年代中后期开始,特别是 90 年代以来,全球化开始被用于描述世界体系内不同国家、不同文化、不同经济体所出现的利益关联性和相互依存性。在经济全球化、生态全球化、信息技术全球化的推动下,一个全球化时代扑面而来。

全球化思维的确立和人类社会面临的越来越紧迫的发展困境等全球性问题直接相关。所谓全球性问题,是指人类社会在发展中面临的越来越严重的资源枯竭问题、环境恶化问题、人口膨胀问题、核武威胁问题、毒品和犯罪问题,以及不同文化和价值的冲突问题。这些问题可能只出现在某个国家或者区域,但其影响是世界性的,并向其他国家和地区流动,任何国家都不能幸免。如亚洲金融危机不仅重创亚洲各国,而且对世界其他各国的经济和社会发展都产生了重大影响;从 2020 年开始的新冠肺炎疫情全球流行,极大影响了全球经济发展,甚至影响了全球政治格局;2022 年上半年爆发的俄乌战争,牵动着世界的神经;区域的贫穷、粮食紧缺等问题,都产生了世界性影响……世界从来没有像今天这样紧密关联在一起——利益关联、发展关联、命运关联。当然,我们也感受到全球化带来的好处,特别是全球市场的形成和全球共同文化价值的明确、现代文明的全球共享、先进思想的全球流动等。这就是说,全球化所带来的是一个全球性依存和全球一体化时代——挑战一体化、机遇一体化。相互理解、合作、对话从来没有像今天这样成为最具有现实意义的诉求。全球化缩短了人们的心理距离,同时,借助全球信息技术,全球化正在缩短人们的空间距离,这是一个"全球化生存"的世界和时代。因此,全球性问题的解决需要人类共同面对挑战、共同寻找出路,也需要全球文化价值观念的转变,从对立思维转向合作思维和包容思维,从殖民主义思维转向平等主义思维,从而形成经济领域的全球市场、文化领域的全球共同价值和政治领域的全球秩序。

全球化对高等教育已经产生并将持续产生影响,其直接结果就是高等教育全球化。"高等教育不只是被动地应对全球化,而且也是全球化舞台上的积极参与者。"①虽然高等教育全球化至今仍是一个概念不清、争议不断的问题,但高等教育全球化现象是一个正在发生的不争事实。"全球经济、政治、文化等方面相互联系、相互渗透及相互依存程度的提升也大大强化了全球高等教育机构之间的沟通和了解,全球高等教育的开放程度得以提升。另一方面,高等教育自身的变化也是全球化的一个重要方面,⋯⋯全球留学生数量急剧增加,教职的聘用越来越面向全球,教育科研成果在全球范围内被广泛使用,办学经费的来源越来越多元化。"②高等教育全球化可以从趋势、现象、过程等角度来理解。从趋势来看,高等教育全球化主要是指全球各国高等教育愈来愈强的相互依存性,特别是由于现代信息技术在教育领域的广泛运用,以及先进制度和理念的全球流动,增强了各国高等教育的趋同性。从现象层面来讲,高等教育全球化主要表现为高等教育领域的流动加快,这种流动包括人员流动、信息流动、资源流动、思想流动、理念流动、大学制度流动,是一种多维和多向的流动。流动的加快,促进了各国高等教育体系和结

---

① ALTBACH P G, PETERSON P M. Higher Education in the New Century: Global Challenges and Innovative Ideas[M]. Rotterdam: Sense Publishers, 2008: 148.

② 陈权.全球化背景下的高等教育及其治理[J].现代教育科学,2011(3):47-50.

构等方面的变化,加快了高等教育的共性化和全球化步伐。从过程层面来看,高等教育全球化主要表现为各国高等教育系统打破封闭发展模式,向相互衔接、相互建构的一体化方向转型的过程。高等教育全球化并不只是人员、智力、制度等方面的流动,它还伴随着世界各国高等教育和大学发展的全球竞争,既有高等教育的合作和共享,又有高等教育的竞争和独立性。

全球化对世界高等教育发展而言,既是机遇又是挑战。这些机遇包括:(1)先进的高等教育理念和大学制度,有可能突破政治和意识形态壁垒而为各国高等教育所共享;(2)可能增强全球高等教育的开放性和主体选择性;(3)可能加快富有时代特征的文化、理念、知识、信息、科学和技术的全球流动;(4)可能促进范围更加广泛的学术研究,以及人类科学和学术研究成果的共享等。高等教育全球化也面临众多挑战,最主要的是高等教育商业化越来越严重、全球同质化倾向越来越明显而对多样性造成伤害、各国大学和学术之间的过度竞争、发展中国家的人才流失以及高等教育被殖民和民族特色静悄悄地消失等。所以,警惕高等教育全球化危险的观点不绝于耳,有的美国大学校长声称高等教育全球化将威胁美国未来繁荣,而有的印度大学校长则抱怨“用印度纳税人的钱财培养出来的最聪明的印度学生最后却投入了美国教育的怀抱”。

对于高等教育全球化危险的认识和警惕,更集中表现为发展中国家对文化殖民主义的担心。人们担心高等教育全球化会陷入美式教育的歧途。[①] 就目前世界高等教育学术秩序而言,的确存在如阿特巴赫所言的“中心—边缘”现象和发展中国家对发达国家的“依附发展”现象。那么,高等教育全球化会不会就是美国等发达国家高等教育思想、制度、理念的全球流动,最终形成一个全球高等教育的美国模式和美国秩序?发展中国家高等教育会不会在全球化过程中丧失主体性、独立性和民族特色?这些的确是需要加以警惕的问题。

---

① 汪嘉波.审视高等教育全球化[N].光明日报,2011-08-24.

　　而有学者对高等教育全球化所下的定义,更是加剧了人们的担心。如有学者认为:"就目的指向和影响范围而言,全球化强调在世界范围内建立超越国家、不受任何约束或排除任何政治,特别是文化差异的统一标准,即建立一种放之四海皆准的模式或一元化世界。"①如果全球化最终以一元化和统一性为特征,并要超越国家或政治、文化差异,那么,这种全球化的确需要加以警惕,也一定会受到发展中国家的抵制。

　　2. 我国对高等教育全球化的体认

　　虽然高等教育全球化已经成为一种世界范围内的现象和过程,但我国高等教育对全球化的理解、认识和接受仍然持谨慎态度。正如顾明远教授所言,"关于文化的全球化和教育的全球化,过去我们讳莫如深,不敢承认它,我过去也一再反对提文化的全球化和教育的全球化,只提文化的国际化、教育的国际化。但是仔细思考一下,觉得国际化无非是全球化的表现形式,文化教育也避免不了全球化"②。就教育理念层面而言,我国高等教育对全球化的体认经历了从现代化到国际化、从国际化到全球化的历程。目前,高等教育现代化、国际化已经成为主导我国高等教育改革发展的一种理念,但高等教育全球化仍然没有上升到教育发展理念地位。

　　改革开放是我国高等教育全球化的现实基础。全球化的前提是全方位深度开放,只有面向世界、面向未来,实行改革开放的基本国策,才能促使我国高等教育向世界开放,在国际背景和全球视野中来改革和发展我国高等教育。1983 年 9 月,邓小平同志提出了教育要"面向现代化,面向世界,面向未来"的思想。改革开放以来,我国高等教育首先确立的是高等教育现代化思想,希望通过高等教育现代化来为国家的现代化建设服务。这种思想一直到

---

　　①　黄福涛."全球化"时代的高等教育国际化——历史与比较的视角[J].北京大学教育评论,2003(2):93-98.

　　②　顾明远.世界高等教育发展的基本趋势和经验[J].北京师范大学学报(社会科学版),2006(5):26-34.

今天仍然发挥着重要作用,比如,江泽民同志在阐明我国为何要建设世界一流大学时指出:"为了实现现代化,中国需要有若干所世界先进水平的一流大学。"也就是说,我国建设世界一流大学是要为我国现代化建设事业服务的。而《国家中长期教育改革和发展规划纲要(2010—2020 年)》(以下简称《教育规划纲要》)指出,"优先发展教育、提高教育现代化水平,对实现全面建设小康社会奋斗目标、建设富强民主文明和谐的社会主义现代化国家具有决定性意义"。该规划纲要还提出了"基本实现教育现代化,基本形成学习型社会,进入人力资源强国行列"的发展目标。

进入 20 世纪 90 年代,高等教育国际化思潮开始影响我国高等教育。不少大学,特别是致力于创建世界一流大学的高水平大学都将"国际化"作为未来发展的指导思想和战略选择,作为赶超世界先进水平的重要战略举措,并希望以此来增强学校的国际竞争力和国际影响力。大学层面的高等教育国际化实践主要体现在引进专业领域的国际标准(如学术评价标准、高水平论文标准),推进教师队伍国际化(如教师出国留学和引进具有国外大学背景的师资、出国进行合作科研和学术交流等),实施课程国际化(如使用英文原版教材、开展双语教学和全英文教学),开展国际合作办学和联合培养,扩大留学教育,提倡国际理解教育等。

但是,在国家高等教育理念和政策层面,我国在相当长时间里对高等教育国际化是持谨慎态度的。联合国教科文组织亚太教育局前高等教育与远程教育专家王一兵指出:我们观察和犹豫了 10 年、20 年,《教育规划纲要》终于突破了这一条。其最大的突破之一就是接受和提出了教育国际化的理念。[①] 为什么会出现这种对高等教育国际化的犹豫和谨慎态度?王一兵认为,这既与高等教育国际化的定义、进程有关,又与我国具体国情有关。就高等教育国际化的定义而言,不同历史时期、不同国家、不同的人会有不同的定

---

① 王一兵.中国大学的国际化:一杆标尺和一张路线图[J].世界教育信息,2011(5):20-23.

义、理解,并抱有不同的目的。同时,在历史上,高等教育国际化曾经被欧洲国家用来在其亚非拉殖民地推行欧洲高等教育模式,巩固其政治、文化、经济及学术上的统治地位,其影响一直延续到今天。就高等教育国际化进程而言,高等教育国际化在主权国家之间常常是一个敏感问题,目前的高等教育国际化,仍然是一个并不完全、并不平衡的进程和现象,即一部分人化人,另一部分人被化。①

就我国具体国情而言,如前所述,自"四个现代化"提出以来,现代化一直是我国社会发展的总目标,高等教育现代化是社会现代化的主要内容。高等教育国际化是为高等教育现代化服务的,因此,高等教育国际化被认为是高等教育现代化的一种途径,即通过向先进国家高等教育学习,通过人员、课程、大学制度的国际化来增强我国高等教育的国际竞争力,建立起现代化高等教育体系和中国特色现代大学制度,实现高等教育现代化。

20世纪90年代愈演愈烈的全球化浪潮对我国的影响,或者说,我国对全球化的理解和接受,主要体现在经济领域——经济全球化,特别是全球市场和全球竞争。"经济全球化、世界多极化、文化多元化"是我国对全球化的一种判断。这就是说,虽然高等教育全球化已经成为一种发展趋势,高等教育的全球竞争已成为不争的事实,正视全球化成为摆在我国高等教育领域的现实问题,但全球化并没有发展成为一种主导高等教育发展的力量,人们对高等教育全球化持一种复杂态度。全球化过程中文化和意识形态的影响,西方文化思潮从中心向边缘流动和扩散可能带来的文化殖民主义,以及对我国传统文化和国情的忽视,一直是人们担心的主要问题。如果说全球化将带来"世界范围内超越国家、不受任何约束或排除任何政治,特别是文化差异的统一标准,即建立一种放之四海皆准的模式或一元化世界"的话,那么,中国高等教育是谨慎拒绝这种全球化的。这主要是因为在中国,高等教育从来都不

---

① 王一兵.中国大学的国际化:一杆标尺和一张路线图[J].世界教育信息,2011(5):20-23.

是一个单纯的独立领域,而是一个与文化传统和意识形态紧密关联的领域,高等教育既有人才培养和创新的标准,也有意识形态和政治的要求和标准。不认识到这点,就不可能把握我国高等教育的特点,也就不能理解我国高等教育对全球化的复杂态度。

因此,在目前我国高等教育领域,全球化只是作为一个学术问题在学术界进行研究和探讨,《教育规划纲要》既没有把高等教育全球化作为背景,也没有任何应对高等教育全球化的举措,而是将高等教育全球化的相关内容和思想代之以"高等教育国际化",提出要坚持以开放促改革、促发展,开展多层次、宽领域的教育交流与合作,提高我国教育国际化水平;要借鉴国际上先进的教育理念和教育经验,促进我国教育改革发展,提升我国教育的国际地位、影响力和竞争力;要适应国家经济社会对外开放的要求,培养大批具有国际视野、通晓国际规则、能够参与国际事务和国际竞争的国际化人才。并且提出了若干具体举措:通过引进优质教育资源、提高交流合作水平;支持中外大学间的教师互派、学生互换、学分互认和学位互授联授;加强与国外高水平大学合作,建立教学科研合作平台;加强国际理解教育,推动跨文化交流;推动高水平教育机构海外办学,加强教育国际交流,广泛开展国际合作和教育服务;创新和完善公派出国留学机制,进一步扩大外国留学生规模;加强与联合国教科文组织等国际组织的合作,积极参与双边、多边和全球性、区域性教育合作。

中国高等教育为何采用国际化提法而谨慎对待全球化?因为国际化远比全球化更适合中国的文化和教育传统。正如斯科特(Peter Scott)所说,国际化反映了民族国家主导的世界秩序,而全球化则意味着对现状的彻底重组,包括国家界线的模糊。① 国际化是指一国与一国或一国与多国的关系,国家是主体,是可以掌控国际化局面和范围的主体。而按照马金森(Simon

---

① SCOTT P. Globalization and Higher Education: Challenges for the 21st Century[J]. Journal of Studies in International Education, 2000,4(1):3-10.

Marginson)的说法,全球化是指超出地方和国家层面的制度和关系在洲际间、多民族地区和世界水平上的实践。[①] 全球化可能使得民族国家丧失主体性而处于被动或裹挟状态,从而失去对全球化进程的掌控,这对文化和教育相对处于外围和边缘的国家尤其如此。尽管有学者认为,"在不远的将来,高等教育国际化与高等教育全球化不论在概念还是在实践等方面都将变得越来越难以区分"[②],但当前我国高等教育领域更倾向于采用高等教育国际化的概念和思想。因此,对于最近 30 年来我国高等教育中出现的教育市场化倾向、建设世界一流大学行动、愈演愈烈的海外留学风潮和人才国际流动、海外分校纷纷登陆中国,以及高等教育公平和教育民主化(包括高等教育大众化和普及化)思潮,人们往往冠之以高等教育国际化行动,而非高等教育全球化的表现。

三、全球化过程中的我国现代大学制度建设

尽管我国高等教育对高等教育全球化持谨慎态度,但全球化作为一种世界现象和未来趋势,不管承认与否、理解与否、接受与否,高等教育全球化的要求和挑战已经现实地摆在我们面前。事实上,在日益向世界开放和国际化的中国高等教育体系中,我国大学已经或被动或主动地参与到高等教育全球化过程中来。现代大学制度从单纯的学术研究阶段进入到改革试点阶段就是一个典型例证。20 世纪 90 年代中期以来,现代大学制度研究这一核心主题出现在我国高等教育研究领域,成为最近 30 多年来最具影响力和大众性的研究课题。《教育规划纲要》也将之作为 2010—2020 年我国高等教育改革发展的两大主题之一,并作为教育领域十大改革试点内容之一。

---

① MARGINSON S. Living with the Other: Higher Education in the Global Era[J]. Australian Universities'Review,2000,42(2):5-8.
② 黄福涛."全球化"时代的高等教育国际化——历史与比较的视角[J].北京大学教育评论,2003(2):93-98.

现代大学制度从学术研究的兴起到改革实践的推进,都受到了高等教育全球化的深刻影响,这是其在全球流动的反映。高等教育全球化影响了我们对大学性质的认识。长期以来,我们对大学性质的理解是国家性和政治性的,用国家性质来区分大学性质,用政治标签来标注大学性质。但是在改革开放之后,特别是在高等教育国际化和全球化影响下,我们逐步认识到,大学是一个具有共同价值追求和"世界性性格"的机构。虽然世界各国建立了不尽相同的大学制度和高等教育体系,但大学在基本性质和理想追求上具有高度一致性,大学自治、学术自由、学者治校成为各国大学坚守的基本信念和追求的基本目标。大学之所以能超越文化差异而被称为"大学",就是因为大学具有共同的价值追求和诸多共同特性。20世纪50年代以来,不同国家大学的相互借鉴和影响以及不断加强的大学国际化趋势,使得各国大学更具相似性、共同性和国际性,并形成共同的理念、制度和价值追求。这就是说,在高等教育全球化过程中,高等教育机构不仅是属于民族国家的,也是处于全球高等教育格局之中的。

高等教育全球化也影响了我们对现代大学制度的认识。大学制度与国家政治和行政体制和文化教育传统高度相关。在现代,特别是国家全面介入高等教育和大学之后,大学制度成为国家制度的重要组成部分,不可避免地受到国家政治、经济、文化制度的影响,表现出鲜明的国别特色从而具有多样性。但是,现代大学制度的多样性,是在体现现代大学制度基本思想和框架基础上的多样性,也是在现代大学制度普适性基础上的多样性。现代大学制度的普适性是指现代大学制度及其理念的普遍适用性,它不因国家、地区、文化、经济、意识形态以及高等教育管理体制的差异而不同,而是表现出相似性、共同性和一致性。也就是说,在高等教育全球化阶段,随着世界各国高等教育联结的纽带越来越宽,渠道越来越多,全球化程度越来越高,各国高等教育相互渗透、相互影响加剧,使得大学制度正在超越地域限制和意识形态壁垒,形成全球一致性甚至同一性,形成一种与时代相适应的大学制度的全球流动。

我国的现代大学制度建设,主要集中在政府放权、市场介入、大学自主和学术自由四大核心主题上。这四大核心主题不仅是先进国家的高等教育经验,而且是全球化高等教育的世界通则,是高等教育全球化在大学制度层面的反映。

第一,政府放权。长期以来,我国高等教育实行高度的政府集权管理,这在新中国成立以后更加强化。《中华人民共和国宪法》和《高等教育法》规定,高等教育是社会主义事业的重要组成部分,中央政府是高等学校和高等教育事业的举办者和管理者,统筹全国高等教育发展。宪法和相关法律法规赋予各级政府对高等教育和大学的举办权和管理权,政府利用行政计划机制控制和管理高等教育和大学。比如高等教育计划(规模)管理、经费拨款管理、课程和教学计划管理、高等教育标准和评价、学位管理、招生和分配,甚至包括大学内部的机构设置、教师管理和学生管理等,都是由政府直接管控的。进入 20 世纪 90 年代,我国开始认真思考"把一个什么样的高等教育带入 21 世纪"这一重大课题,并且启动了世界一流大学建设计划,人们开始思考世界一流大学生长、发展的制度环境以及与之相关的现代大学制度问题。转变政府职能,促使政府放权,建设既符合国际通则又符合中国国情的政府与大学的关系,以及充满活力的高等教育管理体制,成为人们的广泛共识。《教育规划纲要》把这种思想认识转变为指导未来 10 余年高等教育改革的行动纲领,该规划纲要指出:(1)要推进政校分开、管办分离。建设依法办学、自主管理、民主监督、社会参与的现代学校制度,构建政府、学校、社会之间新型关系。(2)明确政府管理权限和职责,明确各级各类学校办学权利和责任。克服行政化倾向,取消实际存在的行政级别和行政化管理模式。(3)深化办学体制改革。形成以政府办学为主体、全社会积极参与、公办教育和民办教育共同发展的格局。(4)以转变政府职能和简政放权为重点,深化教育管理体制改革,形成政事分开、权责明确、统筹协调、规范有序的教育管理体制。(5)转变政府教育管理职能。改变直接管理学校的单一方式,综合应用立法、拨款、规划、信息服务、政策指导和必要的行政措施,减少不必要的行政干预。

第二,市场介入。在我国,高等教育市场化是一个仍然在讨论的问题。目前的提法是高等教育要面向市场,为社会主义市场经济服务;高等教育要引进市场竞争机制,通过建立市场竞争机制来分配高等教育资源,引导大学办学适应社会需要和市场需要。但是,在高等教育改革实践中,高等教育市场化已经成为不争的事实。从 20 世纪 90 年代初期开始,在大学中引进市场力量可以弥补公共教育体制的缺陷,以及市场的资源配置和管理方式是可供选择的另外一种学校运营方式渐成共识。高等教育领域相应出现了市场化运作方式,比如公立高校中出现了一些新的办学形式,主要有公立高校的局部市场化运作,"一校两制"的市场化运作,中外合作办学的市场化运作,举办各种职业和语言培训、成人高教、自学考试的市场化运作等,这些办学形式不同程度地把公立高校与市场联系在一起。高等教育市场化还表现为实行高等教育成本分担制度,社会越来越重视学历和学位的市场价值,学生作为高等教育的消费者而缴费上学。就大学而言,高等教育市场化加剧了大学之间的竞争,使大学更加注重自身的声誉、品牌和市场营销,高校越来越重视自己在大学排行榜上的表现,就是典型例证。

高等教育在政府放权之后,市场介入成为一种必然。由于政府放权的局部性和市场介入的有限性,我国高等教育领域形成了一种"双重体制机制",即计划体制机制和市场体制机制同时并存的体制机制。[1] 也就是说,虽然市场体制机制已经介入我国高等教育领域并发挥了一定作用,特别是政府也在积极引导高校参与市场竞争,但政府的计划体制机制的作用仍然十分强大,甚至政府主管部门会运用政府计划体制机制来决定在哪些领域、对哪些事项采用市场竞争机制,高等教育领域的市场竞争仍然只是政府调控高等教育发展的一种补充性机制。"双重体制机制"存在的根本原因,在于我国大学

---

① 张应强.从完善大学制度来抓高等教育质量[J].大学教育科学,2012(5):34-37.

还没有真正确定和发展成为面向社会依法自主办学的法人实体。

第三,大学自主。高等教育全球化的演进是以大学高度自主作为前提的。大学自主性和自治程度增强有利于大学按照自身逻辑而不是强加于大学之上的政治逻辑、经济逻辑来发展,从而出现大学趋同化和全球化现象。在西方发达国家,大学自主以大学自治理念及其制度化为根基和表现形式,是一种根深蒂固的高等教育传统和大学传统。虽然在 20 世纪 60 年代以来,西方国家政府日益加强对大学的引导甚至控制,但大学自治一直是不可逾越的边界。可以说,自 2004 年日本实行国立大学独立行政法人化改革之后,大学自治作为一种理念和制度形式,已在全球高等教育体系中确立了其普遍性地位。"当前全球大部分高等教育机构在其制度设定、组织安排、课程设置和资金管理等方面正享受着越来越多的自治。主权国家对高等教育机构的控制和管理正在逐渐强调非直接的、调控型的管理方式。"[1]但是,在高等教育全球化过程中,我国形成和确立大学自主的理念和制度形式,却走过了极为艰难的历程。改革开放后的 1979 年,苏步青、李国豪等几位大学校长就发出了"给高等学校一点自主权"的呼吁。此后的 30 余年,大学自主权成为历次国家高等教育改革文件的核心主题之一。大学自主权反复作为改革的核心主题,既说明了大学自主权的重要性,也表明大学自主权改革进展甚微。当前指导我国高等教育改革的《教育规划纲要》再次把"落实和扩大学校办学自主权"作为高等教育改革发展的基本任务和完善大学制度的基本内容,并分别从政府和大学方面提出了相应要求,强调"政府及其部门要树立服务意识,改进管理方式,完善监管机制,减少和规范对学校的行政审批事项,依法保障学校充分行使办学自主权和承担相应责任";"高等学校按照国家法律法规和宏观政策,自主开展教学活动、科学研究、技术开发和社会服务,自主设置和调整学科、专业,自主制定学校规划并组织实施,自主设置教学、科研、行政管理机

---

① 陈权.全球化背景下的高等教育及其治理[J].现代教育科学,2011(3):47-50.

构,自主确定内部收入分配,自主管理和使用人才,自主管理和使用学校财产和经费"。

《教育规划纲要》强调改革高等教育管理体制,赋予大学"七方面自主权",这的确是建立政府与大学新型关系、落实大学自主权的有效之举。但在涉及大学自主权的一些更具根本性的问题上,如大学独立法人地位和市场主体地位的确立、大学校长的遴选等方面,依然没有明确的规定。其实,从市场化、全球化背景来看,现代大学本身就应该是一个面向社会依法自主办学的法人实体,大学的自主权是与生俱来的,无需外部力量赋予或者"下放"。在高等教育全球化语境下,我国大学自主权问题的全面解决和最终解决,可能需要从高等教育治理法治化入手,从优化大学的外部制度环境入手。

第四,学术自由。学术自由是现代大学制度的理念和文化基础。在大学的千年发展史中,学术自由是大学所极力追求和维护的核心价值和信念,是大学处理与教会、王权、现代政府和各类市场主体的关系,以及学术团体内部关系所遵循的基本准则。但是在我国,学术自由曾经是一个敏感话题,这源于我国特定的政治传统以及对于教育责任与使命、教育的意识形态特性的特殊理解,人们担心学术自由会像政治自由和经济自由那样带来混乱和无序,酿成无法控制的局面。但是,随着改革开放逐步深入到体制和制度层面,特别是受到高等教育全球化思想的影响,学术自由正受到越来越多的关注。人们逐步认识到,学术自由是学术发展和学术创新的机制,现代大学作为社会的学术组织和知识创新的发源地,如果没有学术自由就很难发挥其社会和学术作用,也很难履行其学术和思想创新的责任。因此,《教育规划纲要》首次以国家文件形式提出要"尊重学术自由,营造宽松的学术环境"。尊重学术自由,就是要减少甚至革除对学术研究和学术思想的不必要限制,尊重学术工作和学术职业的规律,尊重学术生产的规律,尊重学术自由和学术责任统一的规律。营造宽松的学术环境,就是要营造学术发展所需要的宽松环境,鼓励学术层面的自由研究和学术争论;就是要革除学术领域流行的急功近利思想和功利主义导向,倡导高等教育机构按照学术发展规律和人才培养规律来满足国家重大战略需求。国家重大战略需求绝不是眼前的需求而是战略需求,绝不只是科技发展需求而是中华民族伟大复兴的需求。

　　高等教育全球化背景下的学术自由首先是一种社会文化价值观,需要全社会确立学术自由观念。只有当全社会都确立了学术自由的观念,大学所享有的学术自由才是牢固和长久的。如果社会和文化没有形成学术自由的观念,只是大学去争取和维护学术自由,这种学术自由在时间上和空间上终究都是有限的。目前我国的学术自由还只是停留在大学诉求层面,只是学术工作者在不断呼吁学术自由,还没有发育和形成学术自由的社会文化共识。因此,建设一种全社会共识的学术自由观念是"尊重学术自由,营造宽松的学术环境"的当务之急。

第五章　现代大学制度与高等教育治理[①]

　　现代大学制度是高等教育治理体系和宏观治理结构的制度基础。高等教育治理体系是一个包括高等教育治理理念、现代大学制度和治理实施机构的有机系统。改革开放以来，特别是20世纪90年代以来，我国高等教育改革发展逐步引入和建立市场竞争机制，形成了高等教育双重体制和"类市场化治理"模式。为了实现高等教育治理体系和治理能力现代化，我国高等教育治理模式需要实现从"类市场化治理模式"向"准市场化治理模式"转变。这主要体现在要让市场竞争机制在高等教育资源配置和体制机制改革中发挥决定性作用，要建立政府、社会、大学等多元主体基于信任的高等教育合作治理机制，并切实推进和实现高等教育治理法治化。

---

　　①　本章内容在《从类市场化治理到准市场化治理：我国高等教育治理变革的方向》（与张浩正合作，发表在《高等教育研究》2018年第6期）一文基础上做了适当修改。

第一节　高等教育治理的两种模式

一、两种高等教育治理模式及其特征

高等教育是一种准公共产品,高等教育产品既具有市场性又具有计划性。在理论上,高等教育产品供给要求遵循政府和市场共同分担的原则,通过市场和政府相结合的方式来提供高等教育。高等教育作为准公共产品的特性,以及市场和政府相结合的供给方式,对高等教育治理模式的形成产生了重要的影响。在计划与市场之间,按照市场化程度的高低,高等教育治理模式可以有四种组合——市场化治理模式;准市场化治理模式;类市场化治理模式;计划性治理模式。

20世纪七八十年代以来,西方国家陷入严重的经济和社会危机中,为了尽快摆脱危机,英国、法国、新西兰、澳大利亚等国家率先摒弃了"大政府、小市场"的凯恩斯主义而选择了"大市场与小而能政府"的新自由主义,一场以市场为基础的新公共管理运动就此展开。新自由主义并没有完全抛弃和否定政府在经济和社会治理中的作用,它要求保留的是一个"小而能"的政府——规模小、能力强、效率高的政府。全球化所带来的世界一体化意识,使得起源于欧美国家的具有"新范式"意义的治理模式不断向世界其他国家和地区扩散,并逐渐成为一种"国际现象"。① 与此同时,这种发端于经济和社会治理领域的新治理模式开始向高等教育领域蔓延,西方国家由此形成了一轮高等教育市场化改革热潮。高等教育市场化改革的兴起,表明西方国家高等

---

① 本杰明·莱文.教育改革——从启动到成果[M].项贤明,洪成文,译.北京:教育科学出版社,2004:113.

教育治理模式较之以前发生了实质性变化,即形成了以市场竞争为基础的全新的、弹性的治理模式,我们将之称为"准市场化治理"模式。这种治理模式具有政府放权、避免对大学直接干预、建立竞争机制等显著特征。

由于高等教育的第三部门特性,当今世界上即使是高度市场化的国家,其高等教育治理也基本没有出现完全的市场化治理模式。也就是说,虽然高等教育领域引入了市场竞争机制,出现了高等教育市场化运动,但市场化治理仍然是有限度的,而且也不能完全忽视政府的作用。因而,高等教育治理呈现出准市场化治理特征,形成了准市场化治理模式。与此同时,在全球性市场化改革过程中,由于新自由主义治理理念渗入高等教育治理领域,目前我们也很难找到高等教育的计划性治理模式了。虽然我国高等教育曾长期实行高度计划管理和政府统一控制模式,但在 1992 年之后,随着社会主义市场经济体制的建立和逐步完善,市场竞争机制开始介入高等教育治理领域,过去那种完全的计划性治理模式已不复存在。因此,在目前世界范围内的高等教育治理模式中,主要有准市场化治理和类市场化治理两种治理模式。

所谓高等教育准市场化治理模式,是说在高等教育治理体系中市场竞争机制发挥着决定性作用,政府计划管理机制发挥着辅助性作用。这种治理模式在性质上是市场化治理,但在内容上既包括市场竞争机制,也包括政府计划调节机制。只不过政府的计划调节作用被局限在有限范围内,并作为市场竞争机制的一种辅助和补充,为提高市场竞争机制的作用和效率服务。也就是说,准市场化治理是"大市场,小而能政府"模式下的一种治理模式,其本质是市场化治理,是基于市场竞争机制的治理,在形式上表现为"市场为体,计划为用"。准市场化治理的核心理念是市场化治理思想,主张将私营部门的管理理论、方法、工具和技术引入高等教育领域,来提高高等教育治理成效。其基本要点包括分权化管理与分散化决策、明确的标准和绩效评估、注重产出控制,以及强调高等教育管理的职业化等。准市场化治理模式具有治理主体多元化、竞争机制完善化、决策过程民主化、政策工具多样化和关键驱力法治化等显著特征。

　　所谓高等教育类市场化治理模式,是说在高等教育治理体系中政府计划管理机制发挥着决定性作用,而市场竞争机制发挥的作用极其有限。这种治理模式在性质上属于政府计划性治理,在内容上虽然也包括市场竞争机制,但其作用极其有限,并且受到政府计划性的支配和管控。即在哪些方面引入市场竞争机制、在多大程度上发挥市场竞争机制的作用,都是由政府管控的,是一种被支配的市场竞争机制,或者说市场竞争机制只是政府计划性治理的一种手段而已。也就是说,类市场化治理是"大政府、小市场"模式下的一种治理模式,其本质是政府计划治理,是基于政府计划和管控的治理,在形式上表现为"计划为体,市场为用"。类市场化治理的核心理念是政府计划治理,主张以政府集权管理为主导,发挥政府在治理中的绝对主体作用,同时有效利用市场竞争机制为政府管理服务,实现政府管理目标。其基本要点包括政府集权管理与有限分权、明确的政府管理目标、注重管理过程控制,以及规定和限制市场竞争的领域等。类市场化治理模式具有治理主体单一、竞争机制缺乏、经验决策、治理工具不健全和关键驱力行政化等显著特征。

　　我国当前的高等教育治理模式就是典型的类市场化治理模式。我国高等教育曾长期实行政府计划管理模式,改革开放以后特别是 1992 年以后,我国在高等教育领域积极推进了以市场化为取向的改革,如中央政府向地方分权,政府向高校放权,注重效率或效益,重视发挥市场竞争机制的作用等。但是,市场竞争只是政府更好地推进高等教育治理的手段或工具,还没有成为高等教育治理体系中的独立主体。这就是说,政府基于计划经济体制的管理思维还没有向多元主体的合作治理思维转变。这种只是管理手段改变而基本价值和哲学理念没有发生根本转变的治理模式,就是典型的"类市场化治理"模式。

　　两种高等教育治理模式在治理理念、治理主体、治理机制、治理工具、权力形式五个方面都有明显差异(见表 5 - 1)。

表5-1 两种高等教育治理模式的特征比较

比较项目	类市场化治理	准市场化治理
治理理念	管理,统制	治理,共治
治理主体	主体单一;政府为主,市场为辅	多元主体;市场为主,政府为辅
治理机制	计划机制为主	竞争机制为主
治理工具	政府政策为主	法律法规为主
权力形式	集权与分权并存	多元权力,多中心

二、美国高等教育的准市场化治理模式

美国是高度市场经济国家,也是典型的法治国家。与其他西方国家相比,美国高等教育的历史相对短暂,但特定的国家发展历程和实用主义文化教育传统,促使美国高等教育形成了一种基于法治理念的政府、市场与高校之间的合作治理模式。大学独立、大学自治、学术自由的理念,教育民主化思想以及高度发达的院校竞争,造就了美国高等教育的多样化,使美国高等教育系统充满变革活力和创新能力,能够对不断变化的社会需要做出最快的反应和最大的适应。

美国宪法和宪法补充条款规定,"凡本宪法未授予联邦或未禁止各州行使的权力,皆保留给各州及其人民"。这为美国高等教育准市场化治理模式的形成奠定了法律基础。在高等教育行政管理体制上,美国形成了联邦、州和地方三级管理体制。在联邦一级,国会、联邦法院和联邦政府从各自利益出发,通过运用各自独特的手段对高等教育实施管理。国会通过立法、筹措与决议教育经费、任命与弹劾高级教育行政官员等方式参与高等教育治理;联邦法院通过审查各级教育法律法规的方式参与高等教育治理;联邦政府则通过公布教育法案、任免联邦教育行政官员、领导和监督联邦教育行政机构等方式参与高等教育治理。在州一级,政府往往通过立法、财政资助与预算、

进行专业评估和规划四种方式对高等学校实施管理。在地方一级,学院区董事会往往通过确定办学方针、任免校长、审批长期规划等方式参与高等教育管理。①

除了官方力量,民间力量也通过直接或间接方式参与高等教育治理。例如通过设置学院入学考试委员会、高等学校资格鉴定委员会、教师联合会等团体机构的方式参与高等教育治理。来自教育财团、工会、商会、媒体、宗教团体以及家长联合团体的民间力量,以及来自高校内部的教师组织和学生组织,通过政治的、法律的、经济的、行政的、舆论的等多种方式共同参与高等教育治理。

美国的大学都是面向市场依法自主办学的法人实体,享有与政府、社会组织、中介组织等机构在高等教育治理中平等的法律地位。大学内部治理是一种学术权力与行政权力的协商模式。在“大学—学院—系”三级权力架构中,大学董事会是大学最高权力机关,拥有举荐校长、审批规划、制定政策、管理财务等权力。大学董事会常设发展委员会、投资委员会、学生事务委员会、学术事务委员会等机构,董事会成员多由来自大学外部的政府官员、企业领袖、校友代表等组成。在学院一级,行政权力与学术权力构成了权力二元结构,代表和反映不同群体的权益诉求。在系一级,系通常是由某一学科领域的学者组成的教学和科研单位。学院在聘任教师、招生与学位授予、教育服务提供、科学研究等方面有相应的管理权限,而系在人员聘任、教师晋升、教学计划确定、科研项目申请与实施等方面具有重要的发言权。② 此外,大学评议会、教师工会、教授会、学生会等非权力机构也拥有一定的参与大学内部治理的权利。

高等教育治理法治化是美国高等教育治理的精髓所在。如前所述,美国宪法和宪法补充条款为美国高等教育准市场化治理模式的形成奠定了

①　陈学飞.国际视野中的高等教育探索[M].青岛:中国海洋大学出版社,2009:53-56.
②　陈学飞.国际视野中的高等教育探索[M].青岛:中国海洋大学出版社,2009:65-67.

法律基础。美国是颁布教育法律最多的国家,各个时期高等教育的重大改革都坚持法制先行原则,所有高等教育治理改革都需要有法律依据并接受法律监督。1944年,美国颁布《1944年军人再调整法》,依照该法,美国开始向二战退伍军人发放助学金,以资助他们接受高等教育。1965年,美国颁布《高等教育法》,依照该法,美国联邦政府开始为接受中等教育的学生提供资助。2008年,美国通过的《高等教育法》修订版提出了高等教育财政改革的具体措施,如实施大学学费的信息披露制度、教科书的信息提供和成本控制制度、州高等教育信息系统实验项目、州对高等教育的承诺和义务、改进联邦学生资助的申请程序、为经济最困难的学生增加助学金资助、对学生贷款项目的规范、改进大学准备项目。① 此外,美国还通过了诸多法律以指导高等教育改革,如1958年的《国防教育法》、1963年的《职业教育法》和《高等教育设施法》、1994年的《2000年目标:美国教育法》、2007年的《大学成本降低与机会法》、2008年的《确保持续学生贷款机会法》和《高等教育机会法》等。

更为重要的是,美国通过法律来界定政府与大学的关系,来维护大学学术自由和自主办学的法人地位,1819年的达特茅斯学院案就是最典型的例子。联邦最高法院对达特茅斯学院案的最终判决,不仅影响了对达特茅斯学院本身性质的认定,而且还影响了美国其他学院和文化机构。一方面它赋予"文化机构以稳定性和不可侵犯性",规定州政府不得违反宪法对私立学校采取监督、干涉、侵权等措施,保持并维护了院校自治;另一方面它结束了政府试图控制高校的尝试,划清了公私立高校的界限。② 达特茅斯学院案的裁决,成为美国高等教育中处理政府与大学关系的重要判例。

---

① 魏建国.美国《高等教育法》修订与高等教育财政改革[J].北京大学教育评论,2008(4):14-27.
② 陈学飞.美国高等教育发展史[M].成都:四川大学出版社,1989:44.

第二节 我国高等教育的类市场化治理模式

我国有着独特的政治、经济、文化和教育传统,长期以来对高等教育实行高度集权的集中统一管理模式。改革开放以来,当全球化以不可避免之势席卷而来时,其携带的崇尚经济、效率、效益的市场基因对我国高度集权的计划经济体制造成了巨大冲击,进而形成了具有中国特色的高等教育治理模式——双重体制下的类市场化治理模式。高等教育的双重体制机制是指在高等教育管理和资源配置方式上既有行政体制机制发挥作用,又有市场体制机制发挥作用。这种双重体制机制不同于政府与市场的混合性体制机制,而是政府主导的行政体制和行政性资源配置方式占据主导地位,它决定着在高等教育中是否推行市场竞争机制,以及在哪些领域、在多大程度上推行和运用市场机制。高等教育双重体制下的类市场化治理模式主要表现在以下方面。

一、政府分权与集权并存

从世界范围来看,二战结束以来,地方政府在现代国家中的地位越来越重要。为了更好地发挥地方政府的作用,"一股从英国开始的地方政府改革浪潮席卷全球,并持续至今"①。20 世纪 70 年代以后,几乎所有的国家都呈现出一种分权化偏好,就连素以中央集权制为标签的法国也开始进行分权化改

---

① 王焕祥.中国地方政府创新与竞争的行为、制度及其演化研究[M].北京:光明日报出版社,2009:107.

革,"世界上恐怕找不到一个国家不高唱分权的调子"①。

改革开放以来,我国实行"对外开放,对内搞活"政策。基于政治建设、经济发展和深化改革三个方面的需要,中央政府从 20 世纪 80 年代初开始了被称为"权力下放"的地方分权改革。从政治方面来看,向地方分权有助于防止权力过分集中。"权力过分集中,越来越不能适应社会主义事业的发展。对这个问题长期没有足够的认识,成为发生'文化大革命'的一个重要原因,使我们付出了沉重的代价。现在再也不能不解决了。"②所以,要分权给地方,"权力不宜过分集中"。从经济方面来看,调动地方政府发展经济的积极性需要向地方分权。我国幅员辽阔,地区经济社会发展水平极不平衡,高度集权的"大一统"政策往往因巨大的区域差异而导致极大的不适应性,客观上需要地方政府结合实际,因地制宜,以差异化回应辖区民众需求,缓解地区差异;从财政政策来看,为了调动地方政府增加财政收入的积极性,缓解中央政府的财政压力,必须分权给地方政府,使之具有临机制变、临机专断的权力。

我国实施的分权改革也进入了高等教育领域。对高等教育管理体制进行改革是实现政府分权的重要举措之一。改革开放之前,我国仿照苏联模式建立了高度集权的高等教育管理体制。为了调整中央与地方、中央各业务部门之间的权限隶属关系以及调动地方各级政府的办学积极性,1985 年发布的《中共中央关于教育体制改革的决定》提出实行"中央、省(自治区、直辖市)、中心城市三级办学"体制。"三级办学"体制明确和厘清了中央、省(自治区、直辖市)、中心城市的高等教育管理范围和管理责任,促进了 20 世纪 80 年代的"高等教育地方化运动"——沿江沿海经济发达地区兴起了中心城市办学热潮,一大批地方政府自筹资金建设的服务于区域经济社会发展的新大学应

---

① 王绍光.分权的底限[M].北京:中国计划出版社,1997:前言.
② 邓小平文选(第 2 卷)[M].北京:人民出版社,1994:329.

运而生。在某种意义上可以说,"三级办学"体制正式拉开了中央与地方以及中央各业务部门之间关系调整的序幕。

为了与社会主义市场经济体制相适应,扩大地方政府高等教育管理权限成为高等教育管理体制调整与改革的主旋律。1993 年 1 月 12 日,国务院批转了《国家教委关于加快改革和积极发展普通高等教育的意见》(以下简称《意见》)。《意见》做出了"逐步实行中央与省(自治区、直辖市)两级管理、两级负责为主的管理体制"的决定。《意见》出台一个月后,中共中央、国务院正式发布了《中国教育改革和发展纲要》(以下简称《纲要》)。《纲要》明确指出,在调整中央与地方的关系上,需要进一步确立中央与省(自治区、直辖市)分级管理、社会负责的教育管理体制。为此,我国开始了声势浩大的高等教育体制改革和结构调整,按照"合作、合并、下放、划转"的原则,对全国 300 多所高校的隶属关系进行大规模调整,解决了宏观管理体制上的"条块分割,部门办学,多头管理"问题。至 2000 年,我国基本完成了全国普通高校隶属关系调整,形成了"中央和省两级办学两级管理,地方高等教育以省级人民政府统筹为主"的高等教育管理新体制。2014 年 7 月,国家教育体制改革领导小组办公室公布了《关于进一步扩大省级政府教育统筹权的意见》,地方政府获得了更多的高等教育管理权限。

但是,中央政府向地方政府分权仍然是一种有限分权,并且通过"项目制"和"晋升锦标赛制"来调动地方政府高等教育竞争,以解决分权后的集权问题。中央政府向地方政府分权,扩大了省级人民政府高等教育统筹权,调动了地方政府发展高等教育的积极性。但分权也导致了高等教育的"地方割据"、区域高等教育发展差距拉大、高等教育区域公平问题凸显以及地方保护主义突出等严重问题。以高等教育投入为例,地方政府对高等教育投入的差距越来越大。沿江沿海和经济发达地区的高等教育经费投入多,而中西部不发达地区的投入少。2004 年有的地方政府对高职院校的投入为年生均 600 元,而有的地方则达到 1.2 万元,两者相差 20 倍。在高等教育机会区域公平方面,不同区域学生的高等教育机会,特别是上好大学的机会差距极大。如 2008 年全国"985"高校招生属地化率都在 35% 以上,有的甚至接近 60%。针对向地方政府分权后产生的问题,中央政府一方面通过行政手段来收权,另一方面通过实施项目制来调动地方政府高等教育竞争,来解决分权后的中央政府集权问题。

地方政府在成为辖区高等教育的统筹者、担纲者之后,被压上了沉重的担子。压担子的基本策略就是"行政区域发包责任制",地方政府成为中央政府的"区域总代理",成为"本辖区区域政治经济体系内最强大、最有权威的组织,对本辖区的经济发展态势有决定性的影响"。① 在行政区域发包责任制下,从国家利益体系中分化出的地方利益,不仅从制度上肯定了地方利益的存在,而且肯定了地方政府利益的存在。地方政府因此成为一个有着自身利益的行为者,与中央政府在权力关系、财政关系、公共行政关系之外,增加了利益关系。② 地方政府利益的存在,是中央政府通过实施"项目制"和"晋升锦标赛制"来调动地方政府高等教育竞争的基础。地方政府为了获得更好的发展政绩,在晋升锦标赛中胜出,相互之间进行着激烈竞争。③ 一方面极力扩大高等教育规模,提高辖区高等教育机会供给,加强高等教育质量保障条件建设,对地方所属高校的基本建设、办学经费、人事编制、教师职务晋升、干部任命等实行全方位控制,以加强质量监控;另一方面又采取地方保护主义措施,对辖区内高等教育存在的问题进行"内部消化"或"冷处理",或者基于政府自身利益而不作为。

① 程臻宇.中国地方政府竞争研究[M].济南:山东大学出版社,2011:前言.
② 谢庆奎.中国政府的府际关系研究[J].北京大学学报(哲学社会科学版),2000(1):26-34.
③ 张应强,彭红玉.高等教育大众化时期地方政府竞争与高等教育发展[J].高等教育研究,2009(12):1-16.

二、政府、市场、大学关系中的政府作用

对于政府、大学、市场的关系，美国学者伯顿·R.克拉克提出了高等教育主体关系模式——"三角协调模式"。① "三角协调模式"把政府权力、学术权威和市场当作是影响高等教育系统的三种核心力量，三种力量在不同时空背景下的张力，形成了不同的政府与大学关系模式。加雷斯·威廉斯认为，国家高等教育发展模式取决于政府、市场、大学三种主体之间的力量、方向与角度。为此，他在伯顿·R.克拉克建构的模式的基础上，根据三种主体之间力量、方向与角度的不同组合，提出了政府、市场与大学关系的六种细部模式（见图 5-1）。② 其中第三种细部模式为"政府作为促进者"而形成的政府、大学、市场的关系模式。

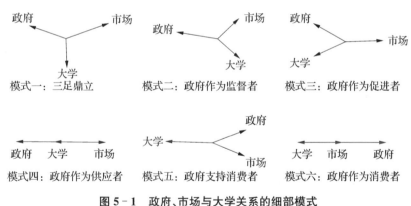

图 5-1　政府、市场与大学关系的细部模式

长期以来，由于我国实行政府高度集权的计划管理体制机制，我国高等教育治理主体的关系，只是政府与大学两个主体之间的附属关系，即大学是

①　伯顿·R.克拉克.高等教育系统:学术组织的跨国研究[M].王承绪,等译.杭州:杭州大学出版社,1994:159.
②　WILLIAMS G L. The "Marketization" of Higher Education: Reforms and Potential Reforms in Higher Education Finance[M]. Oxford: Pergamon Press，1995：172-173.

政府的附属机构或延伸机构。为了适应发展社会主义市场经济体制的需要，以及满足大学办学自主权的诉求，我国确立了改革高等教育治理主体关系的目标——改变大学与政府之间的隶属关系，并通过引入市场力量，建立起政府、市场、大学三者之间的关系。与美国等西方国家政府、市场、大学三者之间长期磨合、自然形成的逻辑不同，我国是通过政府的主动作为来建构三者之间关系的，即加雷斯·威廉斯所提出的第三种细部模式——政府作为促进者所建构的三者关系模式。

党的十四大以来，随着社会主义市场经济体制的逐步建立和完善，以及高等教育改革的不断深化，政府作为高等教育治理改革的设计者、推动者和实施者，在构建政府、市场、大学的新型关系中发挥了非常重要的作用。政府作为促进者，首先，提出了转变政府职能、实行政府改革的目标，从全能型政府向有限政府转变，从权力型政府向法治政府和服务型政府转变，减少行政审批事项，为市场竞争让出空间，为高校自主办学让出权利；其次，开始营造高等教育市场竞争环境，培育竞争市场，制定市场竞争规则，监督高校的市场竞争行为；最后，开始放松对大学的直接管制和控制，改变大学作为政府隶属机构的状况，以培育市场竞争主体并帮助高校提高市场竞争能力，使高校成为自主办学的市场竞争者。虽然由于受到我国政治和行政体制类型和教育文化传统的影响，政府作为促进者所建构的政府、市场、大学三者关系模式仍然有很大的改进空间，但相对于长期以来所形成的政府与大学的隶属关系模式来说，这无疑是一种极大的进步。

三、逐步扩大和落实高校办学自主权

改革开放 40 年来，高校办学自主权问题一直是我国高等教育治理变革中的核心主题之一。1979 年 12 月，时任复旦大学校长苏步青等几所上海高校的领导在《人民日报》发表题为《给高等学校一点自主权》的文章，正式向中央政府表达了办学自主权呼求。这一方面表明了我国大学自主办学意识的觉醒,反映了当时我国高校自主权严重缺失的状况;另一方面开启了政府下放办学自主权的思路,而不是"法律确权"和"政府还权"的思路。

1985年5月发布的《中共中央关于教育体制改革的决定》(以下简称《决定》)指出,政府对高校管得过严、统得过死的管理体制是一系列问题产生的根源,要从根本上改变这种现状,必须对现有的管理体制进行改革。简政放权、扩大高校自主权是教育管理体制改革的关键。该《决定》首次明确提出要扩大高等学校办学自主权,这成为此后历届政府一以贯之的基本理念和基本信念。1993年2月,中共中央、国务院发布了《中国教育改革和发展纲要》,与之前的有关政策文件相比,该纲要首次提出要"使高等学校真正成为面向社会自主办学的法人实体"。"面向社会自主办学",表明高校享有自主办学的权利,而且是"面向社会"而不是"面向政府"自主办学的权利;而"法人实体"概念的提出,则表达了对高校办学自主权进行法律确认和规定的意思,表明我们开始从法律角度来认识高校办学自主权的性质。

1998年8月29日通过的《中华人民共和国高等教育法》,第一次以法律形式规定了政府、高校、社会的权利与义务,从法律层面确定了高等学校的法律地位,为落实和扩大高校办学自主权提供了法律依据,开启了高校自主权的法治化历程。《高等教育法》不单做出了高校自批准设立之日起取得法人资格的规定,而且还规定了高等学校在学科设置、专业调整、教学计划制订、科学研究、教师聘任、教材选编、机构设置、经费管理与使用、对外交流与合作等方面依法享有自主权。2010年国务院发布的《国家中长期教育改革和发展规划纲要(2010-2020年)》(以下简称《教育规划纲要》)提出要进一步扩大和落实高校办学自主权,并规定了高校七个方面的自主权。

通过对中央有关政策决议和《高等教育法》对高校办学自主权所做规定的简单回顾,我们可以发现在高校办学自主权问题上具有鲜明的"类市场化治理"特征。

第一,政府在高校办学自主权问题上享有绝对权力。政府通过分权和放权来扩大并落实高校办学自主权的思路,表明"高校办学自主权来自政府"的思想观念是根深蒂固的,认为高校办学自主权是政府授予的,而不是高校本身固有的。政府向高校进行行政性分权,从而使高校获得办学自主权。行政性分权是指"把一些经过选择的决策权力部分地在行政系统内部下放到较低层次"①。这体现了我国高校是政府行政机构的附属机构和延伸机构这一事实。行政性分权往往通过行政授权来进行,行政性授权和分权的确可以给予高校办学自主权,但也意味着政府随时随地都可以收回授予和下放给高校的权力。这表明政府仍然享有绝对的大学管理权力。

第二,通过"正面清单"来明确和规定大学办学自主权的内容。无论是1985年的《决定》,还是2010年的《教育规划纲要》,无论是1993年的《纲要》,还是1998年的《高等教育法》,都采取"正面清单"方式,或从政策角度或从法律层面对高校办学自主权做出明确规定。但是,采用"正面清单"方式对高校办学自主权做出规定,说明政府仍然保留了更多的"正面清单"之外的对高校办学自主权的控制权力,这种对高校办学自主权的授权,实质上限制了高校更多的办学自主权。同时,《高等教育法》采用正面清单方式从法律上规定高校学科设置、专业调整、教学计划制订、科学研究、教师聘任等办学自主权的内容,一方面,它使高校行使这些方面的自主权有了法律依据,包括政府在内的其他组织如果侵害了高校这些方面的自主权就会受到法律约束,但另一方面,它可能使高校行使正面清单规定之外的办学自主权失去了法律依据,使包括政府在内的其他组织侵害正面清单规定之外的大学自主权的行为不受法律约束。用正面清单方式来规定和明确高校办学自主权,一方面,说明政府仍然对高校行使着最终的控制权;另一方面,相对于过去政府对大学办学的直接控制和全面干预而言,它又说明政府有了分权意识和分权行为,因而

---

① 转引自刘吉瑞.论行政性分权和经济性分权[J].经济社会体制比较,1988(3):8-14.

表现出"类市场化"的治理特征。

第三,2010 年的《教育规划纲要》没有采用 1993 年《纲要》"使高等学校真正成为面向社会自主办学的法人实体"的提法,而是采用"进一步落实和扩大学校办学自主权"的提法,这说明我们不是通过法律对高校办学自主权进行法律确认,而是通过政府授权和权力下放来扩大和落实高校办学自主权。这表明我们还没有体现依法治教和依法治校的思想,而是秉持全能政府理念,坚持政府治教,依靠行政权力治校。这也说明政府以行政思维管理和控制高等教育的实质并没有发生根本性转变,因而使高等教育治理表现出强烈的"类市场化治理"特征。

四、高等教育治理工具多样化

治理工具又被称为政策工具,是政府赖以推行政策的手段或实现特定政策目标的方式或机制。根据市场是否介入以及介入的程度,有的学者把政策工具划分为"市场化工具"和"命令—控制式工具"。[①] 有的学者根据政府所掌握的物质资源和制度资源,把政策工具分为"管制性政策工具""经济性政策工具""信息性政策工具""动员性政策工具"及"市场化政策工具"。[②] 我们根据政府介入高等教育治理的程度,将政策工具分为市场化政策工具、强制性政策工具和混合性政策工具三种类型。市场化政策工具是政府介入程度最低的一种政策工具,其典型特征是治理主体自主自愿参加治理活动,政府很少运用强制力对其进行干预;强制性政策工具指政府对高等教育治理所进行的直接的、行政性的规定和限制,主要包括禁止、管制、法规、许可、监督、惩罚、计划、命令执行等;混合性政策工具具有市场化政策工具和强制性政策工

① 托马斯·思德纳.环境与自然资源管理的政策工具[M].张蔚文,黄祖辉,译.上海:上海人民出版社,2005:102.

② 徐媛媛,严强.公共政策工具的类型、功能、选择与组合——以我国城市房屋拆迁政策为例[J].南京社会科学,2011(12):73-79.

具的双重特征,主要包括信息发布、舆论宣传、鼓励号召、劝诫、激励、直接补助、财政补贴、使用者付费、权力下放等形式。

改革开放之前,由于深受计划经济体制的影响,高校事实上成为政府的延伸机构与附属机构,政府在招生就业、专业设置、学科调整、人员聘任、科学研究、教育教学等方面拥有全面控制权。在这种情况下,政府通常运用直接的强制性政策工具开展高等教育治理。以高校重点建设为例,从 1954 年至20 世纪 80 年代初,我国共推行了四次重点高校建设。这四次重点高校建设先后指定了 97 所基础较好、师资力量较强、教学质量和科研水平较高的院校为全国重点高校。"指定"一词充分反映了强制性政策工具的特点。

改革开放之后,随着市场机制的逐步介入,社会异质性显著增加,政府能力相对下降,我国公共管理逐渐朝着社会化方向发展。公共管理社会化的实质是政策工具的重新选择,是以强制性程度较低和直接性程度较低的政策工具逐渐取代强制性程度较高和直接性程度较高的政策工具。[①] 在公共管理社会化的背景下,政府意识到"市场是国家更有效管理教育的一种工具"[②],市场化政策工具由此逐步成为我国高等教育治理的政策工具之一。市场化政策工具与强制性政策工具的结合,使得我国高等教育治理的政策工具逐渐从直接的、单一的强制性工具向多元化方向转变。这主要表现为政府开始广泛采用激励工具、象征和劝诫工具等混合性政策工具。在诸多政策工具中,激励工具的运用较为普遍,专项资金就是政府运用的重要激励工具之一。除了激励政策工具,象征和劝诫政策工具也被广泛使用。象征和劝诫政策工具的理念是,如果人们的信念与所要求的行动具有一致性,那便会从心底对所要求的行动产生认同感。象征和劝诫政策工具往往以不容置疑的合法性权威先验地存在于相关政策中,如《"211 工程"总体建设规划》中的三个"是"(实施

---

①　曾军荣.政策工具选择与我国公共管理社会化[J].理论与改革,2008(2):87-89.

②　卢乃桂,操太圣.中国改革情境中的全球化:中国高等教育市场化现象透析[J].北京大学教育评论,2003(1):48-53,62.

"211 工程""是国家推进高等教育发展所采取的重要举措,是促进高等教育与经济社会发展相适应的一项重要举措,是为实施我国经济和社会发展战略准备高层次人才的重要决策")就是典型的象征和劝诫政策工具。

综上所述,我国高等教育治理在政策工具的选择和运用上有一个从强制性政策工具到市场性政策工具转变的过程,最后形成了混合性政策工具,呈现出多元化特征。但强制性政策工具仍然是政府在推进高等教育治理时最为常用的手段。

五、项目治教:类市场化治理模式的典型案例

改革开放 40 年来,我国的社会治理模式主要表现为中央集权的集中模式与中央放权的竞赛模式的周期性循环。[①] 为了逃离集权与分权往复循环的怪圈,达到两者的动态平衡,一种兼顾集权和分权的项目制治理模式被设计出来。"项目制不单指某种项目的运行过程,也非单指项目管理的各类制度,而更是一种能够将国家从中央到地方的各层级关系以及社会各领域统合起来的治理模式。……它更是一种思维模式,决定着国家、社会集团乃至具体的个人如何构建决策和行动的战略和策略",因而成为一种超出了单个项目所具有的事本主义特性而成为具有"体制的精神性内涵"的新的国家治理体制。[②] 项目制是计划体制机制与市场体制机制互相糅合的产物。作为一种国家治理体制,项目制在具体运作过程中兼具了行政配置和自由竞争的双重属性。[③]

从具体实践来看,项目制遵循如下运作轨迹:第一步是中央部委设计出附带有一定规则和条件的项目并配以专项资金,然后以招标方式发布项目申

---

　　① 渠敬东,周飞舟,应星.从总体支配到技术治理——基于中国 30 年改革经验的社会学分析[J].中国社会科学,2009(6):104 - 127,207.

　　② 渠敬东.项目制:一种新的国家治理体制[J].中国社会科学,2012(5):113 - 130,207.

　　③ 折晓叶,陈婴婴.项目制的分级运作机制和治理逻辑——对"项目进村"案例的社会学分析[J].中国社会科学,2011(4):126 - 148,223.

请书来诱使满足条件的下级政府向上申请;第二步是作为发包方的上级部委根据专家审议结果来确定和平衡项目的归属,并将项目管理的一揽子权力"发包"到获得项目的地方政府;第三步是由地方政府在一定权限范围内确定项目的最终承包方,并依据相关规定对与项目相关的诸多事宜实施条线管理。①

我们可以看出,项目制是把中央与地方、计划体制与市场机制、集权与分权糅合在一起而形成的一种体制机制和制度安排。通过技术化、理性化的目标管理和过程控制,项目制试图达到既能实现中央统一管控,又能调动地方参与项目的积极性;既能发挥计划体制的统筹作用,又能体现市场机制的竞争优势;既能维护自上而下的集权权威,又能实现自下而上的分权自治的理想目标。项目制虽然受科层逻辑和市场逻辑的双重支配,但科层逻辑占据主导地位,市场逻辑从属于科层逻辑。即项目制是由科层逻辑主导、市场逻辑为辅的混合型"双重体制"②,体现出"科层为体、项目为用"③的典型特征。

项目制应用于高等教育治理领域,就形成了"项目治教"治理模式,其表现形式是中央政府发包、地方政府分包、大学抓包。项目治教在高等教育治理的各个层面都有体现,形成了一种从国家到高校乃至院系与学术职业的高等教育项目制。如院校—学科维度的项目制、教师—研究维度的项目制、教学—人才维度的项目制。④

项目治教作为中央政府设计的一种高等教育治理模式,中央政府的作用居于绝对主导地位,包括主导项目设置、提供项目资源、制定竞争规则、按照专业职能系统对项目分配权和管理权实行一统到底的垂直化管理,以确保中央政府权威和体现中央政府意图。

---

① 折晓叶,陈婴婴.项目制的分级运作机制和治理逻辑——对"项目进村"案例的社会学分析[J].中国社会科学,2011(4):126-148,223.
② 苏永建.体制化的技术治理与中国高等教育质量保障[J].高等教育研究,2017(3):10-17.
③ 史普原.科层为体、项目为用:一个中央项目运作的组织探讨[J].社会,2015(5):25-59.
④ 苏永建.体制化的技术治理与中国高等教育质量保障[J].高等教育研究,2017(3):10-17.

　　项目治教体现了向地方政府分权的思想,以调动地方政府参与竞争和发展高等教育的积极性,同时又通过项目竞争来对分散给地方政府的权力进行集中。这就是说,中央与地方以项目为载体建立了一种"分级运作"①的承包责任制,这种"分级运作"的承包责任制具有两个典型特征:一是竞争性。项目资金配置具有强烈的不确定性,这就导致地方政府之间围绕项目展开激烈竞争。与此同时,在锦标赛体制②下,获得更多的项目可以为地方官员晋升增加政绩砝码,这又加剧了地方政府之间的竞争。二是自治性。中国自古就形成了一种"上下分治"③的治理模式和体制机制,地方政府在这种"上下分治"的治理模式和体制机制中拥有一定的自治权。

　　项目治教确认了高校办学自主权,同时又通过项目设置和项目竞争实现了对高校的间接管控,使高校面向政府办学具有隐蔽性,并表现为高校自愿接受管控。项目治教引入了市场竞争机制,虽然项目以及项目资源是中央政府设置的,但地方政府和大学要获得项目和项目资源,必须经过投标和竞争。这表明中央政府已不再使用直接的行政命令来管控地方政府和大学,而是将市场竞争机制引入其中。但这种竞争是由中央政府通过其权威和权力设计出来的,因而项目制下的竞争受到诸多限制,并不是自发的竞争和完全的自由竞争,而是面向中央政府的竞争——竞争政府所设置的项目以及项目所承载的授权和资源。从根本上说,中央政府享有是否引进市场竞争机制以及在哪些领域或多大程度上引进市场竞争机制的决定权,这实际上并没有对政府分权和限制政府权力,而是增强了政府高等教育管理的自由裁量权。④

　　① 折晓叶,陈婴婴.项目制的分级运作机制和治理逻辑——对"项目进村"案例的社会学分析[J].中国社会科学,2011(4):126-148,223.

　　② 周飞舟.锦标赛体制[J].社会学研究,2009(3):54-77.

　　③ 曹正汉.中国上下分治的治理体制及其稳定机制[J].社会学研究,2011(1):1-40,243.

　　④ 张应强.高等教育全面深化改革需要对高等教育改革进行改革[J].中国高教研究,2014(10):16-20.

第三节 走向准市场化治理:我国高等
教育治理变革的方向

相对于类市场化治理,准市场化治理是一种市场化程度更高和市场竞争机制发挥作用更大的治理模式。我国高等教育治理变革的基本方向,在于改变高等教育双重体制机制,让市场竞争机制发挥决定性作用;建立多元治理主体基于信任的高等教育合作治理机制;推进和实现高等教育治理法治化。

一、发挥市场竞争机制的决定性作用

改革开放 40 年来,我国的经济体制改革过程实际上是一个从计划经济体制向社会主义市场经济体制渐进发展的过程,是一个市场竞争机制逐步完善和市场化程度逐步提高的过程。在经济形式上表现为从政府管制型经济,到计划经济为主、市场经济为辅,再到以市场经济为基础,最后到市场决定型经济的发展变化。从资源配置和管理体制来看,市场竞争机制的作用经历了从调节辅助作用到基础性作用再到决定性作用的变化。党的十八届三中全会做出了让市场竞争在资源配置中发挥决定性作用的重大决策,同时指出,必须积极稳妥地从广度和深度上推进市场化改革,大幅度减少政府对资源的直接配置,推动资源配置依据市场规则、市场价格、市场竞争实现效益最大化和效率最优化。这实际上是要求将市场经济体制真正作为主导我国经济发展的核心机制。

1. 我国高等教育市场竞争的特点及非预期效应

与经济体制改革相适应,我国高等教育领域也进行了市场化改革,市场竞争机制被逐步引入高等教育治理体系中,形成了高等教育的双重体制机制。如通过高等教育管理体制改革,形成了"条块结合、以块为主"的管理体制;通过高等教育投资体制改革,形成了"综合定额＋专项补助"的拨款方式。此外,市场竞争机制也被广泛引进诸如招生与就业、教学与科研、国际交流与对外合作等领域。但总体而言,高等教育治理中的市场竞争还是一种非健全的市场竞争,其非健全性主要表现在以下四个方面:一是高校由于长期依赖于政府,还没有发育成为独立的市场竞争主体,仍表现出对政府的高度依附性,市场竞争能力还没有得到充分发展。二是市场主体地位不平等,具体表现为政府与高校、高校与高校之间在竞争中的地位不平等。政府往往扮演着高等教育改革的设计者、发动者、推动者、管理者、监督者、评价者等诸多角色,而高校只扮演着改革执行者的角色。而且由于长期遵循重点建设的思路,政府对高校事实上进行了办学层次和水平的确认甚至指定,如过去的"211"高校、"985"高校,以及目前的42所一流大学建设高校和95所一流学科建设高校。三是高校之间不是面向社会需要和市场需要展开竞争,而是面向政府展开办学资源、政策扶持、社会地位、社会声誉等方面的竞争与角逐。四是市场竞争并没有上升到事关高校生死存亡的高度,高校感受的市场竞争压力不是根本性的。

这种非健全的市场竞争产生了一些非预期效应:其一,面临着政府设定的起点不平等和机会不均等的问题,不少高校缺乏参与竞争的主动性和积极性,认为大学竞争只是"富人俱乐部"的游戏,与己无关,使得竞争只是少数高校的事情;其二,进入"富人俱乐部"内部竞争圈的高校主要是政府指定的而不是自由竞争的结果,这就导致这部分高校缺乏竞争意识、危机意识和创新意识;其三,高校主要面向政府展开竞争——竞争政府设置和掌控的各种各样的项目、工程、计划以及相应的办学授权和办学资源,①这就导致高校发展

---

① 张应强.关于将高等教育改革纳入法治化轨道的思考[J].江苏高教,2015(6):1-4.

与社会需求严重脱节;其四,政府掌握着大量的资源、项目、经费,这极有可能导致权力的寻租设租。要克服各种非预期效应,激发高校办学活力,提升高校办学效率和效益,就必须积极采取措施构建完善的竞争机制。

2. 让市场竞争机制在高等教育资源配置中发挥决定性作用

目前,我国形成了"财、费、税、产、社、基、科、贷、息"相统一的"一主多元"的高等教育经费投资渠道。改革开放之后,虽然政府的财政拨款在高等教育总经费中的比例不断下降,但它仍然是我国高等教育经费的主要来源。[①] 作为高等教育经费的主要提供者,政府往往以计划和行政手段对资源进行统一分配和统一划拨,并且采用"政府—高校"直接拨款体制。这一方面阻碍了经费使用效率的提高,另一方面也抑制了高校参与市场竞争的积极性。这种高等教育经费配置方式固然有利于贯彻政府意志,但在一定程度上使高校形成了"等、靠、要"心态,并导致经费使用效率低下。特别是导致高校面向政府而不是面向市场和社会展开资源竞争,从而使高等教育经费来源渠道单一以及高校对政府拨款高度依赖,同时使得高校和整个高等教育体系的社会适应性差,缺乏对市场和社会需要的快速响应意识与能力。

自20世纪80年代以来,欧美国家纷纷在高等教育投资体制改革中积极构建和发展市场竞争机制。高等教育投资体制在整个高等教育体系中居于基础和核心的位置,其改革成效制约着其他领域的改革,乃至决定整个高等教育的发展方向。为了合理配置高等教育经费,增加高校安排经费的主动性以及经费管理的责任,欧美国家纷纷构建竞争性的政府拨款模式,其显著特征是政府避免直接干预竞争,只是担任竞争规则的制定者或协调者,不去直接介入竞争过程。为了实现对高等教育的宏观调控,政府往往会聘请专业评估机构等社会中介组织对大学进行跟踪评估,评估结果最终会对大学后续

① 别敦荣,杨德广.中国高等教育改革与发展30年(1978—2008)[M].上海:上海教育出版社,2009:56-57.

拨款产生深远影响。德国高等教育在新公共管理运动的影响下,改变了过去实行的"国家官僚—教授"管理模式,努力通过"减法"＋"加法"的方式①来调整政府与大学的关系。所谓"减法",指在高等教育管理方面尽力"去控制化"和"去国家化";所谓"加法",指采取多种措施增加高校的责任能力和与竞争能力。通过改革,传统的由各州政府主管部门按照输入控制和细节干预的管理模式在改革后被采用总体预算、目标协定和绩效拨款的新的宏观调控模式所取代。② 在英国,政府并不直接面向高校拨款,而是通过中介组织对高等教育间接拨款,形成了"政府—中介组织—高校"的间接拨款体制,使政府由对高校的直接行政管理转变为以政策引导、经费调节为主的宏观调控管理。中介组织在大学和政府之间起到了"缓冲器"的作用,"一方面,它把政府的要求传达给高校,另一方面,它又是高校的代言人,帮助高校向政府提出要求"③。我国需要借鉴西方国家高等教育资源市场化配置的经验,结合我国国情和高等教育的特点,在政府主导下建立和完善高等教育资源的市场竞争配置机制。同时,也要引入社会中介组织参与高等教育治理,以实现高等教育资源来源的多元化和配置方式的多样化。

3. 以市场竞争机制促使政府有效分权

从现代政府理论来看,政府除了具有维护和实现公共利益的目标外,也是有着自身利益的组织。因此,促使政府分权和政府职能转变,需要有外部力量介入,市场力量就是一支重要的力量。对我国"强政府"基本国情和偏好科层治理的历史惯性而言,只有让市场竞争机制发挥决定性作用,才可能真正促使政府分权和政府职能转变,从而改变政府高度集权的高等教育治理模式。

实现政府分权和政府职能转变的关键是政府有效分权。有效分权包括

---

① 周丽华.德国高等教育管理体制改革的新思维[J].华南师范大学学报(社会科学版),2006(4):105-110,160.

② 孙进.政府放权与高校自治——德国高等教育管理的新公共管理改革[J].现代大学教育,2014(2):36-43,112-113.

③ 张德祥.政府与高等学校之间的"缓冲器"[J].高等教育研究,1995(4):37-41.

三点:一是在政府内部划分各级各类政府机构之间的权力边界,二是权力下放,三是权力转移。① 政府有效分权首先需要解决分权方式问题,即用什么方式来实现有效分权,从而达到有效分权的目的。这就需要准确把握我国政府管理权力结构的现实特点。在我国政府管理领域,存在高度集权和权力分散同时并存的现象,我们将之称为"分层集权现象"。从纵向来看,权力是高度集中的;但从横向来看,权力又极为分散,地方主义盛行。如中央政府统摄了高等教育举办权和管理权,但地方政府对自己管辖地的高等教育和省属高校享有很大支配权和控制权,形成"权力割据"现象,中央政府教育行政部门对此往往无能为力。又如我国高校受到政府的严格管控,常常呼吁办学自主权不够,但相比西方国家的大学,我国大学的内部管理权力又很大,人事调配、资源配置、基本建设、院系和学科设置等,只要想做就会很快做成。不像西方国家大学,为一个建设项目争吵好多年后,仍可能无果而终。因此,在这种分层集权的权力格局下,中央政府在向地方政府分权时,必须首先通过适度集权来进行有效分权。适度集权是手段,有效分权是目的。适度集权表现为遏制地方主义、权力割据和权力部门化,科学划分政府机构之间的权力边界,规范权力运行规则,并实现权利和义务的有效匹配。通过适度集权来实现有效分权看似矛盾,但它是适应我国政府管理权力结构特点的有效方法。

政府在向高校放权还权和对高校办学自主权进行确权时,有必要培育和营造市场竞争环境,让市场竞争作为高校办学自主权的约束力量和平衡力量,使高校在行使办学自主权时具备自我约束意识,防止自主权滥用。这就需要在政府主导下把高校真正建设成为面向社会依法自主办学的法人实体,引导和促使高校面向市场和社会办学,以增强办学主体意识,提高市场竞争能力,接受市场检验,感受市场竞争,激发办学活力,增强自我约束意识和能力,从而形成政府和大学之间的新型关系。

---

① 厉以宁,等.读懂中国改革:新一轮改革的战略和路线图[M].北京:中信出版社,2014:129-130.

二、建立多元主体相互信任的合作治理机制

治理理论的兴起是西方发达国家为应对"政府失灵"与"市场失灵"而走出的"第三条道路"。按照治理理论的观点,多元主体共同参与社会事务是解决问题的关键。对于多元主体之间的关系,治理理论有三种不同观点,分别是社会中心论、政府主导论和网络参与论。[①] 由于高等教育治理的特殊性,以及"中国'强政府'的基本国情和偏好科层治理的历史惯性"[②],在我国高等教育治理变革中,政府主导论比社会中心论和网络参与论更符合中国国情和社会实际。这就是说,我们需要建立起"一主多元"的高等教育治理体系。这里的"一主"指政府,"多元"则主要指高校、中介组织、社会机构、大众媒体等。在"一主多元"治理模式中,政府发挥主导作用,其他参与主体则在各自领域和各个层次上发挥应有的作用。必须强调的是,包括政府在内的多元治理主体的作用是不同的,但在治理体系中的地位是平等的,是为了实现高等教育的有效治理和善治而形成的合作关系。

1. 正确认识和准确把握政府的主导作用

从实现我国高等教育治理体系的转变来看,我们不是凭空重新设计和构建一个新的治理体系,而是在类市场化治理模式下,在上述我国"强政府"基本国情和偏好科层治理的历史惯性下来建设新的治理体系——准市场化治理模式。因此,我们不能忽视政府在实现治理模式转变和建设新的治理体系中的作用。因为在后发外生型现代化国家,必须由政府作为组织者来汇聚各种社会力量,实现向现代化国家的转型,从而实现赶超型现代化目标。我们不能简单地套用早发内生型现代化国家在它们的具体国情和现代化类型下

---

① 王刚,宋锴业.治理理论的本质及其实现逻辑[J].求实,2017(3):50-65.
② 郭永园,彭福扬.元治理:现代国家治理体系的理论参照[J].湖南大学学报(社会科学版),2015(2):105-109.

所产生的政府理论。当然,这绝不是为我们拒绝改革政府而辩护。我国能不能实现治理体系的转变,建立新的高等教育治理体系,关键在于在政府主导下实现政府自身的转变,包括政府理念的转变和政府行为的转变。

第一,政府首先要实现从高等教育管理到高等教育治理的观念转变。在我国,权力型政府的观念根深蒂固,政府管理的观念深入人心,靠政府权力来管理社会事务成为我们的集体无意识。特别是在法治意识缺乏的时期,政府通过自己给自己赋权,使得政府管理甚至有超越法治的强大力量。因此,我国社会基于政府权力建立了严密的社会管理体系,通过高度集权来维护政府管理权威,来对各项社会事业、各级组织甚至个人实行管理。在高等教育事业中,政府是绝对的集权管理的权力主体,高等教育管理的其他各级各类权力主体,如地方政府和大学,都必须通过中央政府的授权而获得管理权力和开展管理活动。大学为了便于接受政府的管理,复制了政府管理部门的组织和管理机构,实现了与政府管理部门同体同构,从而事实上成为政府的附属机构和延伸机构,并遵循同样的管理逻辑而行政化运行。目前我国实现的"中央和省两级办学、两级管理,地方高等教育以省级人民政府统筹为主"的管理体制机制,就是其典型表现。虽然实行的是分级管理,但《高等教育法》明确规定了中央政府及其教育行政部门对全国高等教育事业具有领导、管理和统筹的权力。因此,高等教育和大学办学必须由政府管理的思想和观念很难改变,并在管理制度和管理体制上进行了固化。但从高等教育治理变革的发展方向而言,从实现高等教育善治目标而言,这种自上而下的管理观念和管理体制机制必须改变。

解铃还需系铃人,要实现从高等教育管理到治理的转变,首先政府必须在理念和思想观念上做出改变,尽管这种改变非常艰难。高等教育治理理念主张多中心治理、多主体参与并分享权利和义务、多元平等主体协商治理。这就要求政府从集"掌舵者"和"划桨人"于一身转变为"掌舵者",从绝对权威转变为"平等中的首席",从"全能政府"转变为"有限政府",从权力型政府转变为服务型政府。这无疑是对政府绝对权力的挑战,是对政府能否正确把握高等教育治理目的的考验,即是维护政府自身既得利益,还是以壮士断臂的勇气来实现公共利益。这客观上要求建设"理性政府",要求政府将管理理念转变为治理理念,从而在治理理念支配下实行政府改革,淡化政府管理职能,增强斡旋和协调职能,强化服务性职能。

第二,充分发挥政府在实现高等教育管办评分离改革中的主导作用。《中共中央关于全面深化改革若干重大问题的决定》提出,在政府改革方面,要"全面正确履行政府职能""进一步简政放权,深化行政审批制度改革";在教育改革方面,要"深入推进管办评分离,扩大省级政府教育统筹权和学校办学自主权"。无论是推进政府自身改革,还是推进管办评分离教育改革,在目前我国国情和政治行政体制下,政府无疑是担纲者和推进者。这就是说,必须充分且有效发挥政府在推动高等教育管办评分离改革中的主导作用,以形成政府宏观管理、高校自主办学、社会客观评价的高等教育治理体系。

实现政府宏观管理,必须基于建设高等教育善治体系目标来确定政府应该管什么、管得好什么,而不是基于政府自身利益和全能政府理念来垄断管理权力和确定政府管理事项。

实现高校自主办学,也必须基于建设高等教育善治体系目标来确认和保障高校办学自主权,以避免政府和大学之间只是就权力收放问题来进行博弈。之所以强调高校办学自主权,并不是为了自主权而争自主权,实乃办学自主权是办好大学的充分必要条件,更是由大学作为学术组织和人才培养机构的特殊性所规定的,这也为西方国家一流大学的办学实践所证明。如果作为高等教育举办者和管理者的政府认识到了这点,就不会采取"下放"和"赋予"高校办学自主权的分权思路,而作为具体办学者的高校也就不会形成向政府"要权"的思路。理想的情况是,政府对高校办学自主权进行确认,高校则正确使用本属于自己的办学自主权,从而在自我约束意识支配下用好自主权,自己对自己的办学行为负责。

实现社会客观评价,也必须基于建设高等教育善治体系的目标来发挥社会组织作用,开展第三方评价。高等教育评估是随着高等教育进入社会的中心,产生了众多利益相关者之后所出现的必然现象,是现代高等教育的典型特征,也是现代高等教育治理体系的有机组成部分。高等教育评估的目的,在于提高高等教育的外适性质量和内适性质量,以满足内外部利益相关者的质量诉求。由此可见,评估的需要主要来自高等教育系统外部,评估者应该主要是外部利益相关者。因此,第三方评估是高等教育评估的主流形式。

长期以来,我国高等教育评估主要是政府评估或者是由政府主导的评估,政府是评估的唯一主体,高校成为评估的对象。由于我国实行政府办学体制,高校的办学资源主要来源于政府,导致高校主要面向政府办学,而且由于政府将评估结果作为对高校拨款、授权、问责和衡量高校领导人政绩的依据,因而政府评估享有极高的权威性。在这种情况下,第三方评估很难"发育"起来。但从现代高等教育治理体系来看,政府评估面临重大挑战。一是政府评估偏离了高等教育评估的目的。如前所述,高等教育评估的最终目的,在于借助评估手段来提高高等教育质量,以满足内外部利益相关者的质量诉求。目前政府评估成为对高校办学水平的评估,对高校是否执行政府政策的评估,使得评估对象和评估目的偏离了高等教育质量。二是政府评估的权威性加剧了高校面向政府办学而不是面向社会办学的倾向性。政府评估往往根据自己设定的质量标准和工作要求来对高校办学进行评估,并且评估结果的运用对高校来说都是利益攸关的。因此,高校必然以政府评估事项和内容为基准来办学,出现"要评估的事情抓紧干,不评估的事情一边放"的现象。这就极大地限制了高校面向社会办学,限制了高等教育的社会适应性。三是政府评估遭遇"评估悖论"。政府对自己所办大学和所管理的高等教育进行评估,实际上是自己对自己的评估。因为高等教育质量的高低,既与高校相关,也与政府的投入和管理相关。如果政府根据评估结果来对高校进行问责,且只是对高校问责而不对自己问责,这难免不合逻辑,也很难使高校服气。

目前政府评估遭遇的重大挑战说明,建立高等教育治理体系,必须实现高等教育管办评分离,必须回归高等教育评估的社会评估性质。政府作为高等教育治理体系建设的主导者,必须向社会中介机构让渡评估权利,以大力培育和发展高等教育第三方评估。值得指出的是,由于复杂的历史和现实原因,我国高等教育中介组织还不发达,还不具备自我管理能力来接受政府让渡的权力。因此,政府在向中介组织分权的过程中,还必须承担起指导、规划和监管责任,防止因过度分权而陷入"低度民主陷阱"。目前的高等教育评估和大学排行领域的乱象就是明证。20世纪90年代以来,形形色色的大学评价和大学排行榜如雨后春笋般涌现出来。有的大学排行榜为了吸引眼球,刻意制造和追逐舆论热点,编制诸如"亿万富翁排行榜""高考状元排行榜";有的高校开发自己的大学排行榜,刻意在指标体系和排行方法上做出有利于自己大学的设计;有的高校还利用大学排行榜进行不当牟利;更多的大学排行榜则不论高校是否认同该排行榜,不由分说、不经许可地强制对高校进行排行……这些大学排行乱象说明,排行机构还缺乏自律精神,还没有形成行业规范。因此,政府需要对其进行有效监管。

2. 形成基于信任的高等教育合作治理机制

进入20世纪80年代,新公共管理思潮迅速进入高等教育领域,其加强问责、绩效管理、重视产出和学校效能的思想对高等教育治理产生了重要影响。绩效管理由组织绩效管理和员工绩效管理两个部分组成,是一个包括绩效评估在内的综合性体系。[①] 高等教育领域的绩效管理蕴含着一个前提假设,即高校不能自证其存在的合理性与质量,也不能自发地满足政府、社会、学生、家长和其他利益相关者的教育需求。因此,需要对高校进行基于绩效评估的绩效管理,来证明其合理性和质量,来促使它满足利益相关者的教育需求。

无论是新自由主义主张更加强调市场竞争的作用,还是新保守主义主张

---

① 申喜连.政府绩效评估创新研究[D].北京:中央民族大学,2012:18.

更加强调政府集权和控制的作用,高等教育治理都进入了一个问责时代,问责成为高等教育治理的主旋律,成为一种高等教育治理哲学。基于问责的高等教育治理哲学认为,只有通过问责的强大压力才能促使高校重视质量,才能提高高等教育质量,从而实现高等教育善治。因此,高等教育财政支持者、监管机构、家长和学生等外部利益相关者都一致要求大学对资源使用及其效果进行陈述,并接受社会监督。在我国,教育部按照《教育规划纲要》的要求,从 2012 年开始逐步实行高等教育质量报告制度,要求所有本科高校都要编制年度本科教育质量报告并向社会公布,以接受社会的监督。

问责的前提是评估,无论是政府、社会大众还是社会评估机构,都希望通过大学办学绩效评估和质量评估来实现大学办学效益最大化和提升高等教育质量。大学办学经受着强大的外部评估压力,这种压力有的来源于对政府拨款的考虑,有的则来源于对大学社会声誉的考虑。在我国,还来源于对能否获得更多政府授权的考虑,以及对大学领导人能否获得升迁机会的考虑。为了传导来自政府和社会的问责压力,我国大学普遍实行绩效目标责任考核制,对院系和教师提出明确的工作任务目标,并建立考核指标体系来对院系和教师进行考核和评价。考核和评价结果与资源配置、岗位设置、教师晋升、绩效工资等切身利益直接挂钩。由此,绩效考核和评估成为高等教育治理的重要工具,甚至是唯一工具。自上而下的考核和评估,主导了大学的科学研究、人才培养和社会服务活动,导致了人们始料未及的后果。如在科学研究领域,基础科学研究因为耗时耗力且难出成果而被冷遇;人文社会科学研究因为没有实用价值而被忽视;在人才培养领域,大学教师的工作重点在科研方面,教学工作普遍不被重视;在社会服务领域,大学主要通过学研产联合方式来进行技术开发和技术成果产业化,大学失去了其作为所在区域、城市和社区的文化中心地位,导致大学对其担负的社会责任做了片面化理解。

在这个过程中,有两个关键性问题备受关注,也备受争议。一是高等教育质量标准问题,二是绩效考核和评估指标问题。即由谁来制定高等教育质量标准,以及如何建立科学的绩效考核和评估指标体系。长期以来,无论是东方大学还是西方大学,其大学教育的质量标准都主要来自大学自身,特别是来自大学教授们,因为他们是知识生产者,也是教育质量标准的制定者,他们按照自己的标准来生产知识和培养人才,只有他们知道什么人应该进入大学学习,什么人能够获得学位,什么样的知识具有价值。社会用人单位只是使用大学的"教育产品"而已。但是,当知识转型和大学进入社会中心之后,大学垄断知识生产的状况受到来自大学外部"定制性知识"的挑战,社会用人单位不再是教育和知识产品的被动使用者,他们按照自己的需要向大学"定制知识"。由此,知识标准和教育质量标准不再由大学说了算,而是由知识使用者和消费者说了算。在我国,政府作为高等教育举办者和管理者,也要求大学按照政府确定的质量标准来办学和培养人才,大学由此失去了对教育质量标准的控制权。大学的外部利益相关者控制了教育质量标准,要求大学按照外部质量标准来进行教育生产,并对大学教育质量进行评估和问责,这对大学的学术自由传统形成了重大冲击。在不得不接受和面对这一局面的情况下,作为理性组织的大学采取了消极性适应和应对措施。

而就如何制定科学的绩效考核和评估指标体系来说,我们发现,为了实现指标体系的"科学性",评估和考核指标体系越来越多,越来越完善,评估技术和评估手段越来越先进,评估成了一种意识形态,主导着高等教育质量治理,形成了高等教育技术化治理倾向。[①] 但是,一个不容忽视的后果是,高等教育质量并没有随着评估和考核指标体系的先进和完善而得到提高,反而增强了高等教育机构的机会主义和投机行为——应付评估和应对评估。这说明评估和考核指标体系已经偏离了提高质量的目的,导致"评估异化"。

这充分说明,基于问责的高等教育治理出现了"问责失灵"现象。"问责失灵"现象的表现是:来自外部的基于问责的绩效评价和质量评估导致评估

① 张应强,苏永建.高等教育质量保障:反思、批判与变革[J].教育研究,2014(5):19-27.

者与高校之间的关系紧张,两者之间互不信任甚至相互指责;问责评估导致出现大量"边际效应"——高校和教师对照评估指标抓质量、应付质量评估、逃避质量监控、投机行为甚至弄虚作假、短期效应、丧失持续质量改进的动机和动力;问责评估导致评估者和高校在治理共同体中的角色异化——外部评估者成为地位优先的问责主体,高校和教师沦为被评价和问责的对象,从而失去了治理体系中重要参与者的角色。更为重要的是,问责和评估并没有带来绩效提升和质量改进,反而导致办学绩效和教育质量下降。"问责失灵"现象表明,基于问责的高等教育治理体系出了问题。因此,需要转变基于问责的高等教育治理哲学,走向基于信任的高等教育治理哲学,从而建设基于信任的高等教育合作治理体系。就高等教育质量治理而言,它还包括以提高质量为核心来重新审视质量标准和检讨质量评估目的。

基于信任的高等教育治理哲学认为,高等教育治理是通过治理主体的相互信任和合作而实现高等教育善治,其典型特征是多元主体、平等参与、利益相关、权利共享、责任和结果共担。它需要治理主体之间相互理解、相互信任、伙伴合作,从而形成利益共同体和利益相关者合作治理。其中,治理主体之间的相互信任是核心,信任水平越高,合作的可能性越大,而且合作本身也会带来信任。

以高等教育质量治理为例,基于信任的高等教育质量治理,其治理对象是高等教育质量,而不是高校。高等教育质量标准不是来自外部评估者,而是利益相关者合作开发的质量标准,因而不具有外部强制性。质量评估的对象不是高校而是高等教育质量。质量评估的目的不再是对高校实施问责,只是告知已经发生的质量问题,仅仅是一种质量诊断,即通过质量诊断来对质量进行判断,并分析产生质量问题的原因,为预防质量问题以及采取质量改进措施打下基础。这就是说,质量评估并不必然导致质量改进和提升,或者说通过质量评估提升质量是有条件的,即要求利益相关者在相互信任的基础上,通过合作而不是问责来共同采取预防措施和改进措施,从而使某些质量问题不发生。所以,它本质上是一种审核性评估和发展性评估,是以预防质量问题和提升质量为目的的评估,而不是以问责为目的的评估,是质量利益相关者基于信任的合作评估。由此,它将有效避免问责评估所带来的"边际效应"和投机行为,使高校成为质量建设的主体而不是评估和问责的对象。

三、切实推进和实现高等教育治理法治化

市场经济是法治经济。经济学家吴敬琏认为,当前中国社会正处于一个新的十字路口,在这个十字路口,有两条截然不同的道路摆在我们面前,一条道路是政治文明下法治的市场经济的道路,另一条道路是权贵私有化的道路。① 与此类似,我国高等教育治理变革也有两个方向:一个是依法治教和依法治校的方向,把高校真正建设成为面向社会依法自主办学的法人实体;另外一个是继续路径依赖,不断强化政府权力和对高校的管控,使高校彻底沦为政府附庸并高度行政化运行。显然,我们所要选择的是依法治教和依法治校的方向,以实现高等教育治理法治化。

按照洛克的理解,法治包含两个方面的内涵:一是对公民自由权利的保护,所谓"法不禁止即自由";二是对政府权力的限制,即法不许可即禁止。法治的本质在于依靠良好完备的法律来治理国家,把国家的长治久安维系于国家的法律和制度上。② 高等教育治理法治化包括两个方面内容:一是对高校办学自主权的法律确认和保护,使高校成为面向社会依法自主办学的法人实体;二是限制政府对高校的管理和支配权力,使政府在法律框架下行使高等教育管理权利和义务,使大学获得"法不禁止即许可"的自主办学权利。高等教育治理法治化的实质,在于通过法律来分别对政府和高校的高等教育治理

---

① 厉以宁,等.读懂中国改革:新一轮改革的战略和路线图[M].北京:中信出版社,2014:139.
② 何云峰.人治与法治:两种治国方式的比较[J].华北水利水电学院学报(社会科学版),2005(1):15-18.

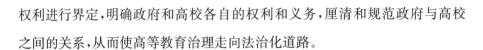

权利进行界定,明确政府和高校各自的权利和义务,厘清和规范政府与高校之间的关系,从而使高等教育治理走向法治化道路。

1. 从法律上对高校办学自主权进行确权,把高校建设成为面向社会依法自主办学的法人实体

1993年的《纲要》明确提出,要以立法的形式明确高校的权利和义务,使其真正成为面向社会自主办学的法人实体。《高等教育法》规定,"高等学校自批准设立之日起取得法人资格"。这里的"批准设立",必须是"依法批准设立"。依法批准设立的高校,依法享有相应权利并履行相应义务。这就意味着高校和政府都是国家高等教育治理的主体,都依法获得并享有相应权利和义务,并具有平等法律地位。这就是说,政府和高校的权利和义务在内容上是不同的,但在法律地位上是平等的。不应该存在政府的法律地位高于高校的情况,以及政府权力凌驾于高校办学自主权的情况。也就是说,高校办学自主权是法律赋予的而不是政府赋予的,或者说政府与高校的权利和义务都是法律赋予的,只不过政府依法享有宏观管理高等教育的权利和义务,高校依法享有自主办学的权利和义务。同时,我们还需要把政府管理高等教育与政府管理高校的权利和义务有效区分开来,明确政府享有的是宏观管理高等教育的权利和义务,而不是管理高校如何办学的权利和义务。只有这样,政府在宏观管理高等教育时才不至于对高校办学自主权进行剥夺和形成伤害。

从高校和政府在高等教育治理中具有平等法律地位来看,从政府宏观管理高等教育和政府管理高校的本质差别来看,我们长期以来所进行的"扩大和落实高校办学自主权"改革存在一个严重的认识误区,即由政府来"扩大和落实高校办学自主权",而不是在对高校办学自主权进行法律确权的基础上来"扩大和落实高校办学自主权"。这使得政府享有"扩大和落实高校办学自主权"的绝对权力,从而出现了一种让人百思不得其解的现象,即各级政府的确在不断扩大和落实高校办学自主权,可高校总是觉得办学自主权不够,高校办学自主权总是陷入"放乱收死"的怪圈。根本原因在于"扩大和落实高校

办学自主权"的改革思路建立在一种根深蒂固的传统观念上,即高校办学自主权是政府赋予高校的,而不是高校与生俱来和依法享有的;在于我们并没有在法律上真正确立高校面向社会依法自主办学的法人实体地位。[①]

由此可见,在推进高等教育治理法治化过程中,从法律角度对高校面向社会依法自主办学的法人实体地位以及相应的办学自主权予以确认显得至关重要。这就需要加快教育立法,营造良好的法治环境,增强政府和高校的法治意识等。特别是政府增强法治意识、增强依法宏观管理高等教育的观念更为重要,因为在中国几千年来形成的权力型政府管理体制和管理传统下,政府在高等教育管理中处于绝对的优势地位。政府的观念不改变,高校很难获得办学自主权,高校办学自主权就很难落到实处。

2. 大力推进政府依法治教,建立政府宏观管理高等教育的体制机制

在现代高等教育治理体系中,政府是一支非常重要的力量。即使在高度市场化国家,以及有着深厚大学自治传统的国家,政府在国家高等教育治理体系中也发挥着极为重要的作用。但政府作用是被严格限定在法治框架内的,政府必须依法管理高等教育宏观事务,而不是干涉大学办学自主权。政府和大学是国家高等教育治理体系中的两个平等主体,政府依法管理和大学依法自治同时并存,两不相害。长期以来,政府在我国高等教育治理体系中拥有绝对权力,这种绝对权力直接表现在对高等教育重大改革和大学内部改革的行政主导上,政府成为高等教育改革的设计者、发动者和推动者,成为高等教育治理的唯一主体。政府主导高等教育改革有利于贯彻政府意志,有利于统一思想,减少来自各方面的阻力且快速实现改革目标,但同时使大学丧失了在国家高等教育治理体系中的主体地位而沦为改革的对象;权力高度集中于政府,导致大学面向政府办学而不是面向社会办学,使大学丧失办学自主权而失去改革的积极性和内生动力,从而最终偏离政府的高等教育改革发展目标。

---

① 张应强.关于将高等教育改革纳入法治化轨道的思考[J].江苏高教,2015(6):1-4.

因此,推进我国高等教育治理法治化,首先要从法律上加强对政府权力的限制,预防政府独享"管、办、评"权力且滥用权力,以及在改革中不断自己赋权且权力不受约束。这就是说,必须在法律上明确规定政府只是国家高等教育治理体系的主体之一,政府的权力必须受到法律的限制,尤其要限制政府为加大改革推进力度而不断给自己赋权的权力,同时要将政府权力明确限定在高等教育宏观事务上,不得干预大学办学自主权,从而建立起政府依法实施高等教育宏观管理、高校依法自主办学的体制机制。制约和限制政府权力,意味着政府必须依法行政和依法治教,意味着政府将要承担因改革失败而接受法律问责的风险。

在某种意义上说,我国高等教育治理法治化遭遇了"改革悖论"——政府主导的改革必须首先改革政府——的挑战。诺思曾在他建立的制度分析框架中提出了所谓的"政府悖论",即"国家的存在是经济增长的关键,然而国家又是经济衰退的根源"[①]。这说明政府会遵循"收益—成本"原则,尽可能广泛地对制度变迁过程进行干预,一方面要在与各方面博弈的过程中实现自身利益最大化;另一方面又要努力降低制度变迁成本以实现社会总产出的最大化。诺思的"政府悖论"与我们这里提出的"改革悖论"有着相似之处,都是政府的作用所导致的"悖论",都涉及政府改革问题。在改革政府的过程中,虽然"触动利益比触及灵魂还难",但也要下定决心和勇气去"突破利益固化的藩篱"。其根本办法在于建设法治政府,使政府权力,包括政府领导高等教育改革的权力,严格限定在法律框架内,并接受法律监督和法律问责。[②]

3. 大力推行高等教育"负面清单"管理

高等教育"负面清单"管理模式是限定政府权力、保证和落实高校办学自主权的有效管理模式。美国是高度市场化的国家,联邦政府并不直接管理高

---

① 道格拉斯·C.诺思.经济史中的结构与变迁[M].陈郁,罗华平,等译.上海:上海人民出版社,1994:20.

② 张应强.关于将高等教育改革纳入法治化轨道的思考[J].江苏高教,2015(6):1-4.

等教育和大学,各州政府对高等教育和大学的宏观管理主要借助于市场竞争机制。联邦和州的法律将大学办学活动和政府的管理活动都严格限定在法律框架之内,大学办学活动必须遵守联邦和州颁布的法律,法律的约束主要表现为禁止性条款,类似于"负面清单"管理模式。所谓"负面清单"管理模式,就是说政府管理大学,不是规定大学做什么,享有什么样的自主权,而是从法律上规定和列出大学的禁止性权利就可以了。没有列入禁止性权利的事项,大学都可以不受限制地独立行使权力,所谓"法无禁止即可为"。

如前所述,我国长期以来一直采取"正面清单"管理模式对高校办学自主权做出规定。当然,在高校极度缺乏办学自主权的时期,通过"正面清单"模式明确和规定高校享有哪些方面的办学自主权,这对于落实高校自主办学以及规范政府对高校的管理是有积极意义的,也是保障高校办学自主权必经的一个重要阶段。但从高等教育治理法治化的发展方向和具体要求来看,通过"正面清单"模式来规定高校办学自主权表现出极大的局限性,并不能真正解决高校办学自主权不足的问题。

其实,高校办学自主权作为高校依法设立后与生俱来的天然权利,是很难通过"正面清单"模式来规定和列举的。事实上,我们也无法把它分解为哪些方面的具体权利,也无法将之枚举出来,甚至高校也说不清楚自己需要哪些具体的自主权,它就是高校的一种存在感。我们通过"正面清单"模式规定高校拥有几个方面的自主权,实际上可能限制了高校更多的自主权。这可能是当前政府向高校下放了很多自主权,但高校仍然觉得自主权不够的一个很重要的原因。

值得注意的是,在长期的政府计划管理模式下,政府和高校在办学自主权问题上都习惯了"下放"思维——政府进行下放高校办学自主权改革,高校呼吁政府下放和给予办学自主权。这反映了高校和政府在高校办学自主权问题上都缺乏法治思维和法治意识。政府和高校都认为高校办学自主权来源于政府而非法律,因而需要政府给高校授权或者下放办学自主权;都认为政府地位高于高校,高校从属于政府,因而政府行使高等教育管理职能,就转变成为对高校的管理与对高校办学活动的管理和控制。在高等教育治理法治化过程中,我们必须改变这种惯性思维。一是要从法律上对高校办学自主权进行确认,明确高校是面向社会依法自主办学的法人实体;二是要明确高校和政府是享有同等法律地位的高等教育治理主体,高校办学自主权来源于法律授权和确认,而不是来源于政府授权和政府下放权力;三是要通过"负面清单"模式来规定高校办学自主权的禁止性权利,对于禁止性权利之外的权利,高校都可以不受限制地独立行使,真正实现"法无禁止即可为"。

第六章　现代大学制度与大学治理现代化

　　现代大学制度是大学治理体系基本框架的基础。从现代大学制度的结构来看，大学治理既包括宏观层面的大学治理，也包括微观层面的大学内部治理。现代大学是一种不同于政府和企业的学术组织，兼具学术组织和教育组织双重特性，这就决定了大学内部治理必须以大学的组织特殊性和使命特殊性为基础。现代大学的双重组织特性和学术生产的内在规律，决定了大学治理必须由学术权力和学术共同体主导。学术权力与行政权力之间的平等对话、双向沟通、良性互动是大学内部治理变革的重要基础。权力主体之间应当构建治理共同体，并建立基于契约的新型信任文化。目前，我国的大学治理主要是基于单位制度的学术单位体治理，实现大学治理现代化，需要实现从学术单位体治理到学术共同体治理转变。教师评价作为大学治理的主要治理工具，在我国大学治理中得到广泛使用。我国高校教师评价改革，需要以信任为基础重塑教师评价理念，需要保持"信任"与"问责"之间的张力。

第一节　大学治理的特殊性与大学治理现代化①

党的十九届四中全会通过的《中共中央关于坚持和完善中国特色社会主义制度　推进国家治理体系和治理能力现代化若干重大问题的决定》指出："中国特色社会主义制度是党和人民在长期实践探索中形成的科学制度体系,我国国家治理一切工作和活动都依照中国特色社会主义制度展开,我国国家治理体系和治理能力是中国特色社会主义制度及其执行能力的集中体现。"教育治理体系是国家治理体系的重要组成部分。实现大学治理体系和治理能力现代化是办好人民满意的教育的必然要求,是深化我国高等教育领域综合改革的重大任务,必须依照中国特色社会主义制度展开,必须深化研究大学治理体系和治理能力现代化的规律,准确把握推进大学治理体系和治理能力现代化的关键问题。

一、从现代化概念演进看大学治理现代化

在我国,"现代化"成为目前最为通用和流行的词汇。它不仅作为一个专门的学术概念出现在现代化理论中,而且作为国家发展目标广泛运用于我国经济社会发展和文化建设各领域,实现大学治理体系现代化就是其中之一。那么,什么是大学治理体系的现代化呢?

1. 关于"现代化"的理解

自现代化理论产生以来,现代化概念经历了一个从特指(原生义)到泛指

---

① 本节内容在《大学治理的特殊性与我国大学治理体系现代化》(与唐宇聪合作,发表在《清华大学教育研究》2020 年第 3 期)一文基础上做了修改。

（衍生义）的演变过程。现代化特指从特定时期（时间意义上的"现代"起点，中西方并不相同）开始的社会变迁和社会发展过程。现代化首先是一个发展过程，这主要体现在"化"上面。中文中的"化"，是对程度上"彻底"（彻头彻尾）但在过程上渐进缓慢（如濡化、浸润、化育）的一种状态描述。但现代化并不是一个没有方向和目的的自然演进和变迁过程，而是一个追求和实现理想发展目标的过程。现代化观念起源于人类的进步观念，即确信人类社会的发展是一个不断进步的过程，而不是一种循环过程，确信人类将走向光明的未来。[①] 因此，现代化在本质上是目标和过程的统一体，是人类追求社会进步和美好生活的探索过程与发展过程。尽管人们对作为一种理想目标的进步社会和美好生活的描绘与追求方式不尽相同，但追求进步社会和美好生活是人类的共同追求，是没有终点的。从这种意义上来说，人们所说的"后现代社会""后现代哲学"中的"后现代"，并非指其处于作为过程的现代化之"后"，而仍然是现代化过程中出现的一种社会发展状态和哲学思想。

　　在现代化理论中产生的现代化概念，经过两次泛化而产生了其衍生意义。第一次是随着学科不断分化和交叉而产生了特定领域的现代化研究，如历史学领域研究人类历史和民族国家历史的现代开端和发展过程、经济学领域研究现代经济组织和资本主义兴起、政治学领域研究现代国家的产生和发展，等等。第二次是从学术领域进入日常生活领域和思想理念层面的现代化概念。人们把追求各具体领域理想的发展状态都称为现代化，现代化由此成为一个既抽象又具体的概念。所谓抽象，是指人们对理想的发展状态的理解是抽象的、模糊的，实际上就是一幅不断趋于完善的图景。通俗地说，现代化就是没有最好只有更好的状态。所谓具体，是指理想的发展状态总是人们立足现实而提出的，是有其现实基础的，而不是一种空想。通俗地说，现代化就是一种比现在好的状态。

---

　　① 张应强.高等教育现代化的反思与建构[M].哈尔滨：黑龙江教育出版社，2000：14.

2. 大学治理体系现代化的内涵

显然,大学治理体系现代化采用了现代化的泛指意义,即大学治理体系现代化是大学治理体系通过不断调整和优化而趋向理想状态的过程。至于这种理想状态是怎样的,人们并没有清晰和统一的认识,因而这种理想状态也就没有明确的,特别是量化的判断和评价标准。这显然是不利于现代大学治理体系建设并实现大学治理体系现代化的。因此,近代以来,人们往往用西方国家大学治理体系作为参照,认为西方国家的大学治理体系是现代化的大学治理体系,由此将之作为我国大学治理体系现代化的目标。这是人们从比较和借鉴的角度研究西方国家大学治理体系和大学制度的根本原因之一。

其实,要明确大学治理体系现代化的内涵并使之具有操作性意义,必须首先解决一个更为基本的问题——什么是大学治理体系。一般说来,中国语境中的"体系",其要义有三:一是要素齐全完整;二是要素之间构成有秩序的相互联系;三是整体上具有系统性或"体系化"特征。由于认识的角度不同,人们对大学治理体系的组成要素有着不同的看法。从大学治理作为一种治理行为的角度来看,我们认为大学治理体系主要包括三大要素:理念层面的大学治理理念、制度层面的大学制度设计、操作层面的大学治理实施系统。这三大要素之间的相互关系可以表述为:大学治理理念是核心;大学制度设计是大学治理理念的制度性固化,是大学治理理念走向大学治理实施的中介;大学治理实施系统是根据大学治理理念和大学制度设计实施大学治理的操作系统。因此,大学治理体系现代化的内涵可以具体化为三个方面的内容:一是实现大学治理理念的现代化,二是建立和推行现代大学制度,三是建立一个富有执行力的操作系统。

需要指出的是,大学治理体系现代化的目的在于实现大学善治,需要以是否有利于实现大学善治作为评价和判断的标准。或者说,判断大学治理体系现代化的标准并不在于大学治理体系本身,而在于是否有利于实现大学的善治。不同组织的善治,其衡量标准是不同的,我们必须根据其组织特性和

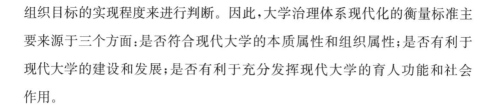

组织目标的实现程度来进行判断。因此,大学治理体系现代化的衡量标准主要来源于三个方面:是否符合现代大学的本质属性和组织属性;是否有利于现代大学的建设和发展;是否有利于充分发挥现代大学的育人功能和社会作用。

二、我国大学治理的特殊性

大学治理体系是国家治理体系的重要组成部分,一方面受到国家治理体系的深刻影响,另一方面又以其特殊性而体现其存在价值。大学治理体系的特殊性源于大学治理的特殊性,这种特殊性主要表现在以下两个方面。

1. 大学治理是基于大学组织特性的学术组织治理

大学作为学术组织的组织性质曾经是非常清楚的。作为现代大学源头的西方中世纪大学,无论其在形式和结构上表现为"教师的大学"还是"学生的大学",它都是学者因知识和学术追求而结成的"学者团体",其基本职能是通过大学自治和学术自由而促进知识进步和学术发展。中国古代的著名书院,实际上也是由硕学鸿儒与其追随者围绕道德和学问而形成的学术组织。

但当大学进入丹尼尔·贝尔所概括的"后工业社会"之后,由于知识的生产和使用成为社会的"中轴",专业和技术人员占据社会的主导地位,科技精英成为社会的统治人物,大学这个以从事知识生产和人才培养为己任的组织,顺理成章地成为社会的"轴心机构",有西方学者甚至将大学称为"人类社会的动力站"。曾经游离于社会边缘的大学进入了社会的中心,这就引起了现代政府和市场力量的重视——政府开始强化对大学的管控,市场力量不断促使大学做出改变,两者都希望大学满足自己的利益诉求。现代大学由此发展成为一个拥有众多外部利益相关者的组织,各外部利益相关者都向大学表达了自己的利益诉求。为了适应外部环境的变化,体现自身的存在价值,大学开始以组织适应和组织创新来满足来自外部的各种利益诉求。这不仅导致知识转型和知识生产模式转型,而且使得大学曾经非常清晰的组织性质变得模糊起来,以致人们很难准确和清晰地界定大学与政府组织、大学与企业组织之间的边界,出现了如克拉克·克尔所描述的"多元化巨型大学"等组织形态,甚至出现了"无边界高等教育"。

20世纪七八十年代以来,世界范围内大学的四种组织变革最为引人注目。一是创业型大学的兴起。创业型大学是指充分利用自己的知识技术成果,通过吸引外部资金来开发新产业,从而加速知识技术成果转化,为产业和社会发展服务的大学。伯顿·克拉克所研究的创业型大学,是体现敢于冒险、富于创新、积极进取的企业家精神的大学。亨利·埃兹科维茨所理解的创业型大学则更进一步,是指那些基于从知识技术中获得经济收益的理念而在精神实质上更接近于公司,并采取企业化运作方式的大学。二是由研究型大学主导建设的"教学—科研—生产联合体"或者"官—产—学—研联盟"迅速发展,这使得大学从组织使命到组织结构再到组织形态都发生了巨大变化。三是大学内部纷纷建立技术孵化和成果转移机构来促进科技成果转化和产业化。在我国,不少研究型大学的"科研处"纷纷更名为"科学技术发展院"之类,将推进科技成果转化作为其重要职能。不少大学还建立了科技产业集团和大学科技园。四是信息技术的快速发展对传统的大学组织产生了重大挑战,出现了无校园大学、全球高等教育超级联盟等新的大学组织形态。

但是,诸如此类的大学组织变革,并没有改变大学作为学术组织的根本特性。虽然创业型大学采取了局部企业化运作方式,"官—产—学—研联盟"甚至在一定程度上改变了大学的组织使命,大学内部普遍设置技术孵化和成果转移机构,但这一切都是建立在大学的学术研究和科技研究基础之上的。变的只是学术的内涵和知识生产方式——由发现的学术向应用的学术转变,由知识生产方式Ⅰ向知识生产方式Ⅱ转变;不变的是大学作为学术组织的根本特性,大学仍然以学术组织与其他社会组织相区别。

现代大学虽然密集地与政府组织、企业组织、第三部门组织等打交道,但大学组织不是政府组织,不是企业组织,不是宗教机构……之所以如此,是因为大学是一个最具保守性的组织,坚守传统、渐进变革成为大学组织变革的基本准则。因为坚守传统而缓慢变革,大学才得以继续被称为大学,才具有较长的生命周期。阿什比用生物学术语表达了大学组织变革的规律——任何时期的大学都是遗传和环境的产物。① 大学的组织变革都是在保持大学传统和适应外部环境的张力平衡中进行的。

作为学术组织的大学,其组织目标和组织使命就是通过持续的学术创新而进行学术生产,追求学术卓越;以卓越学术响应外部环境变革,服务现实社会需要,体现自身存在价值。其与政府组织、企业组织、第三部门组织等具有完全不同的组织目标和组织使命。因此,学术组织治理在本质上是一种"内部人"治理和同行治理——以学术权力为中心建立起扁平的而非科层化的权力结构;尊重学术生产和学术创新的基本规律,革除学术组织行政化运行的体制机制;鼓励学术争鸣,实现学术自由与学术责任的有机结合;用学术标准而非行政标准和市场化标准来评价与衡量学术生产的价值。

2. 大学治理是源于大学功能和使命特殊性的教育组织治理

古今中外的大学都是社会的教育机构,文化传承和人才培养是大学的基本功能。从西方大学来看,中世纪大学起源于学者行会,实现了知识传播、学术研究与培养学者的有机结合。特别是文艺复兴运动之后,大学开始将培养世俗社会所需要的人才作为第一要务,由此将培养人才确立为现代大学第一职能。作为我国古代大学教育典范的书院教育,将培养德、能、识俱进的人作为基本目标,书院师生"以道相交,合志同方",他们长期共同生活在一起,相互切磋学问,师生从游,教学相长,推崇修己至诚之道。② 但是,在现代科学进入大学领域之后,随着研究型大学的崛起和"威斯康星思想"的出现,大学发展

① 阿什比.科技发达时代的大学教育[M].滕大春,滕大生,译.北京:人民教育出版社,1983:138.
② 张应强,方华梁.从生活空间到文化空间:现代大学书院制如何可能[J].高等教育研究,2016(3):56-61.

科学和服务社会的职能迅速凸显,这对大学的人才培养这一首要职能形成了巨大冲击和挑战。越来越多的大学开始把研究型大学作为自己的办学定位,一方面大力建设独立的科研机构以开展科学研究,另一方面将人才培养重心向研究生教育转移。同时,大学开始致力于基于知识传播和学术应用的社区服务与社会服务工作,服务型职能大大强化,服务型学习也得到迅速发展。大学的人才培养职能,特别是本科教育职能和通识教育职能被大大弱化。研究型大学在组织使命和组织结构上与专门的科研院所越来越相似,如我国不少大学最近10多年来竞相设置科学技术发展院和研究生院,本科教育从由全校负责退至由本科生院负责。大学的本科教育功能逐步弱化,"人力教育"与"人性教育"失衡——实用性教育和功利主义教育思想盛行,人的教育和价值教育普遍失位。

为了纠正这种偏颇,世界各国都在大学教育思想层面进行深刻反思,并采取相应措施以扭转这种局面。如曾任哈佛大学哈佛学院院长的刘易斯(Lewis. H)在《失去灵魂的卓越:哈佛是如何忘记教育宗旨的》一书中,批评哈佛大学在追求卓越地位的激烈竞争中忘记了本科教育的根本目的——把年轻人培养成为具有社会责任感的人。从20世纪90年代中期开始,卡耐基教学促进基金会前主席博耶领导开展了美国研究型大学本科教育现状调查,所发表的《重建本科教育:美国研究型大学发展蓝图》(《博耶报告》,1998年)敲响了美国研究型大学本科教育的警钟,并指出了相应的改革方向。三年后博耶委员会发表的《重构大学本科教育:博耶报告的三年回顾》(2001年)则回顾了三年来的进展,指出了其中仍然存在的问题。两份报告都要求研究型大学围绕正确的本科教育目标,充分利用研究型大学的卓越地位和丰富的研究资源来提高本科教育质量,特别是本科人才培养质量。目前,我国高等教育领域也正在着力推进"以本为本",建设一流本科教育的改革。同时,20世纪80年代以来,世界各国大学都在极力倡导和开展通识教育,探讨适合本国国情和文化教育传统的通识教育理念与模式。我国高等教育领域从20世纪90年代中期开始,就着力推行大学文化素质教育,探索科学教育与人文教育相融合的有效模式。

　　各国大学针对科技高度发达时代大学教育思想的反思以及所实施的相应改革,反映了人们对大学作为教育机构和人才培养机构这一组织属性的坚守。大学作为教育组织,其组织目标总是具有某种理想性。因为教育在本质上是面向未来的事业,它要为一个尚未出现的社会培养一代新人。大学存在的价值不只是立足现在的,更是要立足未来的,甚至总是以其未来价值来评估其现实价值。因此,人们总是对大学的使命和作用有所期待,对大学的功能充满了某种理想主义色彩,并用这种理想的大学来批判现实大学中的种种短视和偏狭。人们既希望大学回应和满足经济社会发展的现实要求,更希望大学在全球化时代发挥价值引领作用,培养和造就具有未来眼光和人文关怀精神的人,为构建人类命运共同体、实现人类的可持续发展做出应有的贡献。"教育不可能置身于思想和行动的新潮流之外,它在更新价值观念方面大有可为。人们指望教育不仅能满足人与社会的基本要求(和谐的个人发展、社会正义等),而且还希望它也能面对世界的重大问题,培养青年一代适应明天的世界及其要求。"①在众多的社会组织中,似乎只有学校教育组织才具有强烈的未来性,关乎人类的未来和人的未来。

　　因此,大学治理与公司治理、政府治理、社会治理等有着本质不同,也就不能将其他领域的治理理念和治理技术简单地移植于大学治理领域。目前,我国大学治理领域最为引人注目的大学评价和大学排行榜,之所以遭人诟病,是因为其简单地移植了来自企业组织的绩效评价理念和量化评价标准,将具有教育性和未来性的大学等同于企业组织,将大学的教育质量和综合效益评价裁剪为大学科研绩效评价,忽视了大学组织的本质属性,忽视了教育质量和人才培养质量评价,助长了"五唯"成为顽瘴痼疾,加剧了本科教育质量危机,给建设一流本科教育以不良导向。

---

　　① S.拉塞克,G.维迪努.从现在到 2000 年教育内容发展的全球展望[M].马胜利,高毅,丛莉,等译.北京:教育科学出版社,1996:101.

三、我国大学治理现代化的关键点

如前所述,大学治理体系现代化包括大学治理理念的现代化、建立和推行现代大学制度、建立富有执行力的操作系统等三方面内容。实现我国大学治理体系现代化涉及多方面内容,但必须把握两个最基本最具有现实性的关键点:一是准确把握我国大学的组织性质问题,二是确定和把握大学在大学治理体系中的独立法人地位问题。

1. 把大学作为学术组织和教育机构来治理

如前所述,在大学进入社会的中心,成为拥有众多利益相关者的组织之后,由于政府和市场的介入和影响,以及大学为在新环境下保持其存在合法性而做出适应性调整,世界各国的大学都不同程度地出现了组织使命变革和组织特性模糊的现象。但对于欧美大学而言,由于其具有学者行会这一组织基因和悠久深厚的大学自治、学术自由、学者治校传统,大学总是基于学术组织这一本质属性来处理大学与市场、大学与政府的关系;大学的社会职能和使命变革,也是建立在学术组织特性基础上的适应性调整。

与西方国家大学治理体系不同,我国大学治理体系在现代化过程中,存在着对大学组织使命和大学组织特性的不同理解和认识,在某种意义上也是对现代大学组织特性的一种误读。其原因非常复杂,既与我国的政治制度和经济发展水平有关,又与我国的国家治理传统有关。从高等教育现代化来看,我国近现代大学的特殊起源和后发赶超型现代化模式是重要原因。

第一,我国近现代大学的特殊起源导致对大学使命和大学组织特性的特殊性认识。尽管我国古代就出现了稷下学宫等类似于大学的组织,甚至产生了与西方中世纪大学极为类似的古代书院,但从其与近现代大学的本质性联系来看,它们都不是我国近现代大学的源头。我国近现代大学产生于鸦片战争之后,是应对"三千年来未有之大变局"和现代化浪潮冲击的产物。在"师夷长技以制夷""中学为体,西学为用"等思想支配下,我国开始向西方国家派遣留学生,兴办洋务自强学堂,特别是通过回国留学生而引入了欧美大学模式。这就形成了我国近现代大学在源头上的两个基本特点:一是建立大学的目的是为国育才,为民族振兴育才,即大学必须承担振兴民族和国家的历史使命和责任。这种来自大学外部的基于国家目的的大学使命(期待)处于绝对优先地位——首先确定大学使命,然后根据设定的大学使命来规定大学的组织性质,进而确定大学的组织结构。这种特殊的大学使命使得我国大学具有某种"工程性"和鲜明的"人为"组织特性。这与起源于学者行会的西方大学"为学术而学术"的大学使命是完全不同的。二是移植和模仿了欧美大学模式之形。欧美大学是作为独立的自治学术组织而存在的,是具有公共性的学术公器。但我们基于国家目的的大学使命期待,并没有移植和模仿欧美大学作为独立的自治学术组织的本质属性。我国近现代大学在源头上形成的这两个基本特点,形塑了我国特殊的大学治理模式,贯穿于我国大学治理体系现代化全过程。

新中国成立后,在中国共产党的领导下,我国建立了社会主义高等教育制度和大学治理体系。高等教育现代化主要根据中国共产党的社会理想和教育理念,以服务国家现代化特别是经济现代化为目标,通过学习苏联模式和延安时期的高等教育经验,开始探索中国特色社会主义高等教育和大学治理体系现代化之路,取得了举世瞩目的历史性成就。在这个过程中的某些时期,由于受到复杂的国际国内政治形势的影响,我国大学的政治性责任与使命被不断强化和无限放大,并根据这种不断强化和无限放大的政治性责任与使命来改造大学,改变大学的组织性质。在高等教育极端政治化时期,大学被改造成为阶级斗争的工具,大学治理体系彻底崩溃,留下了深刻的历史教训。

改革开放以后,我国在高等教育领域实施拨乱反正。一方面通过对内改革来着力革除高等教育极端政治化的弊端,另一方面通过对外开放来学习和引进西方国家主要是美国的高等教育经验。同时,我国根据世界科技革命的新趋势,围绕经济建设和发展社会生产力这个中心,建设和发展现代高等教育体系,探索中国特色现代大学治理体系。党的十八大之后,以习近平同志为核心的党中央从实现中华民族伟大复兴的战略高度,部署和实施教育强国战略。坚定"四个自信",坚持"以人民为中心"的发展思想和发展理念,落实立德树人根本任务,立足中国大地办大学,既学习西方国家先进的高等教育经验和大学治理体系,又扎根我国深厚的历史和文化教育传统,探索高等教育现代化和大学治理体系现代化的中国道路和中国经验,为高等教育现代化贡献中国力量。

第二,后发赶超型现代化模式导致我国大学具有鲜明的行政组织特性。从高等教育现代化类型上来看,我国高等教育现代化属于"后发赶超型"现代化。即从发生学角度来看,我国高等教育现代化发生较晚,在发生时间上是后发的,但我国将赶超世界先进国家的高等教育作为高等教育现代化的目标。后发赶超型现代化模式特别强调和突出强大政府的作用,这使得我国大学治理体系建设形成了两个基本特点:一是有明确的目标导向。即将学习和赶超西方国家的大学作为建设和发展目标,大学治理体系现代化由此成为一个强目标导向的建设过程。这就不可避免地有来自大学外部的力量,特别是政府力量的介入和干预。二是有强力的政府主导。即在我国大学治理体系现代化过程中,特别强调政府的主导作用。大学治理体系现代化由此成为一个由强有力政府集中统一管理,并伴随着广泛的政治动员和社会动员的自上而下的建设过程。这与西方国家的大学治理体系现代化是完全不同的。西方国家大学治理体系的现代转变,是一个以大学为主体的、基于大学学术组织特性的自然演进过程,是大学遵循学术组织的逻辑,在与政府和市场等外部力量博弈过程中的主动调适和变革过程。

综上所述,受我国近现代大学起源的特殊性和高等教育赶超型现代化模式的影响,我国建立了中国特色的高等教育管理制度和政府办学模式,形成了以政府为主导的大学治理理念和大学制度设计。大学按照方便接受政府部门对口领导和管理的原则来确定内部组织结构,按照政府组织结构复制大学组织结构,实现了与政府组织的同体同构。大学由此成为政府管理部门的下属机构,具有鲜明的行政组织特性,大学的行政化运行也就获得了组织合法性。与此相应的是,大学的学术组织特性弱化和治理主体地位的丧失,大学的组织使命和组织目标也越来越偏离学术的轨道而具有强烈的行政性色彩,追求学术卓越屈居于行政性目标之下。因此,实现我国大学治理体系现代化,首先要解决的是大学组织的准确定性问题,必须明确大学是具有主体地位的学术组织和教育机构,在此基础上重构政府与大学的关系,并根据学术组织和教育机构的组织性质来构建大学治理体系。

2. 把大学作为面向社会依法自主办学的法人实体来治理

大学治理法治化是大学治理体系现代化的重要特征之一。大学治理法治化的实质,是通过法律来分别对政府和大学的治理权利和义务进行界定,厘清和规范政府与高校之间的法律关系,从而使大学治理走向法治化道路。[①]

从管理到治理的变革,首先强调的是治理主体从一元主体到多元主体的变革。在我国目前以政府为主导的大学治理体系中,大学作为政府管理部门的下属机构,表现出对政府管理部门的高度依附性,因此,大学作为独立治理主体的地位长期没有得到解决。虽然随着社会主义市场经济体制的建立和发展,我国高等教育治理逐步注重发挥市场竞争机制的作用,但政府计划管理机制仍然发挥着决定性作用,市场竞争机制在某种意义上只是政府计划性治理的一种手段。高等教育治理在总体上采取的是一种类市场化治理模式。[②] 在这种类市场化治理模式中,大学往往成为治理的对象而不是治理的主体。因此,明确大学作为独立治理主体的地位,培育大学作为独立治理主体的治理能力,是实现大学治理体系现代化的前提之一。

---

① 张应强,张浩正.从类市场化治理到准市场化治理:我国高等教育治理变革的方向[J].高等教育研究,2018(6):3-19.

② 张应强,张浩正.从类市场化治理到准市场化治理:我国高等教育治理变革的方向[J].高等教育研究,2018(6):3-19.

但大学作为独立的治理主体,必须享有法律规定的治理主体地位。目前,我国大学的治理主体地位在性质上属于行政性治理主体,在来源上是由政府赋予的。由于缺乏法律支持,这种来源于政府赋予的治理主体地位是不牢固的,其独立性也不强。要真正落实大学的治理主体地位,必须在法律上明确规定大学是面向社会依法自主办学的法人实体。

党的十九届四中全会通过的《中共中央关于坚持和完善中国特色社会主义制度　推进国家治理体系和治理能力现代化若干重大问题的决定》指出:要"坚持和完善中国特色社会主义法治体系,提高党依法治国、依法执政能力""坚持和完善中国特色社会主义行政体制,构建职责明确、依法行政的政府治理体系"。实现大学治理体系现代化,必须深入贯彻落实十九届四中全会精神,着力推进大学治理法治化;必须把大学建设成为面向社会依法自主办学的法人实体,从而使政府管理部门依法治教,使学校管理者依法治校,在实现大学治理体系法治化方面迈出实质性步伐。

只有把大学建设成为面向社会依法自主办学的法人实体,才能明确大学自主权的性质和归属,才能从根本上落实大学自主权。自1979年12月时任复旦大学校长苏步青等几位上海高校的领导人联合发出"给高等学校一点自主权"的呼吁以来,无论是大学领导还是政府部门,都遵循着政府下放大学自主权的思路,来扩大和落实大学自主权。但这种思路事实上产生了两个令人困扰的后果:一是使大学自主权陷入"一放就乱,一乱就收,一收就死"的怪圈之中;二是形成了大学自主权问题上的逻辑悖论——大学自主权是大学依法设立后"与生俱来"的权利,但是需要政府部门以"正面清单"方式来规定和限制。导致这两种后果的根本原因,在于我们没有从法律上明确大学自主权的性质和归属,使得大学自主权事实上成为一种由政府部门把控的行政性权力。只有从法律上赋予大学作为面向社会依法自主办学的法人实体地位,才能从根本上解决困扰大学自主权40余年的现实问题和逻辑悖论。

只有把大学建设成为面向社会依法自主办学的法人实体,才能建设政府与大学之间的新型关系。构建政府与大学的新型关系是我国大学治理体系现代化的基本任务之一。从建设法治国家和法治政府的角度来看,政府与大学的新型关系本质上是一种法律关系。长期以来,我们一直从行政关系的角度来理解和调整政府与大学的关系。我国由政府举办大学的大学举办体制,使得大学处于从属于政府的地位,政府与大学的关系因而成为行政管理上的上下级关系。要改变这种状况确属不易。因此,我们既要根据我国高等教育管理体制的特点来认识政府与大学之间行政关系的现实合理性,又要从我国改革发展大趋势来看建立政府与大学之间法律关系的紧迫性和必然性。在法律上明确大学是面向社会依法自主办学的法人实体地位,是构建大学与政府之间新型关系的前提。

只有把大学建设成为面向社会依法自主办学的法人实体,才能真正落实依法治教和依法治校。从政府与大学的法律关系来看,政府和大学在国家大学治理体系中享有同等法律地位。也就是说,虽然政府和大学的权利义务是不同的,但两者的法律地位是同等的,不会出现政府部门的地位高于大学和大学附属于政府的情况。政府与大学的关系,不再是行政管理上的上下级关系,而是两个平等法律主体的关系。政府和大学作为享有同等法律地位的治理主体,依法获得相应权利并履行相应的法律义务。这就是说,政府和大学的权利和义务都是法律赋予的,而不是由政府赋予的。这就建立了一个防范政府以加强管理为由而自我赋权和扩权的机制,使得大学自主权成为一种法律性授权而不是一种行政性授权,由此建立起大学自主权的法律保护机制,避免了外部力量对大学自主权的伤害,从而改变了政府部门集管、办、评权力于一身的状况。这有利于形成政府依法宏观管理、大学依法自主办学、社会中介机构依法参与的法治化大学治理体系。

把大学建设成为面向社会依法自主办学的法人实体,需要解决大学章程建设中的一些深层次问题。大学章程是大学的"宪法",是政府依法治教和大学依法治校的法律依据,在实现大学治理法治化中有着举足轻重的地位。目前,我国大学按照教育部的要求,普遍制定了大学章程,大学章程建设取得了历史性成就。但还有一些深层次的问题亟须解决:一是要提升大学章程的法律地位,将大学章程由部门规章上升为法律法规,以增强大学章程的法律效力和扩大大学章程的约束范围;二是要在大学章程中明确规定大学是面向社会依法自主办学的法人实体地位,使大学的法律地位与大学章程的法律法规性质相匹配;三是要全面认识大学章程的作用,即大学章程既要约束大学严格按大学章程办学,也要约束政府部门的大学管理行为,甚至要约束所有与大学打交道的法律主体。只有解决了这些深层次的问题,大学章程才能作为依法治教和依法治校的法律依据,才能在我国大学治理法治化和现代化中发挥更大作用。

第二节　从学术单位体治理走向学术共同体治理①

随着高等教育治理体系和治理能力现代化的纵深推进,大学学术治理改革成为我国高等教育界热议的话题。为解决大学学术治理存在的问题,政府有关部门和有关大学在政策、制度改革层面做出了诸多努力,取得了显著的成效。但不可忽视的是,当前我国大学学术治理改革仍未能真正触及制约学术治理质量和水平的实质性问题。我国大学学术治理深嵌于我国特有的单位制度和单位文化之中,单位制度构成了我国大学学术治理的外部制度环境,单位文化在源头上影响了我国大学学术治理的结构和行为,对大学学术治理造成了明显的负面影响。

---

① 本节内容在《从学术单位体治理走向学术共同体治理:我国大学学术治理改革的基本方向》(与周钦合作,发表在《高等教育研究》2022年第2期)一文基础上做了适当修改。

一、学术共同体是大学学术治理的基础

现代大学是实体性存在和精神性存在的统一体。作为实体性存在的大学,存在于具体的民族国家之中,受民族国家具体的国家制度和文化传统的影响,并为民族国家发展服务;作为精神性存在的大学,因其学术性使命具有人类性和世界性,而为人类文明发展进步服务。从组织特性来看,大学不同于政府组织和企业组织,是以文化传承创新、高深知识生产为核心使命的学术组织。大学的学术生产遵循共同的规律。因此,大学学术治理既要体现大学组织的特性和使命,又要遵循学术生产的规律。

1. 大学的本质属性决定了学术共同体在学术治理中的主导性地位

西欧中世纪大学是近现代大学的直接源头。大学是由学者组成的探索高深知识的社团,素有"学者共和国"之称。"大学是一个学者团体,具有严密的组织、法人的性质、自己的章程和共同的印记。Universitas 一词……可以用来指任何具有共同利益和享有独立合法地位的团体组织。"[1]大学在从传统组织向现代组织的演变过程中,学术共同体作为大学的"遗传基因"并未改变,学术性体现在大学发展与学术治理的各个方面。学术共同体主导大学学术治理之所以具有合理性和正当性,其根源在于学术性是大学的本质属性。

第一,大学是以学科和专业为组织基础的学术共同体。克拉克(B. R. Clark)强调:"知识材料,尤其是高深的知识材料,处于任何高等教育系统的目的和实质的核心。"[2]美国学者韦克(K. Weick)曾用"松散耦合"来形容大学组织。他认为,学科的分工使得院系间的关系趋于松散,每一部分都在保持自

① 伯顿·克拉克.高等教育新论——多学科的研究[M].王承绪,徐辉,郑继伟,等译.杭州:浙江教育出版社,1988:25.
② 伯顿·R.克拉克.高等教育系统——学术组织的跨国研究[M].王承绪,徐辉,殷企平,等译.杭州:杭州大学出版社,1994:12.

身的独特性,也存在某些物质或逻辑上的分离。① 大学松散耦合的组织结构特点,源于学科知识的分化和高度专业化,它使大学能够将不同学科有机地组织在一起。在松散耦合的结构中,各要素之间相对独立并通过耦合机制形成一种灵活的耦合整体,从而提高了大学的整体适应能力。松散耦合看似不如科层制有效率,但其优势在于体现了学术组织的特性,为学术活动提供了自由空间,也更适合院系的学科专业化。大学是围绕不同知识领域组合起来的联合体。它不仅体现为管理层面上的层级关系,更在本质上反映了知识内在结构的逻辑关系。② 科层制固然提高了大学的组织能力和资源配置效率,但与大学的组织特性并不完全相容。一旦大学组织内的行政系统与学术系统同化成一套系统,大学的本质属性势必发生改变,从而危及学术治理本身。

第二,高深知识的专业性和深奥性决定了只有学术共同体才拥有学术事务的治理权。学术权力是学术共同体进行判断、做出决定的一种公认的合法权力,是建立在学科与专业知识基础上的权威,取决于学者所拥有的专业背景和学术水平,而不依赖于组织和任命。正如明茨伯格(H. Mintzberg)所阐明的,大学的组织结构是一种"专业科层制"(Professional Bureaucracy),即大学的专业权威并不是由传统的组织制度所形塑的,而是基于专业的标准与规范。③ 专业科层制组织的显著特征,是其核心业务高度依赖于专业人员和专业知识,且专业人员享有自治权。因此,遵循"专业逻辑"是大学学术治理与其他治理活动的本质区别之一,也是学术共同体存在的合法性基础。这意味着,学术共同体应在学术事务的决策和管理上发挥实质性影响力,而不仅仅是参与者。2014 年教育部印发的《高等学校学术委员会规程》明确规定了学术委员会的地位和权限,"学术委员会作为校内最高学术机构,统筹行使学术

---

① 韦恩・K.霍伊,塞西尔・G.米斯克尔.教育管理学:理论・研究・实践[M].范国睿,主译.北京:教育科学出版社,2007:110-111.

② 阎光才.识读大学:组织文化的视角[M].北京:教育科学出版社,2002:75-76.

③ 李立国.为"科层制"正名:如何看待科层制在高等教育管理中的作用[J].探索与争鸣,2018(7):87-93,143,145.

事务的决策、审议、评定和咨询等职权"。这为实现学术共同体主导的大学学术治理提供了政策指引。

从本质上看,以学术共同体为主导的学术治理具有"共同治理"的特征。其核心思想是,学术权力是学术共同体的公共权力,应当"无差别"地赋予学术共同体的每一个成员。[①] 学者具有平等的地位和对等的权力,学术决策是学术共同体协商后达成的共识。这不仅在程序上保障学者在学术治理中的参与权和表达权,而且使学者的主体性地位得到承认和确立。要言之,这种治理模式反映了一种分权的思想,实现了学术权力在学者之间的共享。其深层意义在于,学术治理不再出现对学者的制度性排斥,所有学者都拥有了制度性"在场"的权利和资格。

2. 学术生产规律决定了学术治理必须以学术共同体为主导

大学学术治理的根本目的在于,通过学术生产促进学术发展与繁荣。学术生产具有内在的规律和逻辑,是一种经由反复试错、纠错而逐步接近真理的过程,具有非线性和非均衡性。确切地说,学术生产遵循的是"自组织"原则。哈肯(H. Haken)将"自组织"定义为"一个体系在获得空间的、时间的或功能的结构过程中,没有受到外界的特定干涉"[②],是自发自主地从无序走向有序。知识体系有着极为复杂的内在秩序,学术生产呈现一种试图创造秩序却不断产生失序的状态。这里的"失序"并不是说学术生产无组织,而是说这种组织秩序是由知识体系自发形成的,并非预先设定的。相反,由外部权力建构的僵化秩序可能会扼杀学术自由与学术活力。学术共同体在知识演进与生产过程中的决定性作用,主要表现在以下三个方面。

第一,从知识生产的角度看,科学知识的生产是由知识内在的逻辑结构决定的,并为学术共同体所共享。这就是说,科学知识的内在逻辑外化为学

① 冯向东.大学学术权力的实践逻辑[J].高等教育研究,2010(4):28-34.
② 吴彤.自组织方法论研究[M].北京:清华大学出版社,2001:5.

术共同体的共同行为准则,从而规范了知识的生产与创造。在学术共同体中,学者有着共同的研究方法、基本范畴、理论体系,对基本问题的理解趋于一致,从而形成了共识性学术立场和话语规则。正如美国社会学家库恩(T. S. Kuhn)所指出的,成熟的科学共同体在从事学术活动中共享且遵守特定的范式。"范式既是科学家观察自然的向导,也是他们从事研究的依据。范式是一个成熟的科学共同体在某段时间内所接纳的研究方法、问题领域和解题标准的源头活水。因此,接受新范式,常常需要重新定义相应的科学。"①也就是说,范式像一只"无形之手",对学者的学术研究具有定向和规范作用,引导和规范学者在共同的理论框架下运用相同的研究方法、手段和工具去分析和解决问题,使科学研究在普遍性基础上不断向纵深发展。

第二,从知识积累的角度看,知识的积累和创造是通过对知识的批判性反思,在知识领域内部形成相对一致的学术共识的过程。恰如默顿(R. K. Merton)所言,"科学的制度性目标是扩展被证实了的知识。……知识是经验上被证实和逻辑上一致的对规律(实际是预言)的陈述。制度性规则(惯例)来源于这些目标和方法"②。从这个角度来讲,不同的学者在认识上有分歧,是由于解释视角有所不同。任何基于个人经验的观念或理论,其成立的首要条件是取得本学科学术共同体的普遍认可,进而形成一致性的专业判断和普遍适用的共识。为了确保个人知识向公共知识转化的客观性和准确性,学者的活动只能服从真理标准,不受非学术因素的影响。在这个过程中,学术共同体被赋予了生产可靠知识的专业使命,这也是知识积累过程中的关键质量控制环节。进而言之,严格意义上的学术创新,是建立在对既有成果的继承和扬弃上,以釜底抽薪的方式颠覆长久以来积累的范式和传统,其结果可能是颠覆性的。学术共同体的交流,意味着学术的承继、扩散和创新,而学术批

① 托马斯·库恩.科学革命的结构[M].金吾伦,胡新和,译.北京:北京大学出版社,2003:94-95.
② R.K.默顿.科学社会学:理论与经验研究[M].鲁旭东,林聚任,译.北京:商务印书馆,2003:365.

评与学术争鸣的目的,则是穷尽某一理论的可能性。在批评与争鸣中,学者们围绕不同的观点展开理论上的碰撞和交锋,促进了学术共同体内在尺度的形成,并由此"站在巨人的肩膀上"推陈出新。

第三,从学术规范形成的角度看,学术共同体自发建构了一套稳定、自治的话语体系与相对成熟的方法和程序。这种方法和程序一旦形成,便会成为"行规",并内化为价值尺度和学术风气。① 默顿将学术共同体的一整套逻辑上相联系的价值观念和行为方式概括为"科学的精神气质",包括普遍性、共有性、无私利性、有条理的怀疑。② 这不仅是学术共同体自治的必要条件,更是学术共同体成员之间的"集体契约",先于并指导着学术研究活动。在契约关系中,学术规范内蕴着深刻的价值性规制,赋予学者对学术活动的共同理解,使他们拥有共同或相似的思维模式,并通过价值观内化而形成稳定的学术行为。这也就是说,学者自觉遵守科学规范与准则,不仅仅是因为若不遵守就会受到惩处,而且是因为他们确信遵守是应该的。这是学者的内生自律意识使然。在这种情况下,虽然学术共同体的组织结构比较松散,但其运作过程是平稳有序的,可以按照约定俗成的行为规范进行自我调节、自我控制,从而维持学术生产体系的整体协调。

二、我国学术单位体治理模式的形成机制

由于特殊的历史与现实原因,我国大学学术治理不仅没有形成真正意义上的学术共同体治理,而且主要以"学术单位体"治理为主导。"学术单位体"

---

① 许纪霖.回归学术共同体的内在价值尺度[J].清华大学学报(哲学社会科学版),2014(4):78-82.
② 罗伯特·K.默顿.社会理论和社会结构[M].唐少杰,齐心,等译.南京:译林出版社,2015:821-822.

是围绕单位利益或其他利益,通过有形或无形的组织而形成的小团体。① 从理论上看,一定的组织形态是嵌入在特定制度结构之中的,组织的基本性质和行为方式受制度环境的塑造和制约。② 因此,学术单位体是在"单位制"环境下形成的一种制度化的组织形式,受单位制的规则、规范和文化认知等要素的影响。

1. "单位制度"的形塑

从历史和实践来看,单位制通过"国家—单位"和"单位—个人"两个整合链条,形成了一个向上依附、向下控制的治理体系。这不仅形成了个人对单位、单位对国家的依附,而且形成了国家对单位、单位对个人的支配性权力。在"国家—单位—个人"的结构性制度安排下,国家得以实现社会整体的组织化。概括来说,资源的单位化占有和个人对单位的制度性依附,是形塑"学术单位体"的两个重要的制度性原因。

第一,资源的单位化占有。"学术单位体"的形成,是以单位的相对封闭性和资源的单位化占有为前提的。"单位制"通过特殊的制度安排,在一定程度上实现了资源分配与再分配的双重闭合,从而使资源的占有与支配趋于单位化。

在传统的单位制下,政府有关部门掌控着大学生存和发展所需的各种资源,并将其按单位进行资源配置。大学获取的资源是按政府有关部门的行政指令来配置的,大学因此呈现出"低度自主性"和对上级管理部门的"高度依赖性"。为了便于接受政府有关部门的对口管理,大学在内部复制了政府管理部门的纵向管理体制,"上下对口,左右对齐",大学由此成为政府管理部门的延伸或附属机构。从整体来看,大学所能得到的资源是根据大学的级别来

① 张应强.促进学术共同体的建立,营造良好的学术评价环境[J].华中科技大学学报(社会科学版),2008(4):120-121.

② 李路路,李汉林.中国的单位组织:资源、权力与交换[M].北京:生活·读书·新知三联书店,2019:4.

分配的,大学的管理归属单位不同,其所获得的资金与资源也存在较大的差异。在此背景下,大学只与上级主管部门存在纵向联系,而不存在与其他组织的横向联系,这就导致大学自成体系、封闭运行。经过政府管理部门首次资源分配后,大学就成了资源的最终分配机构。大学沉淀的资源只能在大学内部使用、分配和处置,由此形成了"资源单位化"。在此基础上,大学将资源进一步转化为大学的内部福利,这些福利仅限于单位内部,对非单位成员是排他的。这种对外排他性的"壁垒效应",使单位组织的"内边界"逐渐形成并不断稳固,反过来强化了单位组织的封闭性。

由此可见,资源的单位化占有和资源单位分配的排他性,型构了大学相对封闭的空间与关系网络。需要指出的是,我国实行的国家学科制度与"单位制度"的结合,形成了将学科嵌入"单位制"的学科建设和管理体制。[①] 在这种体制下,教学科研、师资管理、绩效考评等都是以大学的院系为单位实施的。严格的编制管理,资源的固定归属,导致大学各院系相互分割与封闭,形成了极强的利益封闭格局。

第二,个人对单位的制度性依附。根据交换理论的观点,权力产生于资源依赖。在"单位—个人"的逻辑链条中,个人获取资源必须依靠单位,从而使个人依附于单位,而单位通过对资源的控制,最终控制了组织内部的所有成员。由此,单位与个人之间形成了一种特殊的"保护—束缚"机制。

历史地看,在传统的单位制度下,单位扮演着全能主义角色,具有"小型福利国家"的功能,其成员高度依赖单位,并通过接受单位对自身的全面控制来换取生存与发展所必需的资源。[②] 这种"控制—依附"关系基本上是终身性的,因为单位制下的个体不是简单地与单位发生联系,而是通过单位与国家建立了联系。在后单位时代,单位自主权的扩大和个体利益的明确,使得

---

① 张洋磊,张应强.大学跨学科学术组织发展的冲突及其治理[J].教育研究,2017(9):55-60,131.

② 揭爱花.单位:一种特殊的社会生活空间[J].浙江大学学报(人文社会科学版),2000(5):76-83.

单位效益与成员收益紧密相关,个人绩效表现直接影响着组织效率。在此情形下,单位与组织成员之间不再是"庇护—依附"关系或纯粹的市场关系,而是以契约为基础形成的个人对单位的"利益依赖"。与此相应,对个人权益的重视和追求,激发了主体意识和权利观念的觉醒,组织成员不再是单纯被动的客体,其主观能动性得到了充分发挥。于是,个人与组织之间双向互动、相互支撑,形成了"一荣俱荣、一损俱损"的利益共同体。

在单位制中,教师对大学的制度性依附,衍生出"责任—利益"联结机制。其背后的核心逻辑是:教师个人利益与大学整体利益之间具有逻辑上的连贯性和目的上的一致性。大学整体利益是教师个体利益的集合,教师个人利益的实现要以大学整体利益的实现为前提,这事实上构成了"全局整合局部、局部服从全局"的利益格局。通过这种方式,一方面,大学对教师的动员能力和控制力度得到了提升,从而强化了管理者"一竿子到底"的动员能力和控制能力;另一方面,教师个体发展统一于大学整体发展的目标之中,形成了一种"义利统一"关系,即教师在分享发展成果的同时,也必须承担相应的责任。从这个角度看,"责任—利益"联结机制的重要性在于,它引导和约束组织成员的行为,将教师的微观行为纳入大学的组织化治理轨道中,从而实现个体行为的组织化,并确保治理责任的制度性传递和有力贯彻。很明显,这是一种组织制度化的过程。在现实中,教师个人是隶属大学及其院系等单位的。在大学之间、大学内部院系之间激烈的资源竞争和发展竞争中,由于学者个人的学术质量和水平关系到单位发展的切身利益,因而形成了"单位利益共同体"。① 教师本着"风险共担、责任共有、利益共享"的原则,为实现大学组织的整体目标而努力。

2. 单位文化的深层次整合

任何一种制度都具有"结构"和"文化"两个范畴。因此,严格来说,学术

---

① 张应强.人文社会科学学术评价及其治理——基于对"唯论文"及其治理的思考[J].西北工业大学学报(社会科学版),2019(4):24-34.

单位体不只是制度化的产物,而且是以特定的组织文化为载体,在人与人的主体性互动中形成的。在这个过程中,单位文化以其独特的价值取向和共享意义,形塑和界定了组织成员的行为模式与认知模式,进而在文化内聚力的作用下实现了结构化整合。

在我国,单位是个人社会化的基本通道,也是个人寻求安身立命和心理归属感的重要场所。单位造就了高度同质性的"熟人社会",单位内部洋溢着组织关怀。单位人生于斯、长于斯,彼此熟稔、守望相助,形成了共性化生存模式,并在主观上具有共同的价值认同。正是在物质与精神归属的双重意义上,教师接受并内化了大学组织的规则和文化,并将其纳入自己的思维框架中,从而实现了教师个人与大学组织的有机联结和有效整合。

从价值观层面来说,单位文化强调单位的集体利益,具有统摄、引领和教化的作用。这种集体主义价值取向产生了明显的制度化效应,使得教师的发展统一于大学的总体性发展目标中。教师因此普遍具有强烈的集体意识和荣辱意识,他们突破了个人的狭小局限,将大学整体利益置于个人利益之上,有着为单位做贡献的使命感和责任感。这与涂尔干(E. Durkheim)倡导的通过集体意识达成有机团结的理念相一致。在涂尔干看来,集体意识是由社会成员在交往中因共同利益、共同需求等而形成的共有思想观念。这种集体意识不仅作为感性层面上的社会心理而存在,而且是各种契约关系和社会秩序得以被认可和确立的基础,是现代社会中群体维持团结关系的基础性因素。[①]

综上所述,学术共同体是以推动学术发展为内在目的来联结学者的,它的发展与学术发展有着本质上的一致性。但学术单位体是为了达成某种外在目的(如单位利益)而将单位成员联结起来,促进学术发展并非其"内在目的",而是实现其外在利益的工具。这显然与学术共同体的内涵大相径庭。

---

① 刘少杰.西方社会学理论[M].北京:中央广播电视大学出版社,2010:44.

三、我国学术单位体治理的非预期效应

从实际结果来看,学术单位体对提升大学学术绩效起到了重要的促进作用,但随着时间推移,其局限性愈加明显,给我国大学学术治理带来了诸多非预期效应,且有愈演愈烈之势。为此,有必要对学术单位体中我国大学学术治理面临的风险与困境进行深入检视,反思某些悖论背后的深层逻辑。

1. 学术治理的绩效主义取向盛行

伴随新公共管理主义思想的渗透,"以绩效为杠杆"的学术治理理念迅速占据主导地位,并对学术治理的战略目标、制度安排和行动策略产生了深刻的影响。在学术单位体治理的情境中,追求学术绩效最大化,实现单位利益最大化,成为学术治理的基本出发点和原动力。

在学术绩效主导的价值目标引领下,我国大学学术治理普遍实施"目标责任制",其核心是将大学的整体目标和任务逐次分解、细化,在"大学—院系—教师"链条中逐层传导,形成纵向到底的责任体系,使每位教师的学术绩效都成为大学整体绩效的贡献因子。在此基础上,绩效评估聚焦于产出和效果,并将教师的学术绩效与职称晋升、工资收入、学术荣誉等"硬挂钩",以一种强制或诱导机制推动教师开足马力投入学术生产。从运作逻辑来看,这种责任分工主要依靠自上而下的科层管理关系,具有明显的"控制性取向",教师的利益获取是在保证完成上级布置的任务指标基础上实现的,从而对教师构成了强有力的制度约束。

嵌入了科层制的单位制,将"逐级管理"原则运用于院系管理,使院系管理者成为目标责任制链条中的一环。一方面,为确保"守土有责",大学层面通过政绩考核,将院系管理者的晋升与院系绩效目标的完成情况挂钩,以此要求院系主要领导高度重视院系绩效目标的完成情况;另一方面,大学层面对院系主要领导实行连带问责制度,即如果院系未能完成绩效目标,院系主

要领导要承担连带责任。在"胡萝卜加大棒"的强激励下,绩效提升所具有的"政绩"属性凸显出来,危机意识会迫使院系主要领导高度重视绩效责任的落实和完成情况。

从初始意图来看,绩效问责是为了提升大学的学术产出及其效率。但绩效问责本质上只是一种治理工具,无论多么精致的治理工具,都有其特定的应用环境和适用条件。如果忽视或无视学术组织的特性和学术生产的规律,将手段异化为目的,势必会产生多重负面结果。

第一,出现学术生产的"唯指标化"现象。绩效指标因应学术治理目标具体化、清晰化的需求,既便于上级控制,也能使下级明确行动方向。通过绩效指标的可视性,管理者能够将复杂的学术治理问题简化为一系列具体的、可操作的任务指标,从而根据教师的指标完成情况,判断其努力程度。但"指标化管理"在本质上忽略了学术生产的规律与内部向度,其刚性标准与学术生产的情境性、动态性之间的张力,很可能使学术治理陷入数字游戏之中。绩效指标成为主导性逻辑和刚性规范后,必然会影响到教师注意力的分配,使他们根据绩效指标来采取相应的行动,甚至唯指标是从,从而将大学的学术生产和学术发展引向唯论文、唯项目、唯奖项等指标化歧路。

第二,凸显了"绩效崇拜",助长了学术功利主义倾向。在绩效主导的学术生产环境下,学者们倾向于追求"短平快"的学术成果,甚至"以量代质"。这不仅导致学术治理的目的性价值发生畸变,而且与学术生产需要久久为功的客观要求相违背。不仅如此,绩效考核结果与教师的切身利益挂钩,加剧了学术生产的浮躁和急功近利,使得学者难以"独善其身"。在切身利益的驱动下,教师学术生产行动的功利主义倾向日渐明显,他们更看重的是投入与产出的效益比,即以最小的成本获得最大的经济收益。

第三,强化和扩展了行政权力对学术生产的控制力和可及性。绩效指标反映并渗透的是行政管理者的权力意志,在指标与政策建构的闭环关系中,学术专业判断被标准化的绩效指标和形式化的程序所替代,管理者以此将行政权力的"触角"通过科层体系贯穿于学术治理的各环节、各层面,实现了对下级的行为规训和监督控制,强化了行政管理者运用技术治理的工具优势,造成大学行政化趋势更加积重难返。

第四,绩效问责导致"绩效悖论"和"问责失灵"。在学术单位体中,责任是以组织化力量嵌入组织内部的,但没有形成制度化约束。这种情况加大了基层学术组织的任务压力与其所能支配的权力和资源之间的不平衡,"上面千把锤,下面一根钉"。高压力和高风险的绩效问责,激发了基层学术组织的自我保护机制,使他们更倾向于采用策略性行为来应对上级的考核检查和问责,从而出现了"有组织的不负责任"现象,达不到通过问责来提高学术生产效率的目的,使学术治理效果大打折扣。

2. 单位本位主义导致院系竞争"白热化"

"单位本位主义"是指组织在价值排序与行为选择方面,以本单位的利益为出发点,没有站在更高层面看待全局利益和整体利益,甚至将单位的局部利益凌驾于全局利益之上。院系单位本位主义的形成,与其所处的制度环境有着密切关系。近年来,随着大学内部治理结构的改革不断深化,院系成为相对独立的利益主体,拥有了一定的自主权,产生了强烈的发展动机和竞争意识,可能诱发单位本位主义下的院系恶性竞争。

目前,我国大学内部普遍实施以院系或学科为单位的竞争性专项资源配置方式,院系的学术绩效是资源配置的重要依据。在资源有限的情况下,竞赛的胜负并非由绝对绩效决定,而是取决于相对绩效的高低,从而将各院系或学科置于"你上我下"的竞争境地。尤其当院系之间的横向竞争不仅涉及经费、设备等物质资源,还涉及领导政绩、学科等级、组织声誉时,竞争的溢出效应被不断放大,从而加剧了院系之间的紧张关系。院系组织也是一个理性组织,具有追求利益最大化的"经济人"属性,这种"集体理性"的自利性加剧了单位之间的恶性竞争,引发了如下问题。

第一,院系采取机会主义发展策略,追逐短期效应。受单位本位主义思想的影响,为争取排位,院系必须在短期内向上级发送绩效信号,以获得比较优势。有的院系为了释放具有高显示度的绩效信号,盲目追求一级学科发展的大而全,热衷于增设新学科和热门专业;有的院系开始新一轮"圈地运动",竞相建设各类研究中心、重点实验室等。从结果来看,一些"绩效工程"既可以吸引优质生源、优秀人才、科研经费等,又可以发挥品牌效应,使得院系收获声望并积聚为"实绩"。一旦这种外延式发展方式获得上级认可或政策支持,就会形成"标杆示范"作用,从而引发"攀比风",造成重复建设和资源浪费。这是一种为了局部利益而牺牲大学学术生态的短视之举。

第二,基于单位本位主义的利益冲突导致院系"各自为政"。我国大学主要根据一级学科、二级学科建立实体性院系,院系以单位制思维来开展学科建设,导致学科本身的高度关联性与院系的高度封闭性之间出现矛盾。单位制下的院系组织具有高度的"内向性",容易产生"各扫门前雪"的本位主义思维。为了巩固和占据优势资源,各院系都会竭力捍卫自身的利益疆域,分门划界,力求将优势资源牢牢地掌握在本院系和学科领域,甚至运用一些隐性手段,阻碍资源、设备、教师等跨院系流动,致使学科交叉融合失去组织基础。究其原因,在于学科边界的调整必然导致资源和利益的重新调整,从而对既得利益者构成威胁。这也是学科交叉融合和跨学科学术组织建设中的"中梗阻"。通常意义上,在学术分工细化与专业化过程中会形成学科边界,体现的是知识的认识论逻辑,但这并不意味着刻意孤立、自闭乃至对峙。[①] 过分强调学科分际的"本位主义",会破坏学科的分工与功能互补,不利于学科之间的交叉融合,最终将破坏大学的学术生态。

第三,院系竞争外溢到教师层面,指标任务由"大学—院系—教师"层层加码。一方面,在绩效考核指挥棒的引导下,院系大多倾向于选择立竿见影、限时见效的绩效目标,将"多任务"按照激励的强度和重要性进行排序与调

---

① 阎光才.学科的内涵、分类机制及其依据[J].大学与学科,2020(1):58-71.

整,对与"学术 GDP"相关的各项任务采用强激励,而对难以量化的任务采取弱激励,将"重赏之下,必有勇夫"的逻辑应用于学术生产,通过制度性的压力传递,激励教师产出更多的学术成果;另一方面,为了在院系竞争中获胜,院系往往会放大上级组织布置的各项指标任务,导致绩效目标"层层加码、级级提速",使教师成为"责任不可再分"的最终责任承担者。

院系之间的竞争主要是以利益为中心的竞争,是单位本位利益观念的外化。从院系行为来看,院系竞争实质上是院系在现有制度环境下采取的"体制性生存策略",即通过竞争获得生存和发展资源。当然,院系竞争有其合理性,会激发院系的创新性和发展活力,从而促进大学提高学术生产力和学科建设水平。但单位本位主义下的院系竞争,不利于学科的交叉融合和资源共享,从而违背学科建设发展规律和学术生产规律。

3. 利益关系"圈子化"导致利益垄断和学术霸权

费孝通先生曾将中国乡土社会结构关系概括为"差序格局",即以"己"为中心,像石子一般投入水中,和别人所联系成的社会关系像水的波纹一般,一圈圈推出来,愈推愈远,也愈推愈薄。[①] 当前,我国学术单位体只在结构上表现出科层制的等级化特征,而缺失科层制所蕴含的理性化规则与规范化程序。对此,我们可从横向与纵向两个维度来分析学术单位体中的学术治理结构,即横向上的"差",强调根据亲疏远近差别对待;纵向上的"序",强调垂直权力的等级性。

目前,我国大学的学术治理格局呈现以学术精英为中心,不断向外扩张的多圈层同心圆结构。根据差序格局的逻辑,人们会本能地将"关系"带入组织中,并以此来建立熟、亲、信的关系运作规则,从而对"非人格化"的正式制度产生消解作用。在职称评定、项目申报、人才评审等活动中,"打招呼""拉关系""暗箱操作"等问题屡禁不止。这其中固然有深刻的文化根源,但作为

---

① 费孝通.乡土中国[M].北京:人民出版社,2008:30.

一种反复出现的组织现象,其背后有着一以贯之的制度逻辑。在"圈子化"的利益关系中,"潜规则"行为已演变为一种"寄生于正式制度的非正式行为",并逐渐走向"制度化",以致学术腐败成为屡禁不止的"灯下黑"。

现代组织学理论认为,权力关系与资源占有之间存在直接关联。在差序结构下,有些学术精英凭借其在圈子中的核心地位,以特殊主义逻辑进行资源分配——越接近权力中心,获得的学术资源也就越多。当前我国学术治理面临的权力寻租、裙带关系等问题与此不无关系。在人才遴选、科研项目评审和重要岗位评聘等学术事务上,有些学术精英利用自身的优势垄断和蚕食公共学术资源,直接或间接地借助公共权力干预利益分配。究其实质,这是一种放大了的小团体主义,其背后的行为逻辑是"化公为私",使作为公权力的学术权力沦为谋取私利的手段,而且具有相当的隐蔽性。

为了维持圈子内部的利益垄断,有些学术精英通常会通过潜在的利益输送建立"联盟关系","抱团取暖"并划定利益边界,对边界内人群实行资源交换或共享,而将联盟外的人阻隔在外。按照美国学者奥尔森(M. Olson)的分析,以分利为目的的特殊利益集团必定是排他性而不是兼容性集团,"既得利益集团中每新增加一个成员,必然会减少原有成员的利益"①。这种"利益区隔效应"使得利益只能在一个狭小的圈子内封闭循环,从而形成固化的利益分配格局和利益配置的集团式垄断格局。在闭合循环的"小圈子"中,不同群体所拥有的学术资源,不仅存在数量上的差序,而且在获取资源的次序和机会上也有差异。"先赋性"分配机制的作用和功效愈来愈大,导致学术阶层固化的现象日趋明显。在缺乏公平的竞争、选拔和退出机制的系统内,学术精英对重要的学术资源和机会具有垄断权,并以其积累优势获得大量超额利益,而普通学者则被边缘化,处于"相对剥夺地位"。

在等级化的差序格局中,利益垄断已衍生出新的形态,即学术垄断和"学

---

① 曼库尔·奥尔森.国家兴衰探源——经济增长、滞胀与社会僵化[M].吕应中、陈槐庆、吴栋,等译.北京:商务印书馆,1999:77.

阀学霸"的产生。这主要表现在有些学术精英掌握了过于集中的学术权力，并以此构筑了一种围绕学术权威的封闭体系。这一封闭体系使得不同的学术圈子之间产生了强烈的"门户之见"，导致学术研究多样性的丧失，破坏了学术研究的自主性，严重束缚了学者的自由意志。更令人担忧的是，学术上的门户之见与分歧会被无原则地扩展到公共学术场域和学者个体之中，导致学术争鸣变成意气之争。为此，2019 年中共中央办公厅、国务院办公厅印发的《关于进一步弘扬科学家精神加强作风和学风建设的意见》明确指出，要"打破相互封锁、彼此封闭的门户倾向，防止和反对科研领域的'圈子'文化，破除各种利益纽带和人身依附关系"。

4. 大学教师面临"双重忠诚"的冲突与矛盾

在现代社会，学者往往面临"双重忠诚"问题——既要忠诚于所从事的学科（如国际性学会），又要忠诚于其服务的机构（如大学）[①]，亦即学术忠诚与机构忠诚之间的矛盾。如果学术忠诚占据主导地位，则学者忠诚于学术共同体甚于学术单位体；而如果机构忠诚占据主导地位，则学者忠诚于其服务的机构甚于学术共同体。从客观成因的角度来看，大学教师出现"双重忠诚"冲突的根源，在于学术单位体与学术共同体之间存在深层次结构性矛盾，折射出当前大学教师的总体性境遇与群体心态。

大学教师按照何种行动逻辑开展科研工作，取决于其所处的制度环境。当制度环境存在冲突，大学教师很有可能被冲突性的制度环境"撕扯"，从而产生强烈的观念冲突。学术共同体是学者的基础性和本质性文化归属，蕴含着学者的专业身份与学术情结，潜移默化地影响学者的价值观念和行动逻辑，并提供意义导向和价值参照。因此，大学教师会主动接受并内化学术共同体的价值与文化，将其纳入自己的思维框架和行动逻辑中，从而形成基于深层价值观念的集体认同。在学术共同体中，大学教师的个体意识、行动逻

---

① 阿什比.科技发达时代的大学教育[M].滕大春,滕大生,译.北京:人民教育出版社,1983:82.

辑和价值评价之间存在着内在一致性,这种一致性实际上是集体认同在起作用。与此形成对照的是,在学术单位体中,学术治理的核心是谋求单位利益最大化,学术活动的外在目的取向也就非常明晰地凸显出来了。在市场逻辑和行政逻辑的双重作用下,大学整体的学术景观以及教师的价值取向和行为规则都发生了巨大的变化,由此引发大学教师的认同困境与身份焦虑。

大学教师从事的是"学术职业"。但在学术单位体中,一种强制性的、可量化的学术生产力审计制度替代了学术共同体的作用,使得学术研究变成学术制造,出现了以量化指标来衡量学术贡献的"工分制"和"计件制",久而久之,大学教师的职业身份逐步由高度自主的"学术人"向知识生产流水线上的"雇佣工人"转变。对此,吉登斯(A. Giddens)强调了"行动的反身性监控"在自我认同中的作用,认为"自我身份认同是每个人对其个人经历进行反身性理解而形成的自我概念"。[①]在这种情况下,大学教师在对自己的身份做出总体性认知和评价时,就产生了自我矛盾性,即教师既不能实现学术身份认同,也不能摒弃其在组织中的身份,从而陷入身份迷失,导致"我是谁"的认同混乱。

在崇尚效率、追求绩效的外部制度环境下,大学将"适者生存、优胜劣汰"的生物式竞争逻辑简单地应用于学术治理中,罔顾不同学科、不同研究者之间的差异,将所有人置于一个等级排序的体系中,不加区别地对创新探索的暂时失败者进行惩罚。近年来,大学所推行的教师学术职务聘任与晋升制度,更多的是强调个人主义式竞争和"以论文数量论英雄"。这使得本体性焦虑成为当前大学教师的集体性症候,迫使他们将学术职业视为"稻粱谋"。在"不发表就出局"(publish or perish)的科研环境中,大学教师紧紧围绕学术绩效指标进行学术生产,其学术志业与现实的功利主义取向之间的冲突不可避免。大学教师既要追求学术性本体价值,又不能放弃与其矛盾的功利性价

---

① 安东尼·吉登斯.现代性与自我认同:晚期现代中的自我与社会[M].夏璐,译.北京:中国人民大学出版社,2016:49.

值,这就模糊了大学教师的方向感,产生了无所适从的困惑与迷茫。

在学术单位体中,大学教师的学术生产具有显性过程控制和隐性结果控制并重的特点。一方面,缜密的考核指标体系产生强大的规训力量,使得学术治理不断规范化和标准化,由此产生了一种封闭运作的、可控制的空间结构,产生了如福柯所揭示的"全景敞视监控"。另一方面,组织荣耀和个体成就的外化,形成了强烈的内部规训力量,不断激发学者的学术生产热情,孕育出"制造同意"的新逻辑。正如布若威(M. Burawoy)所揭示的,管理方策略性地通过"赶工游戏"制造同意,将生产者的主动性与强制性相结合,以达到劳动控制的目的。① 正是在这种制度环境下,大学教师沦为"去专业化的技术人员",失去了学术生产主体的地位,导致学术治理中出现了既没有"学术"也不见"人"的悖论。长此以往,大学教师丧失自我价值感和意义感,将导致他们对学术职业的价值立场以及学术治理的正当性产生怀疑,进而影响到他们对大学的忠诚。

四、促进学术单位体治理向学术共同体治理转变

从大学学术治理的现实状况和客观要求来看,我国大学学术治理改革的基本方向,必须实现从学术单位体治理向学术共同体治理的转变。大学学术治理改革具有全局性和基础性,这就决定了这种转变不可能一蹴而就,而是一个由量变到质变的增量式改进过程。从整体来看,促进学术单位体治理向学术共同体治理转变,包括理念转变、体制转变、机制转变三个环环相扣、层层递进的层面。

1. 改革和创新学术治理理念,树立正确的价值导向

在学术治理中,治理理念通过影响主体的思想认知、价值判断等来影响

---

① 迈克尔·布若威.制造同意——垄断资本主义劳动过程的变迁[M].李荣荣,译.北京:商务印书馆,2008:89-93.

治理行为,从而引领学术治理的目标和方向。因此,改革与创新学术治理理念,对于推动学术单位体治理向学术共同体治理转变具有先导性作用。

第一,学术治理必须回归学术本位,遵循学术生产规律。学术性是大学的本质特性,学术是大学活动的逻辑起点,因此,学术本位是学术治理的根本性和前提性立场。我国现行学术治理被广泛诟病的原因,在于其只是简单地移植了政府组织和企业组织的治理模式,从而遮蔽和悬置了学术治理的特性与规律。正是学术本位根基不牢,才导致学术治理偏离正常的轨道,甚至陷入"本末倒置"或"舍本逐末"的境地。从本质上说,大学的学术治理必须服务于大学的核心使命与中心任务。学术是大学生存和发展的根本,大学的核心使命是追求学术卓越,学术质量与水平是大学的生命线。因此,大学学术治理必须始终坚持学术本位,发挥学术共同体的主导作用,从而彰显大学的本体意义,找回大学失去的重心。

第二,学术治理必须促进学术的发展和繁荣,而非扩大单位的利益。学术研究是一项创新性工作,创新意味着对现有知识的超越,创新是学术发展和繁荣的不竭动力。"有增长而无发展"是我国学术生产中长期存在的突出问题之一,集中表现为表面上的学术繁荣景象。之所以如此,是因为大学未能立足"以学术创新推动学术繁荣"来开展学术生产和学术治理,将学术视为谋求自身利益与社会地位的手段和工具,导致大学学术治理出现价值偏离和定位失准。我国的学术生产和学术治理虽然与西方国家有很大的差别,但其宗旨是一致的,即推动学术繁荣和学术创新,并以此来履行学术研究的社会责任。① 从这个意义上说,学术治理是手段,促进学术繁荣和学术创新是目的。如果学术治理无法促进甚至阻碍了学术创新和发展,那么,这种学术治理是无意义的。

第三,学术治理必须"以人为本",促进教师的主体性发展。从发展的角

① 张应强.人文社会科学学术评价及其治理——基于对"唯论文"及其治理的思考[J].西北工业大学学报(社会科学版),2019(4):24-34,117.

度来看,大学学术治理的旨趣在于尊重教师的真理诉求,激发教师的学术使命,激励教师人尽其才,让教师更有成就感和自我实现感,而不是成为教师的"紧箍咒"和学术发展的"绊脚石"。在很大程度上,对教师学术生产劳动本质的忽视是导致我国学术治理问题的一个重要思想根源。在外部绩效问责控制下,教师无法把握自己的学术生产过程及其成果,无法享受到学术生产劳动的快乐;学术生产劳动成为异己的劳动,学术成果成为外在于教师的、不可控制的对立物,并与教师产生严重的疏离,导致教师"劳动异化"。其实,教师履行学术责任不应该成为一种纯粹的外部性设置,不应该在绩效考核的压力下履行学术责任。教师只有在主体性引导下,才能将学术责任视为自己的使命,自觉履行学术责任。因此,学术治理必须把握学术生产劳动的本质,确立"以人为本"的价值导向,使教师的学术生产劳动成为合乎教师意愿并能体现主体性的劳动。只有这样,他们才能在学术使命感的驱动下,投入学术研究事业,体验学术生活和学术职业的意义与价值。

2. 深化体制改革,强化大学在学术治理中的主体地位

大学内部的学术治理其实是外部学术治理在大学内部的映射。我们要想提升大学学术生产力,使大学产出更多原创性学术成果,就必须赋予大学充分的学术自主权。因此,破除体制机制障碍,强化大学在学术治理中的主体地位显得尤为迫切和必要。

第一,科学界定政府管理的范围,进一步扩大和落实大学自主权。我国大学学术治理改革的关键,是要进一步调整和理顺政府与大学的关系,确立和强化大学在学术治理中的主体地位。一方面,必须进一步简政放权,转变政府职能,改变政府包揽"管办评"事务的做法,从制度上保障大学按照高等教育规律自主发展。当然,转变政府职能并不意味着政府职能的弱化,而是对错位的政府职能重新界定,使政府的职能边界与大学的自主发展相协调,有利于大学自主发展。另一方面,必须进一步扩大和落实大学自主权,将大学建设成为面向社会依法自主办学的法人实体。《高等教育法》第十一条规

定："高等学校应当面向社会,依法自主办学,实行民主管理。"大学作为独立的治理主体,必须享有法律规定的治理主体地位。从法律关系来看,虽然政府与大学在高等教育方面的权利和义务是不同的,但二者具有同等的法律地位,不应出现政府部门的法律地位高于大学的情况,更不能形成大学与政府在法律关系上的依附关系。政府和大学作为享有同等法律地位的治理主体,依法获得相应的权利并履行相应的义务。这就建立起大学自主权的法律保护机制,使大学自主权成为一种法律性授权而不是行政性授权①,从而避免在大学向政府部门"要权"和政府部门向大学"放权"的博弈思维中落实大学自主权。

第二,构建大学内部法人治理结构,完善学术治理机制。大学内部法人治理结构的基本特征,是决策层、执行层、监督层三者之间相互制约又相互协调,以实现对权力的制约和对权利的尊重,避免"内部人"控制。为此,一方面,要在坚持"党委领导下的校长负责制"的前提下,建立决策权、执行权与监督权相互制衡的治理构架。现代学术治理不仅不排斥行政权力,而且需要行政权力的有效支持。问题的关键在于,必须在明确大学学术组织特性的基础上,厘清行政权力与学术权力的边界和各自的职责权限,纠正行政权力泛化、学术权力弱化的失衡状况,提高学术权力运行的制度化水平。另一方面,要推进学术治理重心下移,扩大学术共同体自主权,使学术共同体从消极、被动的附属地位,转变为相对独立的能动主体,充分发挥学术共同体在学术决策、学术决定、学术监督中的作用,排除各种非学术因素对学术活动的干扰。

3. 深化学术评价改革,推动学术共同体建设与完善

《深化新时代教育评价改革总体方案》明确指出,"教育评价事关教育发展方向,有什么样的评价指挥棒,就有什么样的办学导向"。学术评价改革是

---

① 张应强,唐宇聪.大学治理的特殊性与我国大学治理体系现代化[J].清华大学教育研究,2020(3):6-13.

学术治理改革中的关键性环节,需要充分认识学术评价改革在学术治理改革中的先导性和引领性作用,通过学术评价改革推动学术共同体的建设与完善。

第一,建立真正基于学术共同体的学术评价制度。"由谁来评"是学术评价的前置性问题。一方面,学术评价从来都不是外在于学术研究的,学术评价和学术研究的主体是同一的而不是分裂的①,学术研究的主体是学者,因此,学术评价应当以学者为主体。另一方面,学术评价应当按照评价对象的特性来评价,以促进学术发展为目的,以学术贡献为标准,客观反映学术成果的学术价值和社会价值,而不宜以外在于学术研究的指标和标准来衡量学术研究成果。这就是说,学术评价是学术共同体的内部事务,必须以学术共同体的内在尺度来审视和评价学术成果的价值,从而凸显学术共同体作为"学术守门人"的作用,发挥学术评价对学术性价值的引导作用。

第二,减少学术评价结果与利益分配的直接关联。我国学术界存在着一条清晰的学术资源和利益链条,即政府部门(学术评价机构)—学术资源—大学—学术成果—教师。在这个链条中,学术评价结果不仅对大学获得学术资源和扩大社会影响力至关重要,而且对教师提高经济收入和学术地位至关重要。学术单位体中的学术评价,容易使大学和教师在利益驱使下形成利益共谋关系,从而阻碍学术发展,恶化学术生态。从本质上说,学术奖励是学术共同体对学者独立做出的知识发现和知识贡献给予的报偿,体现的是对创造性学术劳动的尊重和倡导。学术奖励中包含一定的物质奖励,甚至通过物质奖励来实施学术奖励。这本来是无可厚非的,但如果学术奖励制度缺乏正确的价值导向,如果学者以追求物质利益作为从事学术职业的动力,那么,这种学术奖励不仅不是对创造性学术劳动的尊重和倡导,而且是对学术职业的矮化甚至是玷污。科学和学术是神圣的事业,"铜臭"之躯是无法接近这一神圣事业的。科学本身的无功利性与求真取向,决定了金钱并非报偿学者的唯一形

① 朱剑.科研体制与学术评价之关系——从"学术乱象"根源问题说起[J].清华大学学报(哲学社会科学版),2015(1):5-15,180.

式,学术共同体的认可与承认才是对学者最有价值的报偿。正如杰里·加斯顿(J. Gaston)所言:"如果在奖励系统中金钱对科学家并不重要,那么重要的是什么呢? 这就是科学共同体对科学家在增进科学知识方面所做出的贡献给予的承认和荣誉。"①因此,我国大学的学术治理改革,有必要减少学术评价结果与利益分配的直接关联,重视隐性契约(学术声誉制度)的作用,让学术奖励转变为一种引导学术责任的激励,使大学与教师都不为功利主义所累。

第三,确立正确的学术评价方法论,坚持定性评价与定量评价相结合。定性评价将学术评价范围限定在学术共同体内部,主要是根据学术研究内容来评估和衡量学术成果的质量高低,以保障评价的专业性。其缺点是,定性评价受主观性影响较大,价值评判尺度因人而异,评价结果的科学性容易遭到质疑。相对来说,定量评价剔除了评价过程中的主观因素,采用发表数量、影响因子、引用频次等科学计量学方法来衡量和判断学术生产力。其优势是操作性强,使复杂的学术评价变得简单直观,但也存在着缺陷:一方面,定量评价侧重于对评价对象的外部特征进行分析,容易忽视学术的内在品质,扼杀学术的创造性价值;另一方面,外部形式化的评价标准,容易导致学者和学术期刊因过于关注表现性指标而诱发"计量操纵"。定性评价和定量评价各有其长,也各有其短。学术评价改革的关键,不在具体的评价方法层面,而在评价方法论层面,即必须确立为了促进学术发展而评价,而不是为了评价而评价的评价方法论。有了这一正确的评价方法论作为基础和指导,我们就能够以是否有利于促进学术发展来判断定量评价与定性评价的优劣,实现定性评价与定量评价相结合,优势互补,扬长避短,从而实现以学术评价方法论变革为前提的学术评价改革。

①　杰里·加斯顿.科学的社会运行——英美科学界的奖励系统[M].顾昕,柯礼文,朱锐,译.北京:光明日报出版社,1988:18.

第三节　评价作为治理工具：我国高校教师评价的反思与改革

高校教师评价改革既是教育评价研究领域的重要学术问题，也是我国高校教师队伍建设和管理实践面临的"老问题、大问题、难问题"，更是《深化新时代教育评价改革总体方案》关注的"事关教育发展方向"的重大政策问题。自 2016 年 8 月教育部印发《关于深化高校教师考核评价制度改革的指导意见》以来，高校教师评价改革成为各方关注的热点问题。如 2021 年全国"两会"期间，民盟中央提交了《关于进一步完善高校教师多元分类评价体系的提案》，5 月 26 日，全国政协提案委员会还专门召开了"进一步完善高校教师多元分类评价体系"提案办理协商会。高校教师评价改革的关键是评价理念改革。高校教师评价理念是关于高校教师评价的目的（为何评）、内容（评什么）、方法（怎么评）的系统性思想和观念，在高校教师评价改革中居于核心地位，有什么样的高校教师评价理念就有什么样的高校教师评价。因此，高校教师评价改革必须以高校教师评价理念变革为先导，在正确的高校教师评价理念指导下深化高校教师评价改革。

一、我国高校教师评价理念形成的背景

高校教师评价源于教育评价。早期的教育评价，其目的在于通过对学生课程学习效果的评价，来反映教师的课程教学效果，帮助教师改进课程教学。评价结果既不用于学生排名，也不用于教师考核，是一种具有教学诊断功能的教师自我评价。但教育评价进入高等教育领域和高等学校之后，其中的教

师评价逐渐成为一种高校管理教师的工具和手段。① 我国目前的高校教师评价理念，是一种兼具企业管理理念和政府管理理念的混合性评价理念——基于问责和管理的教师绩效评价理念。这种评价理念的形成有着深刻的社会背景和现实的高等教育发展背景。

1. 我国高等教育改革发展进入高校竞争时期

1992 年初邓小平同志发表了著名的"南方谈话"。1992 年 10 月召开的党的十四大，标志着我国开始从长期以来的计划经济体制走向社会主义市场经济体制。我国高等教育改革发展面临的外部环境发生了重大变化。作为对外部环境变化的响应和适应，我国高等教育的体制机制做出了重大调整——引进市场竞争机制，形成了高等教育双重体制和类市场化治理模式；②高校获得了一定范围和一定程度的办学自主权，自主办学意识有所增强；有关部门鼓励高校竞争，促使高校从主要面向政府办学向主要面向社会和市场依法自主办学转变。可以说，高校的办学主体意识和竞争意识在不断增强，竞争机制也逐渐成为高等教育改革发展的重要机制之一，竞争成为高校发展的重要动力来源，高校竞争已经成为一种常态。

进入 20 世纪 90 年代后，我国高等教育界开始思考"把一个什么样的高等教育带入 21 世纪"，相继推出了"211 工程"和"985 工程"。"211 工程"旨在面向 21 世纪，重点建设 100 所左右的高校和相关学科；"985 工程"的具体含义是为了实现现代化，我国需要建设若干所世界一流大学。实施"211 工程"和"985 工程"，是新中国经济社会发展的重点建设思想在高等教育领域的反映，是 20 世纪 50 年代以来我国重点大学制度的延续。两大工程的相继实施，对我国高等教育改革发展至少产生了三个方面的重要影响。一是促使我国高

① 张应强,黄捷扬.培养大学生核心素养与深化高等教育评价改革[J].厦门大学学报(哲学社会科学版),2021(6):62-71.
② 张应强.在计划与市场之间:我国高等教育治理转型和治理体系建设[M].武汉:华中科技大学出版社,2020:6-15.

等学校体系出现了以分层分级为主要特征的重大变革,引发了高校之间围绕进入金字塔顶端的竞争,形成了从国家层面到省级层面,再到高校内部学科层面的自上而下的竞争链条。二是由于遴选重点建设院校和学科的需要,大学评价和学科评估迅速发展起来,并成为一种制度性机制。三是产生了两个具有中国特色的高等教育话语和概念——一流人才和一流学科。高等教育界普遍认为,人才和学科是国家高等教育和具体高校核心竞争力的来源,人才队伍水平和学科发展水平是高校发展水平的根本标志,必须将人才队伍建设和学科建设作为高校改革发展的重中之重抓紧抓好。

与此同时,高校发展竞争出现了国内竞争国际化、国际竞争国内化的局面。所谓国内竞争国际化,是说国内高校竞争的焦点主要集中在高等教育国际化层面。我国开始实施"985 工程"后,不少研究型大学都将国际化作为重要的发展目标和战略举措,几乎所有高校都对举办中外合作办学项目充满激情,有些研究型大学还想方设法举办中外合作办学机构;不少高校专门制定了国际化发展战略规划,将引进国际师资和建设国际化的教师队伍作为实施国际化战略的重要行动。所谓国际竞争国内化,是说高校的国际竞争力和国际化程度成为高校取得国内地位的重要标准。有些机构专门开发了中国大学国际化排行榜,将国际师资数量和教师队伍的国际化程度(主要是在海外高校获得博士学位和海外留学一年以上的教师占比)作为重要评价指标,对国内高校进行国际化评价和排行。大学国际化排行榜的出现,导致不少高校都将具有一年以上海外留学经历作为教师职务晋升的强制性标准,以提高教师队伍的国际化率和国际化水平。这一做法对高校教师评价产生了重要影响,直到教育部 2016 年的有关文件才对之进行纠正。

2. 大学排行榜成为影响高校教师评价的关键力量

高等教育评价和大学评价是新中国高等教育的一个新生事物。1985 年发布的《中共中央关于教育体制改革的决定》提出,"要组织教育界、知识界和用人部门定期对高等学校的办学水平进行评估"。为此,国家教委于 1985 年

11 月 13 日专门发布了《关于开展高等工程教育评估研究和试点工作的通知》,在全国部署开展高等工程教育评估研究和试点工作。① 这个时期的高等工程教育评估,目的在于为国家及各级教育行政部门对发展高等工程教育进行宏观指导和管理提供依据。1992 年之后,西方国家的多种大学排行榜相继被引入我国,国内有关部门和机构也开发了多种类型的大学排行榜。1998 年我国开始实施"985 工程"之后,上海交通大学刘念才教授课题组出于"看看中国的大学离世界一流有多远"的目的,开发了"世界一流大学学术排行榜(ARWU)",对全球大学进行学术排行。不少西方国家的大学排行榜受此启发,纷纷将大学排行范围拓展到全球大学。大学排行榜由此成为高等教育评价和大学评价的主要形式,在全社会营造了一种对大学排行榜的"媒介迷思",形成了一种无形但非常强大的裹挟力量,使所有高校或主动或被动地卷入其中。② 世界各国大学俨然进入了全球排名竞争时代。五花八门的大学排行榜及其指标体系,在很大程度上影响了我国的世界一流大学建设和高校改革发展,不少高校出现了"对照排行榜指标搞建设"的现象。在目前全球的四大排行榜指标体系中,教师队伍质量、教师队伍的高水平学术产出,都是权重很大的评价指标。在引进西方国家大学排行榜的同时,西方国家世界一流大学的教师聘任制度和教师评价制度也被引入我国,有些大学开始试行教师考核方面的"末位淘汰制",教师聘任方面的"非升即走制",教师科研绩效方面的"不发表即出局"等改革。

3."人才计划"成为促进高校教师评价的"加速器"

随着科教兴国战略和人才强国战略的提出,我国高校高度重视人才工作,高校教师评价由此获得了人才评价这一新内涵。2003 年 12 月,中央召开的第一次全国人才工作会议提出,大力实施人才强国是新世纪新阶段人才工

---

① 李汉育.高等工程教育评估[M].杭州:浙江人民出版社,1987:157 - 159.
② 张应强.理性利用大学排行榜　促进高校内涵发展[J].河北师范大学学报(教育科学版),2020(2):9 - 13.

作的根本任务。实际上,自 20 世纪 90 年代以来,人社部、中科院、教育部、国家基金委等先后实施不同类型的人才计划。2008 年以后,国家层面的人才计划也相继出台。与此同时,各省级政府推出了省级人才计划,各高校也推出了学校层面的人才计划,由此形成了一个从国家层面到高校层面的不同层级的人才计划体系。自上而下实施人才计划,对高校的人才遴选和教师评价产生了重要影响。各高校对人才引进、遴选和培育工作极为重视,大都制定了人才工作计划和规划,开展了教师管理制度和评价制度改革。其中,按照新体制机制和评价制度引进、聘用和评价教师,成为普遍做法。不少高校在人事处(人力资源部)之外设置了专门的或具有相对独立性的人才工作办公室,后来又设立了党委教师工作部,专门负责高层次人才引进、遴选和培育工作。

高层次人才竞争成为各高校教师管理工作的重点,促使高校人才政策和教师评价理念发生了根本性转变。为了在人才竞争中获得成功,不少高校采取特殊政策和特殊通道引进海内外高层次人才,这当然是非常必要的,也是具有合理性的,但产生了两个带来"后遗症"的问题。一是出现了高校之间在人才的薪酬、科研条件、配偶安排、子女入托入学、住房补贴等工作和生活待遇的攀比和"竞拍"现象;二是放松了对引进高层次人才的教学经历和经验等方面的要求。为了在人才竞争中取得优势,各高校在人才评价标准上彼此心照不宣——主要对人才的科研成果特别是高水平科研论文进行评价,而不是开展教学、科研、人才培养等方面的综合评价。因此,有关媒体上总会出现关于高校引进二十七八岁的海外名校博士毕业的年轻教授和博导的报道。他们中的绝大多数基本没有上过讲台,没有承担过教学任务,但入职时即被聘为正教授和博士生导师,成为高校中的一批特殊教授。之所以如此,是因为各有关高校大都担心如果本校做出相关要求,人才就会被其他高校挖走。这就是说,高校人才引进竞争导致高校教师评价的内容发生了根本性改变,即只评论文而不评其他。这就加剧了教师评价中的"唯论文"现象。

在人才竞争和人才评价中产生的评价理念,向教师队伍建设和管理的两个方面渗透,深刻影响了高校的教师评价理念和评价活动。一是向教师聘任制渗透,使高校的教师聘任逐渐形成了"双轨制",即所谓"老人老办法,新人新办法"。有关高校之所以要实施"双轨制",其目的在于对教师队伍进行重组,即通过10年到15年的"双轨制"过渡期,将高校教师队伍由老的"单轨制"过渡到新的"单轨制"——建立高校教师预聘—准聘—长聘制度,有些高校俗称之为教师队伍"换血"。二是向全体教师的日常管理渗透。人才评价本来只是针对少数人的评价,但人才计划是一个集人才引进、培养、遴选等于一体的系统工程,这就导致人才评价的理念、标准和具体做法等迅速向全体教师的日常管理渗透。比如,教师年度考核和聘期考核,主要以论文数量和科研经费为硬标准;在教师薪酬制度改革中,绩效工资占比比较高;不少高校通过实施校内人才计划,导致教师之间薪酬收入水平差距过大;由于晋升条件和标准水涨船高,教师职称晋升由过去的水平认定演变为竞争性选拔;等等。

二、我国高校教师评价的特点和困境

1. 高校教师评价的特点:单位制与问责制的耦合

阿什比曾在《科技发达时代的大学教育》中提出了学者的"双重忠诚"问题——既要忠诚于所从事的学科(如国际性学会),又要忠诚于其所服务的机构(如大学)。[①] 通常情况下,学者的"双重忠诚"之间并不总是能保持协调状态。一旦两者之间出现不可调和的矛盾,西方学者一般都会将忠诚于所从事的学科放在优先位置。我国的情况与之有较大的差异。我国有着悠久的单位制度和单位文化传统,家国一体、家国同构成为单位制度的社会基础,知识分子秉持修身、齐家、治国、平天下理念,将个体、家庭、国家、天下高度关联起

---

① 阿什比.科技发达时代的大学教育[M].滕大春,滕大生,译.北京:人民教育出版社,1983:82.

来。从社会管理的角度看,单位制度从纵向和横向两个维度对所有人实现了"网格化"管理。不同层级和类型的单位,成为国家和个人之间的中介组织,成为国人工作、生活和交往的主要场所。单位因此既承担自上而下的管理和凝聚功能,又为人们提供职业安全感和心理归属感。

高校以及高校中的院系,就像"俄罗斯套娃"一样,也是大单位中的小单位。与西方国家的大学不同,我国的高校及其院系,既是一级行政组织,又是一种学术组织;既是教师学术生活的物理场所和心理归属,也是教师管理的基本单位。从教师层面来看,当教师的"双重忠诚"之间发生矛盾时,无论是选择"留"还是选择"走",他们都是以单位为基点来平衡两者之间的矛盾的。尤其是当高校之间在制度、政策、待遇、环境、条件等方面出现较大差异时,教师首先考虑的还是单位。从教师管理层面来看,单位制管理的合法性和合理性来源于教师的体制内"单位身份",以及教师对单位的生活资源、管理资源和学术资源等资源的高度依赖。具体到教师绩效问责评价来说,我国高等教育评价主要通过单位制实施逐级绩效问责评价。大学评价以高校为单位,院系评价以院系为单位,教师评价主要发生在院系,以院系为单位进行教师评价。这种"俄罗斯套娃"式的逐级单位评价,存在一个逐级加码的绩效目标任务体系,教师承担的绩效目标任务,是院系加码过的,不可能再分解和传递到其他终端。

高校教师绩效问责评价的发生,并非来自个人和单位之间通过聘任合同缔结的契约关系,而是因教师"单位所有制"和教师依附心理所形成的强制性关系和依附性关系。无论教师是否愿意,是否认同校方的评价理念、制度、方案和方法,教师都不得不"被评价""被问责"。当然,高校制定教师评价和考核方案,也会通过各种方式征求教师意见,体现民主决策和科学决策原则。但在高校外部盛行绩效管理的大背景下,在当前"双一流"建设引发的高校激烈竞争环境下,高校面临着"不进则退"甚至"小进即退"的竞争局面。因此,不少高校的领导层和有关职能部门,往往通过"民主基础上的集中"与"集中基础上的民主"相结合,来制定教师绩效问责评价方案,往往以学校整体发展利益优先,来实施教师绩效问责评价。教师只能是在先服从和接受绩效问责评价的前提下,慢慢加深对绩效问责评价方案的理解和认同。

单位制与绩效问责制相结合,既有积极意义,也有消极意义。其积极意义主要体现在以下方面:一是有利于开展学术规划,实施计划性学术生产,实现单位的学术规划目标;二是有利于发挥集体的力量,将教师的学术生产纳入单位统一管理,提高学术生产效率;三是有利于通过问责这种压力性机制,激发教师学术生产积极性,提高教师学术产出。但其消极意义也是极为明显的:一是导致教师学术评价中的学术共同体评价与单位制评价的冲突;二是在一定程度上忽视了教师个人的学术兴趣;三是单位利益至上,将教师的学术发展目标限定在单位层面;四是使教师评价沦为管理教师的工具,忽视教师的教学发展和能力发展。

2. 高校教师绩效问责评价的意外后果和困境

第一,教师工作压力加大,导致有些教师投机取巧甚至产生学术不端的行为。目前,我国不少高校普遍实施“目标责任制”,将大学的发展目标和任务逐次分解、细化,在“大学—院系—教师”链条中逐层传导,形成纵向到底的责任体系,使每位教师的学术绩效都成为大学整体绩效的贡献因子。在此基础上,绩效评价聚焦学术产出和效果,并将教师的学术绩效与职称晋升、工资收入、学术荣誉等教师切身利益“硬挂钩”,以强制性或诱导性机制推动教师开展学术生产竞赛和竞争,教师承受着院系之间竞争和教师之间竞争的双重竞争压力。一方面,为了在院系竞争中获胜,院系往往会放大上级管理部门布置的各项指标任务,导致绩效目标层层加码,使教师成为“责任不可再分”的最终责任承担者;另一方面,教师学术绩效评价标准严重“内卷”,导致教师工作压力大。教师绩效评价标准其实只是一种相对标准,评价标准的高低完全取决于竞争对手。这就导致教师的基本工作量和基本科研质量被不断突破,使得教师实际上工作在一个没有合同约定的标准工作量场域,是在水涨船高的绩效标准下开展竞争。特别是在高校实行绩效工资制度以后,高校普遍实施"多劳多得"的分配制度,院系之间的教师收入差距很大,院系内部教师之间的收入差距也拉大了。如果教师只是完成了基本工作量要求,那教师的收入水平相对而言是比较低的。这就带来了教师的劳动收益保护和身心健康保护等问题。

除了针对少数教师的选拔性和遴选性评价之外,绩效问责评价往往会导致院系教师中出现两种极端行为——一部分教师不断追求高产出和高指标,不断抬高教师绩效评价标准;另一部分教师面对不断抬高的教师绩效评价标准,放弃参与竞争,以躺平心态对待绩效问责评价,从而形成教师工作状态和工作积极性的两极分化现象。过度的两极分化,无论对院系工作还是对教师个人发展来说,都是弊大于利的。

保持一定的工作压力,有利于提高教师的学术产出,但如果工作压力过度,有些教师就容易产生学术不端行为。虽然学术不端行为与教师个人的学术道德修养有关,但不排除有些学术不端行为是由过度压力环境诱发的。目前出现的教师学术不端行为,除了抄袭、剽窃等显性学术不端行为之外,还有各种类型的隐性学术不端行为,如论文和成果署名时对学生成果的隐性侵占,为了让学生帮助完成科研任务而不让学生按时毕业,等等。另外,也存在以大学声誉和集体利益为名而掩盖有些教师的学术不端行为的情况。

第二,过度的绩效问责评价伤及教师的自尊心和学术尊严。教师自尊心是相对于教师同事群体的,教师学术尊严则是相对于学生的,即教师在学生面前的尊严。高校教师,特别是具有研究生指导资格的教师,其工作环境的特殊性之一,是直接面对学生开展工作,与院系其他教师在相同工作环境下工作。教师总是希望学术自尊心得到满足,能够维护自己在学生面前的学术尊严。来自学生的感受和评价,同事的学术成就,既可能成为教师工作积极性的激发因素之一,也可能成为教师自尊心和学术尊严的影响因素。相对于其他人群,高校教师的自尊心更强,他们尤其看重自己在学生面前的学术尊严。如果招收不到学生,或者报考他们的学生不多,他们的自尊心就会受到比较大的伤害。因此,有些教师宁愿招收质量比较一般的学生,也不愿招收没有报考自己的高分调剂考生。不少高校大都通过教师年度考核会议,让教师汇报年度学术工作绩效,对教师进行年度考核。如果考核结果流入学生之中,就会伤害有些教师在学生中的学术尊严。知识分子一般都具有非常强的"面子观念",过度的绩效问责评价会让教师在同事面前,特别是在学生面前有失面子,会对教师自尊心和学术尊严造成极大伤害,从而影响教师学术工作的积极性。

第三,过度的绩效问责评价导致"问责失灵"。目前的教师学术绩效管理普遍存在"问责崇拜"思想,认为教师的学术工作绩效可以通过施加问责压力得到提高。提高教师学术工作绩效,可以提升学校学术生产总绩效,从而使高校在大学排行榜中获得比较好的位次。绩效问责评价的确可以在一定程度上增强教师的竞争意识,激发教师的工作激情,使其保持良好的工作状态,从而提高学术生产效率和科研产出。但这种来自外部的绩效问责评价,不仅不可能成为教师学术生产的持久动力,还会产生边际效应递减。特别是当问责压力超过一定阈值后,教师就会产生自我保护机制和策略性行为来应对绩效问责评价,从而达不到通过绩效问责来提高学术生产效率的目的,出现"问责失灵"现象。① 问责失灵是指达不到问责目的的一切情形,其在教师绩效问责评价中的主要表现有:(1) 教师想方设法逃避问责或消极应付问责评价;(2)"上有政策下有对策",以投机思想和投机行为应对问责评价;(3) 弄虚作假,使评价指标数据失真,增加评价工作成本;(4) 同行评价者在问责评价中执行弹性评价标准。第四种情形虽比较隐蔽,但在教师绩效问责评价中大量存在。其主要原因在于评价者兼具评价者和被评价者的双重身份,在开展教师绩效问责评价时,可能因"感同身受"和同情心而对评价标准打折扣,让被评教师顺利过关,从而达不到问责评价的目的。

第四,教师评价功能异化,溢出性功能明显。与教育评价一样,教师评价

---

① 张应强.高等教育质量建设:创新体制机制与培育质量文化[J].江苏高教,2017(1):1-6.

是一个由检验功能、诊断功能、反馈功能、导向功能、发展性功能等组成的多功能耦合系统,但其本质性功能在于促进教师发展的功能。① 目前,我国不少高校主要是从教师管理层面来理解教师评价的功能的。教学管理部门主要通过学生评教结果来反映教师教学质量;科研管理部门主要通过教师科研论文、科研课题、科研经费、科研获奖等来评价教师的科研工作质量;人事和师资管理部门主要基于教师的教学和科研质量评价结果,来管理诸如教师聘期考核、年度考核、职务晋升,以及人才遴选、人才引进等事务。教师评价沦为一种教师管理工具,产生了以评价代替管理的倾向,导致教师评价的溢出性功能极为明显,使教师评价成为教师不得不面对而又试图逃避的事情。

三、我国高校教师评价的改革方向

当前高校教师评价改革的关键,不在评价指标体系和评价方法层面,而在评价方法论层面,即必须确立为了促进教师发展而评价,而不是为了管理教师而评价的评价方法论。

1. 评价理念偏差是导致高校教师评价困境的主因

我国高校教师评价之所以陷入困境之中,主要是因为教师评价理念存在偏差。目前的高校教师评价,遵循的是一种兼具企业管理理念和政府管理理念的混合性理念。企业管理理念以"经济人假设"为基础,认为每个个体都是追求利益最大化的,主要通过利益机制来主导和调节个体行为;政府管理理念以科层制为基础,主要通过自上而下的权力来主导和调节个体行为。作为一种混合性评价理念,目前高校教师评价理念的前提假设是,高校教师是以"名""利"等功利性需要为基本追求的。如果没有自上而下的问责压力,教师

---

① 张应强.“双一流”建设需要什么样的学科评估——基于学科评估元评估的思考[J].清华大学教育研究,2019(5):11-18.

就不会产生积极的教学、科研和育人行为。显然,这一前提假设存在着两个问题:一是对教师的功利性需求未加区分,二是对教师职业特点的片面认识和错误理解。

古往今来,教师在任何国家都被看成是一种具有使命性的职业。当然,古今中外的教师,也并不是每个人都认识到了自身职业的使命性,特别是在经济功利主义的文化氛围下,有些教师意识不到教师职业的使命性,追逐眼前的物质利益,但我们不能因此而做出上述评价理念的前提假设,在教师评价中否认教师职业的使命性,否认教师群体的使命自觉。中华优秀文化和教育传统尤其重视教师职业的使命性内涵,中国知识分子也有着一种特殊的义利观。因此,高校教师评价理念,也就不能建立在企业管理理念和政府管理理念的基础上,而是要确立适应高校教师职业特点的评价理念。

西方学术界一般把高校教师看成是从事学术职业的人。改革开放后,我国学者也将学术职业概念引入对高校教师的研究中。高校教师从事学术职业,就是将学术研究和知识生产,既作为一种生活方式,又作为一种谋生手段。相对于马克斯·韦伯提出的"学术志业"而言,学术职业在学术境界上虽然处于相对低一些的层次,但它与学术志业也有诸多关联之处,如将学术生活作为基本生活方式,将学术追求作为重要追求,将学术成就和贡献作为个人价值的体现等。学术职业与其他职业的根本区别,在于通过学术研究和知识生产来体现学术职业的社会价值和个体价值。教师从事学术研究和知识生产是有特定规律的,它以教师的学术志趣为基础,以教师的学术追求为内驱力,往往很难通过外部的利益诱导和问责机制来驱动学术研究和知识生产。学术研究和知识生产需要长期的学术积淀,其学术产出既有沉寂期,也有爆发期,没有规律可循。我国高校教师兼具教育者与研究者两种身份,既从事教学和人才培养工作,也开展科研工作。[①] 教学和人才培养工作本质上

---

① 张应强.大学教师的社会角色及责任与使命[J].清华大学教育研究,2009(1):8-16.

是一种"良心活",其工作绩效不仅具有滞后性,而且事实上也无法准确测量。相反,教师如果只是按照教学和人才培养工作的绩效标准来开展工作,他可能达到了考核目标的要求,却没有真正提高教学和人才培养质量。教师的科研工作绩效评价,也存在"测不准"问题。科研绩效评价和问责,可能会产出指标意义上的科研成果,但可能难以产生真正具有创新性的学术成果。这就违背了教师科研绩效评价的初衷。

2. 确立以信任为基础的发展性评价理念

信任既是人际交往的基础,也是管理活动的基础。人与人之间的交往,如果缺乏基本信任,从而缺乏安全感,从而终止交往。人与人之间的基本信任,是建立在人性底线共识基础上的。组织与其成员之间如果缺乏基本信任,就会极大增加管理成本,甚至无法维持管理关系。高校是一个以知识和学术生产为纽带的利益共同体,需要各利益相关者相互信任和合作。信任是合作的前提,是保证合作可持续性的根本,各利益相关者相互信任的水平越高,开展合作的可能性就越大,而且合作本身也会带来和强化相互信任。[①] 从高校学术治理的角度来看,信任是高校与教师之间形成的一种心理默契和基本共识。如果高校与教师之间有了基本信任作为基础,管理部门也就不用制定那么多制度和规定来防止教师"钻空子",也不用制定刚性的考核指标来促使和监督教师开展学术生产,教师也就不用在管理部门的监督下对照考核评价指标从事学术生产。目前的高校教师绩效问责评价,之所以要通过自上而下的问责来管理和监督教师的学术生产活动,是因为评价制度设计时对所有教师学术生产的动机和行为做出了不信任的预设。这就导致教师评价制度缺乏信任基础,使教师评价工作往往将教师排除在评价过程之外,事实上形成了一种相互对立和相互提防的关系——管理部门不断改进评价制度和方法,修改评价指标和标准,以避免有些教师"钻空子";一些教师则千方百计寻

---

① 张应强.高等教育质量建设:创新体制机制与培育质量文化[J].江苏高教,2017(1):1-6.

找政策的漏洞,打政策的"擦边球",搞"上有政策下有对策"。这样的教师评价往往成为一种"零和博弈"。

要改变这种"零和博弈"的教师评价,必须实现高校教师评价理念的根本性转变——从基于问责的绩效性评价理念转向基于信任的发展性评价理念。所谓基于信任的发展性评价理念,就是管理部门和教师之间首先要建立一种基本的信任关系,都要相信是为了学校发展和教师发展而开展教师评价工作,都要围绕学校发展和教师发展建立起相互理解和合作的评价关系,从而实现以教师评价促进学校发展和教师发展的目的。只有实现了教师评价理念的这种根本性转变,教师才能从被评价者转变为评价的参与者和合作者,才能改变管理部门与教师之间的对立和提防关系,才能实现教师发展和高校发展的有机统一。

实现高校教师评价理念的根本性转变,对于改革当前的高校教师评价工作具有重要意义。一是有利于实现教师评价目的的根本性转变——从绩效问责的目的转向促进教师发展的目的;二是有利于实现教师评价内容的根本性转变——从注重教师教学科研工作结果评价到注重过程评价,从而充分发挥评价内容和评价指标对教师发展的诊断性和引导性作用;三是有利于实现教师评价方法的根本性转变——从基于"内卷"和"虚高"的评价指标的竞争性评价到注重立足教师自我发展和进步的增值性评价。

3. 保持"信任"与"问责"之间的张力

如何在实际的高校教师评价工作中体现这种基于信任的发展性评价理念,是高校教师管理实务界关注的重要问题。换句话说,这种基于信任的发展性评价理念是否具有可操作性? 在高校教师评价中如何落实基于信任的发展性评价理念?

第一,要正确认识基于问责的绩效性评价理念与基于信任的发展性评价理念之间的联系和本质区别。两种评价理念的本质区别在于教师评价理念的前提假设不同。如前所述,基于问责的绩效性评价理念的前提假设是,如果没有问责的压力,教师就不会产生积极的教学、科研和育人行为。而基于信任的发展性评价理念的前提假设是,相信绝大多数高校教师具有学术研究和人才培养的使命自觉,他们是在将学术研究和人才培养作为一种生活方式的基础上,将学术职业作为一种谋生手段。这两种评价理念虽然有着本质区别,但又有着密切联系,其最大公约数是促进教师的个体发展和学校的整体发展。基于信任的发展性评价理念,并不否认和排斥绩效问责评价的合理性。如前所述,保持合理的问责压力,有利于激发教师的工作激情,保持良好的工作状态,提高学术生产效率和科研产出。但这种绩效问责必须建立在对教师群体的基本信任的基础上,不能因为部分教师缺乏使命自觉而对整个教师群体做出"懒汉"判断,从而滋生"问责崇拜"思想。

信任教师并不意味着对教师的教学科研和人才培养工作不做工作量要求,并不意味着教师职业没有压力,而是要在教师评价方法论变革的基础上形成教师评价共识,保持"信任"与"问责"之间的平衡,从而建立学校信任院系、院系信任教师的层层递进的信任关系,实现发展性评价与问责性评价的有机结合。对此,2016年8月,教育部印发的《关于深化高校教师考核评价制度改革的指导意见》提出,要"坚持发展性评价与奖惩性评价相结合,充分发挥发展性评价对于教师专业发展的导向引领作用,合理发挥奖惩性评价的激励约束作用,形成推动教师和学校共同发展的有效机制",要求"将教师专业发展纳入考核评价体系""积极推进发展性评价改革"。

第二,要合理管控高校教师评价的溢出效应,不能让高校教师评价承载过多的分配性功能。目前的高校教师评价存在的最大问题之一是,教师评价结果不仅关系教师的工资收入、福利待遇、住房优惠等与教师生计密切相关的问题,而且关系教师的职称职务、学术荣誉、学术声誉等与教师学术尊严相关的问题。教师评价完全沦为一种管理教师的工具,并且这种管理工具承载了过多的分配性功能,从而引导教师追求学术职业之外的功利性目标,导致教师过于关注这些功利性追求,从而丧失教师学术职业的本质性追求。因此，要落实基于信任的发展性评价理念，一是要回归高校教师评价的本位，防止高校教师评价目的的异化，将教师评价结果更多地运用于促进教师自我改进和发展；二是要对高校教师评价承载的分配性功能进行"瘦身"，合理管控高校教师评价的溢出效应，尽最大可能地减少教师评价结果与教师的物质和生活待遇挂钩的情况。

第三，高校要根据学校的办学类型和办学层次，确立具有合同约束力的、符合校情的教师基本工作量标准。目前基于问责的绩效性评价，高校所依据的评价标准本质上是一种相对性标准，在实施过程中出现了纵向上的"逐年提高"现象和横向上的"水涨船高"现象，从而导致不少教师无所适从，疲于应付；有些教师投机取巧，产生学术不端的行为；有些教师"躺平"，退出这种评价游戏。因此，要落实基于信任的发展性评价理念，高校需要根据校情和教师队伍的现状，在学校科学定位的基础上，确定"保底"的教师工作量标准，并在绩效工资分配中确保完成"保底"工作量的教师的绩效工资收入。

第四，高校要根据校情，在教师入口处把好"进人关"。高校要提高教师队伍的质量，不能通过对教师进行基于问责的绩效性评价的方式，而是要在教师队伍的"入口处"把好"进人关"。同时，高校和教师都要有契约意识——高校接收与学校地位对等的教师，教师接受与自身资质匹配的高校。目前这种基于问责的高校教师绩效评价，实际上担负着"收拾残局"的任务。不少高校，尤其是有些经历了升格过程的新建地方本科高校，由于当时要急于满足学校升格的师资队伍数量条件，没有严格把握教师遴选标准，使少数不具备学术能力和志趣的人进入教师队伍之中，然后通过绩效问责来促使其履行学术责任，提高学术产出，这实际上是"行难为之事"。对高校和教师来说，这都是一种伤害，最终只能是"双输"。因此，要落实基于信任的发展性评价理念，高校要根据学校的发展定位和办学层次，注意在接收新教师时把好"进人关"，将提高教师队伍质量的任务"前置"，避免使高校教师评价承担"不能为"也"不应为"的责任。

参考文献

一、中文著作

[1] 阿什比.科技发达时代的大学教育[M].滕大春,滕大生,译.北京:人民教育出版社,1983.

[2] 安东尼·吉登斯.现代性与自我认同:晚期现代中的自我与社会[M].夏璐,译.北京:中国人民大学出版社,2016.

[3] 爱德华·希尔斯.学术的秩序——当代大学论文集[M].李家永,译.北京:商务印书馆,2007.

[4] 本杰明·莱文.教育改革——从启动到成果[M].项贤明,洪成文,译.北京:教育科学出版社,2004.

[5] 伯顿·克拉克.高等教育新论——多学科的研究[M].王承绪,徐辉,郑继伟,等译.杭州:浙江教育出版社,1988.

[6] 伯顿·克拉克.建立创业型大学:组织上转型的途径[M].王承绪,译.北京:人民教育出版社,2003.

[7] 伯顿·克拉克.大学的持续变革:创业型大学新案例和新概念[M].王承绪,译.北京:人民教育出版社,2008.

［8］陈学飞.美国高等教育发展史［M］.成都:四川大学出版社,1989.

［9］陈学飞.国际视野中的高等教育探索［M］.青岛:中国海洋大学出版社,2009.

［10］程臻宇.中国地方政府竞争研究［M］.济南:山东大学出版社,2011.

［11］德里克·博克.走出象牙塔——现代大学的社会责任［M］.徐小洲,陈军,译.杭州:浙江教育出版社,2001.

［12］道格拉斯·诺斯,罗伯斯·托马斯.西方世界的兴起［M］.厉以平,蔡磊,译.北京:华夏出版社,1999.

［13］道格拉斯·C.诺思.经济史中的结构与变迁［M］.陈郁,罗华平,等译.上海:上海人民出版社,1993.

［14］丹尼尔·布尔斯廷.美国人　民主历程［M］.中国对外翻译出版公司,译.北京:生活·读书·新知三联书店,1993.

［15］费孝通.乡土中国［M］.北京:人民出版社,2008.

［16］菲利普·G.阿特巴赫.比较高等教育［M］.符娟明,陈树清,译.北京:文化教育出版社,1985.

［17］菲利普·G.阿特巴赫.高等教育变革的国际趋势［M］.蒋凯,主译.北京大学出版社,2009.

［18］菲利普·G.阿特巴赫.比较高等教育:知识、大学与发展［M］.人民教育出版社教育室,译.北京:人民教育出版社,2001.

［19］黄福涛.欧洲高等教育近代化——法、英、德近代高等教育制度的形成［M］.厦门:厦门大学出版社,1998.

［20］郝维谦,龙正中.高等教育史［M］.海口:海南出版社,2000.

［21］何东昌.中华人民共和国重要教育文献(1949—1975)［M］.海口:海南出版社,1998.

［22］亨利·埃茨科威兹.三螺旋:大学·产业·政府三元一体的创新战略［M］.周春彦,译.北京:东方出版社,2005.

[23] 亨利·埃兹科维茨,劳埃特·雷德斯多夫.大学与全球知识经济[M].夏道源,译.南昌:江西教育出版社,1999.

[24] 金一鸣.中国社会主义教育的轨迹[M].上海:华东师范大学出版社,2000.

[25] 杰里·加斯顿.科学的社会运行——英美科学界的奖励系统[M].顾昕,柯礼文,朱锐,译.北京:光明日报出版社,1988.

[26] 简·奈特.激流中的高等教育——国际化变革与发展[M].刘东风,陈巧云,主译.北京:北京大学出版社,2011.

[27] J.D.贝尔纳.历史上的科学[M].伍况甫,等译.北京:科学出版社,1983.

[28] J.D.贝尔纳.科学的社会功能[M].陈体芳,译.北京:商务印书馆,1982.

[29] 克拉克·克尔.高等教育不能回避历史——21世纪的问题[M].王承绪,译.杭州:浙江教育出版社,2001.

[30] 克拉克·克尔.大学的功用[M].陈学飞,等译.南昌:江西教育出版社,1993.

[31] 李路路,李汉林.中国的单位组织——资源、权力与交换[M].北京:生活·读书·新知三联书店,2019.

[32] 李维汉.回忆与研究(上)[M].北京:中央党史出版社,2013.

[33] 李岚清.李岚清教育访谈录[M].北京:人民教育出版社,2004.

[34] 厉以宁,等.读懂中国改革:新一轮改革的战略和路线图[M].北京:中信出版社,2014.

[35] 李维.国际教育百科全书(第一卷)[M].贵阳:贵州教育出版社,1990.

[36] 刘少杰.西方社会学理论[M].北京:中央广播电视大学出版社,2010.

［37］罗伯特·K.默顿.社会理论和社会结构［M］.唐少杰,齐心,等译.南京:译林出版社,2015.

［38］联合国教科文组织国际教育发展委员会.学会生存——教育世界的今天和明天［M］.华东师范大学比较教育研究所,译.北京:教育科学出版社,1996.

［39］联合国教科文组织.世界教育报告1998:教师和变革世界中的教学工作［M］.罗进德,等译.北京:中国对外翻译出版公司,1998.

［40］联合国教科文组织.反思教育:向"全球共同利益"的理念转变?［M］.联合国教科文组织总部中文科,译.北京:教育科学出版社,2017.

［41］曼库尔·奥尔森.国家兴衰探源——经济增长、滞胀与社会僵化［M］.吕应中,陈槐庆,吴栋,等译,吕应中,校.北京:商务印书馆,1999.

［42］迈克尔·布若威.制造同意——垄断资本主义劳动过程的变迁［M］.李荣荣,译.北京:商务印书馆,2008.

［43］莫里斯·迈斯纳.毛泽东的中国及后毛泽东的中国:人民共和国史［M］.杜蒲,李玉玲,译.成都:四川人民出版社,1989.

［44］欧内斯特·博耶.美国大学教育——现状·经验·问题及对策［M］.复旦大学高等教育研究所,译.上海:复旦大学出版社,1988.

［45］R.K.默顿.科学社会学:理论与经验研究［M］.鲁旭东,林聚任,译.北京:商务印书馆,2003.

［46］R.麦克法夸尔,费正清.剑桥中华人民共和国史:革命的中国的兴起(1949—1965年)［M］.谢亮生,杨品泉,黄沫,等译.北京:中国社会科学出版社,1990.

［47］S.拉塞克,G.维迪努.从现在到2000年教育内容发展的全球展望［M］.马胜利,高毅,丛莉,等译.北京:教育科学出版社,1996.

［48］托马斯·库恩.科学革命的结构［M］.金吾伦,胡新和,译.北京:北京大学出版社,2003.

[49] 托·亨·赫胥黎.科学与教育[M].单中惠,平波,译.北京:人民教育出版社,1990.

[50] 田培林.教育与文化[M].台北:五南图书出版公司,1988.

[51] 台湾师范大学教育研究所.西洋教育思想[M].台北:伟文图书出版有限公司,1979.

[52] 魏杰.企业制度安排:企业存亡诊断书[M].北京:中国发展出版社,2002.

[53] 韦恩·K.霍伊,塞西尔·G.米斯克尔.教育管理学:理论·研究·实践[M].范国睿,主译.北京:教育科学出版社,2007.

[54] 吴彤.自组织方法论研究[M].北京:清华大学出版社,2001.

[55] 温正胞.大学创业与创业型大学的兴起[M].杭州:浙江大学出版社,2011.

[56] 文森特·奥斯特罗姆,等.美国地方政府[M].井敏,陈幽泓,译.北京:北京大学出版社,2004.

[57] 王绍光.分权的底限[M].北京:中国计划出版社,1997.

[58] 许美德.中国大学 1895—1995:一个文化冲突的世纪[M].许洁英,主译.北京:教育科学出版社,2000.

[59] 许为民,张国昌,沈波,等.学术与行政:中外大学治理结构案例研究[M].杭州:浙江大学出版社,2013.

[60] 希拉·斯劳特,拉里·莱斯利.学术资本主义:政治、政策和创业型大学[M].梁骁,黎丽,译.北京:北京大学出版社,2014.

[61] 雅斯贝尔斯.什么是教育[M].邹进,译.北京:生活·读书·新知三联书店,1991.

[62] 《延安大学史》编委会.延安大学史[M].北京:人民出版社,2008.

[63] 亚伯拉罕·弗莱克斯纳.现代大学论——美英德大学研究[M].徐辉,陈晓菲,译.杭州:浙江教育出版社,2001.

[64] 约翰·范德拉格夫,等.学术权力——七国高等教育管理体制比较[M].王承绪,张维平,徐辉,等译.杭州:浙江教育出版社,2001.

[65] 约翰·S.布鲁贝克.高等教育哲学[M].王承绪,郑继伟,张维平,等译.杭州:浙江教育出版社,2002.

[66] 约翰·齐曼.真科学——它是什么,它指什么[M].曾国屏,匡辉,张成岗,译.上海:上海科技教育出版社,2002.

[67] 殷企平.英国高等科技教育[M].杭州:杭州大学出版社,1995.

[68] 阎光才.识读大学:组织文化的视角[M].北京:教育科学出版社,2002.

[69] 杨东平.艰难的日出:中国现代教育的20世纪[M].上海:文汇出版社,2003.

[70] 余立.中国高等教育史(下册)[M].上海:华东师范大学出版社,1994.

[71] 郑永年.不确定的未来:如何将改革进行下去[M].北京:中信出版社,2014.

[72] 周谷平.马克思主义教育思想的中国化历程——选择·融合·发展[M].杭州:浙江大学出版社,2008.

[73] 赵荣昌.外国教育论著选[M].南京:江苏教育出版社,1990.

[74] 张俊宗.现代大学制度:高等教育改革与发展的时代回应[M].北京:中国社会科学出版社,2004.

[75] 张应强.大学的文化精神与使命[M].合肥:安徽教育出版社,2008.

[76] 张应强.高等教育现代化的反思与建构[M].哈尔滨:黑龙江教育出版社,2000.

[77] 张应强.文化视野中的高等教育[M].南京:南京师范大学出版社,1999.

[78] 张应强.在计划与市场之间:我国高等教育治理转型和治理体系建设[M].武汉:华中科技大学出版社,2020.

[79] 张应强,等.高等教育[M].北京:科学出版社,2018.

二、中文期刊文献

[1] 毕晓玉,张晓明.内向型与外向型:中美高等教育国际化发展模式分析[J].现代大学教育,2006(1).

[2] 陈学飞.高等教育国际化——从历史到理论到策略[J].上海高教研究,1997(11).

[3] 陈汉聪,邹晓东.发展中的创业型大学:国际视野与实施策略[J].比较教育研究,2011(9).

[4] 陈权.全球化背景下的高等教育及其治理[J].现代教育科学,2011(3).

[5] 曹正汉.中国上下分治的治理体制及其稳定机制[J].社会学研究,2011(1).

[6] 丁学良.什么是世界一流大学[J].高等教育研究,2001(3).

[7] 费孝通.略谈中国的社会学[J].社会学研究,1994(1).

[8] 费孝通.中国城乡发展的道路——我一生的研究课题[J].中国社会科学,1993(1).

[9] 菲利普·阿特巴赫.全球化与国际化[J].姜川,陈廷柱,译.高等教育研究,2010(2).

[10] 冯向东.大学学术权力的实践逻辑[J].高等教育研究,2010,31(4).

[11] 顾明远.世界高等教育发展的基本趋势和经验[J].北京师范大学学报(社会科学版),2006(5).

[12] 郭永园,彭福扬.元治理:现代国家治理体系的理论参照[J].湖南大学学报(社会科学版),2015(2).

[13] 郝瑜,周光礼,罗云,等.高等教育的"延安模式"及其当代价值[J].高等教育研究,2017(11).

［14］黄福涛."全球化"时代的高等教育国际化——历史与比较的视角［J］.北京大学教育评论,2003(2).

［15］胡建华.高等教育普及化的中国特点［J］.高等教育研究,2021(5).

［16］揭爱花.单位:一种特殊的社会生活空间［J］.浙江大学学报(人文社会科学版),2000(5).

［17］金泰昌.地球时代的新的价值论［J］.何培忠,译.国外社会科学,1995(9).

［18］栗洪武,霍涌泉.陕甘宁边区高等学校的办学经验及其意义［J］.教育研究,2002(5).

［19］栗洪武,李妍,王青.延安时期现代大学制度的形成及其特征——以延安大学三次建制调整为个案的研究［J］.高等教育研究,2018(3).

［20］林蕴晖.中共八大与"以苏为鉴"［J］.中共党史研究,2006(5).

［21］罗平汉.1958年的"教育革命"(纪实版)［J］.党史文苑,2014(10).

［22］罗爽.论高等学校法人制度的根本性质及其意义［J］.高等教育研究,2014(3).

［23］卢乃桂,操太圣.中国改革情境中的全球化:中国高等教育市场化现象透析［J］.北京大学教育评论,2003(1).

［24］刘吉瑞.论行政性分权和经济性分权［J］.经济社会体制比较,1988(3).

［25］刘宝存,臧玲玲.全球化时代的比较教育:机遇、挑战与使命［J］.教育研究,2020(3).

［26］李梅.全球化新变局与高等教育国际化的中国道路［J］.高等学校文科学术文摘,2021(3).

［27］李工真.德国大学的现代化［J］.经济社会史评论,2007(6).

［28］李立国.为"科层制"正名:如何看待科层制在高等教育管理中的作用［J］.探索与争鸣,2018(7).

[29] 马丁·特罗.美国高等教育——过去、现在与未来[J].陈学飞,译.高等教育论坛,1989(1).

[30] 潘懋元.走向社会中心的大学需要建设现代制度[J].现代大学教育,2001(1).

[31] 渠敬东,周飞舟,应星.从总体支配到技术治理——基于中国30年改革经验的社会学分析[J].中国社会科学,2009(6).

[32] 渠敬东.项目制:一种新的国家治理体制[J].中国社会科学,2012(5).

[33] 茹宁,闫广芬.模式的转换与文化的冲突——对中国大学办学理念现代化进程的思考[J].清华大学教育研究,2012(3).

[34] 苏永建.体制化的技术治理与中国高等教育质量保障[J].高等教育研究,2017(3).

[35] 史普原.科层为体、项目为用:一个中央项目运作的组织探讨[J].社会,2015(5).

[36] 孙进.政府放权与高校自治——德国高等教育管理的新公共管理改革[J].现代大学教育,2014(2).

[37] 唐宇聪,张应强.从政治性协调到市场化协调:美国学术资本主义的形成逻辑[J].清华大学教育研究,2021(6).

[38] 涂又光.文明本土化与大学[J].高等教育研究,1998(6).

[39] 王冀生.建立有中国特色的现代大学制度——攻坚阶段我国高等教育体制改革的重点[J].高教探索,2000(1).

[40] 王一兵.中国大学的国际化:一杆标尺和一张路线图[J].世界教育信息,2011(5).

[41] 王刚,宋错业.治理理论的本质及其实现逻辑[J].求实,2017(3).

[42] 邬大光.现代大学制度的根基[J].现代大学教育,2001(1).

[43] 乌利希·泰希勒.欧洲化 国际化 全球化——高等学校何处去?[J].

陈洪捷,译.北京大学教育评论,2003(1).

[44] 文雯,崔亚楠.新全球化背景下我国高校国际化发展的认知、实施与评价[J].高等教育研究,2020(7).

[45] 吴寒天,阎光才.大学与人类命运共同体的建构——中国大学的时代使命与自我革新[J].探索与争鸣,2019(9).

[46] 魏建国.美国《高等教育法》修订与高等教育财政改革[J].北京大学教育评论,2008(4).

[47] 许美德.西方大学的形成及其社会根源[J].俞理明,译.教育研究,1981(12).

[48] 许纪霖.回归学术共同体的内在价值尺度[J].清华大学学报(哲学社会科学版),2014(4).

[49] 熊华军.大学虚拟跨学科组织的原则、特征和优势——以麻省理工学院 CSBi 运行机制为例[J].高等教育研究,2005(8).

[50] 谢庆奎.中国政府的府际关系研究[J].北京大学学报(哲学社会科学版),2000(1).

[51] 袁贵仁.建立现代大学制度,推进高教改革和发展[J].中国高等教育,2000(3).

[52] 阎光才.学科的内涵、分类机制及其依据[J].大学与学科,2020(1).

[53] 詹鑫.八九十年代英国高等教育的市场化与大众化改革[J].外国教育研究,2000(4).

[54] 折晓叶,陈婴婴.项目制的分级运作机制和治理逻辑——对"项目进村"案例的社会学分析[J].中国社会科学,2011(4).

[55] 周飞舟.锦标赛体制[J].社会学研究,2009(3).

[56] 周丽华.德国高等教育管理体制改革的新思维[J].华南师范大学学报(社会科学版),2006(4).

[57] 朱剑.科研体制与学术评价之关系——从"学术乱象"根源问题说

起[J].清华大学学报(哲学社会科学版),2015(1).

[58] 张德祥.政府与高等学校之间的"缓冲器"[J].高等教育研究,1995(4).

[59] 张洋磊,张应强.大学跨学科学术组织发展的冲突及其治理[J].教育研究,2017(9).

[60] 张应强.高等教育创新与我国现代大学制度建设[J].深圳职业技术学院学报,2002(3).

[61] 张应强.制度创新与我国建设世界一流大学[J].现代大学教育,2001(4).

[62] 张应强.把大学作为学术组织来建设和管理[J].中国高等教育,2006(19).

[63] 张应强,蒋华林.关于中国特色现代大学制度的理论认识[J].教育研究,2013(11).

[64] 张应强,苏刚刚.我国高等学校"部省合建"政策创新及其现实省思[J].高等教育研究,2021(9).

[65] 张应强.高等教育质量民间立场与高质量高等教育体系建设[J].江苏高教,2021(11).

[66] 张应强,彭红玉.高等教育大众化时期地方政府竞争与高等教育发展[J].高等教育研究,2009(12).

[67] 张应强,姜远谋.后疫情时代我国高等教育国际化向何处去[J].高等教育研究,2020(12).

[68] 张应强,黄捷扬.培养大学生核心素养与深化高等教育评价改革[J].厦门大学学报(哲学社会科学版),2021(6).

[69] 张应强.高等教育质量建设:创新体制机制与培育质量文化[J].江苏高教,2017(1).

[70] 张应强."双一流"建设需要什么样的学科评估——基于学科评估元

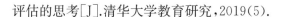

评估的思考[J].清华大学教育研究,2019(5).

[71] 张应强.人文社会科学学术评价及其治理——基于对"唯论文"及其治理的思考[J].西北工业大学学报(社会科学版),2019(4).

[72] 张应强.促进学术共同体的建立,营造良好的学术评价环境[J].华中科技大学学报(社会科学版),2008(4).

[73] 张应强,苏永建.高等教育质量保障:反思、批判与变革[J].教育研究,2014(5).

[74] 张应强.关于将高等教育改革纳入法治化轨道的思考[J].江苏高教,2015(6).

三、外文文献

[1] ETZKOWITZ H，WEBSTER A，GEBHARDT C，et al. The Future of the University and the University of the Future：Evolution of Ivory Tower to Entrepreneurial Paradigm[J]. Research Policy，2000，(29).

[2] SCOTT P. Globalization and Higher Education：Challenges for the 21st Century[J]. Journal of Studies in International Education，2000,4(1).

[3] MARGINSON S. Living with the Other：Higher Education in the Global Era[J]. Australian Universities' Review，2000，42(2).

[4] ALTBACH P G，PETERSON P M. Higher Education in the New Century：Global Challenges and Innovative Ideas[M]. Rotterdam：Sense Publishers，2008.

[5] WILLIAMS G L. The "Marketization" of Higher Education：Reforms and Potential Reforms in Higher Education Finance[M]. Oxford：Pergamon Press，1995.

后　记

　　自 1997 年在厦门大学获得博士学位以来,我就将现代大学制度与大学治理研究作为重要研究方向。在学术研究方面,我于 2002 年获批了国家社会科学基金教育学国家一般项目"高等教育办学理念与我国建立现代大学制度研究",先后发表相关学术论文数十篇。其中,《新中国大学制度建设的艰难选择》一文获第七届高等学校科学研究优秀成果奖(人文社会科学)一等奖,《关于中国特色现代大学制度的理论认识》一文获第五届全国教育科学研究优秀成果奖一等奖。在课程教学方面,现代大学制度和大学治理一直是我开设的博士生学位课程"高等教育学理论专题研究"和"中国高等教育问题和政策专题研究"的重要内容,我先后讲授了近 20 轮。在人才培养方面,我先后指导了近 10 名博士生在现代大学制度和大学治理等领域完成了博士学位论文。20 多年来,我将学术研究、课程教学和博士生人才培养结合起来,力图建立关于现代大学制度和大学治理研究的基本理论体系与研究范式,本书就是这种努力和尝试的集中体现。不当之处,还请方家批评指正。

　　需要说明的是,本书的不少内容曾在有关学术期刊上发表过,少数论文发表在 20 年前。对于这些发表年代比较久远的论文,我在保持原文风格和基本思想的基础上,结合当前实际和变化,对部分内容进行了修改和改写。对于那些涉及本书之不可或缺内容的论文,我则进行了大幅修改,甚至重新写作。比如,第一章"现代大学制度及其理论问题",就是以《关于中国特色现代大学制度的理论认识》(发表在《教育研究》2013 年第 11 期,后被《新华文摘》全文转载)一文为基础,在保持原文基本思想的前提下,进行了重新写作,不仅内容和结构有很大调整,而且篇幅也从 1 万多字扩展为 4 万多字。另外,为了保证本书体系的完整性和内容的系统性,我将几篇曾收录在我的其他著作中的论文,经过修改后,纳入本书相关章节。有的论文,是我与博士生合作撰写发表的,我在文内予以说明和标注。在本书出版之际,衷心感谢相关学术期刊的大力支持。

本书的写作和修改,参考了国内外学者的相关研究成果,在此表示感谢。

张应强

2022 年 8 月 28 日